数字交往与传播裂变

社交媒体时代个人自媒体信息传播研究

李滨 著

中国国际广播出版社

图书在版编目（CIP）数据

数字交往与传播裂变：社交媒体时代个人自媒体信息传播研究 / 李滨著. -- 北京：中国国际广播出版社，2025.4. -- ISBN 978-7-5078-5770-2

I.G206.2

中国国家版本馆CIP数据核字第2025KM3343号

数字交往与传播裂变：社交媒体时代个人自媒体信息传播研究

著　　者	李　滨
策划编辑	韩　蕊
责任编辑	韩　蕊
校　　对	张　娜
版式设计	邢秀娟
封面设计	鱼　舍

出版发行	中国国际广播出版社有限公司 ［010-89508207（传真）］
社　　址	北京市丰台区榴乡路88号石榴中心1号楼2001 邮编：100079
印　　刷	环球东方（北京）印务有限公司

开　　本	710×1000　1/16
字　　数	250千字
印　　张	17.5
版　　次	2025年4月 北京第一版
印　　次	2025年4月 第一次印刷
定　　价	78.00元

版权所有　盗版必究

目 录

第一章　社交媒体时代个人自媒体信息生产者 / 001

第一节　个人自媒体信息生产者的定义及分类 / 002
一、个人自媒体信息生产者的定义 / 002
二、个人自媒体信息生产者的分类 / 005

第二节　个人自媒体信息生产者的特点 / 007
一、民间性 / 007
二、背景多样性 / 008
三、高度自主性 / 009
四、匿名性与私人性 / 011
五、碎片化传播与即时性生产 / 012

第三节　个人自媒体信息生产者的工作内容 / 013
一、内容策划与个性化创作 / 013
二、利用新媒体工具与平台功能 / 014
三、利用互动性的用户反馈 / 017
四、多媒体整合与创新展现 / 018

第四节　社交媒体环境下信息生产群体扩展的传播意义 / 020
一、信息生产力大解放 / 020
二、信息生产与接收的融合 / 021
三、信息叙事的多元化 / 023
四、传统信息生产者影响力下降 / 024
五、个人自媒体信息生产者面临的挑战 / 028

第二章　社交媒体时代个人自媒体的信息传播内容 / 033

第一节　个人自媒体信息内容的形态及特征 / 033
一、个人自媒体信息内容的形态 / 034
二、个人自媒体信息内容的特征 / 039

第二节　个人自媒体信息内容构成及表述的变更 / 044
一、信息内容构成的变换 / 044
二、信息内容表述的更新 / 048

第三节　个人自媒体信息内容变更的原因 / 052
一、信息内容变更的外因 / 053
二、信息内容变更的内因 / 055

第四节　个人自媒体信息内容的应然要素 / 058
一、确保真实性与可信度 / 058
二、兼顾准确性与时效性 / 060
三、追求简洁性与可视化 / 062

第三章　社交媒体时代信息传播的渠道与方式 / 064

第一节　社交媒体信息传播的渠道演化史 / 065
一、社交 1.0 时代："论坛"与"博客"的诞生 / 067
二、社交 2.0 时代："微博客"的兴盛 / 076
三、社交 3.0 时代："短视频"的繁荣 / 086
四、社交 4.0 时代：智能社交媒体初露头角 / 093

第二节　个人自媒体信息的传播渠道与方式的变革 / 100
一、融合人际传播、组织传播和大众传播 / 100
二、信息传播的对话性、交互性增强 / 102
三、信息分发呈现个性化、定制化 / 104

　　　　四、信息传播时空呈现流动化、私人化 / 106

　第三节　个人自媒体信息传播渠道与方式对信息业态的影响 / 108

　　　　一、社交驱动：传播、生产与运营的全面升级 / 108

　　　　二、媒介融合：新闻业转型的必然选择 / 111

　　　　三、万众皆媒：公共信息传播大繁荣 / 113

　第四节　个人自媒体信息传播渠道与方式对社会的影响 / 115

　　　　一、集权到分权：信息传播权力中心的流动 / 115

　　　　二、脱部落化到再部落化：信息传播回归原始社交属性 / 117

　　　　三、单向到泛向：社会信息的全面流动 / 120

　　　　四、寻求到回避：信息过载下的社交媒体倦怠 / 121

第四章　社交媒体时代个人自媒体信息传播的受众 / 125

　第一节　个人自媒体受众的类型及特征 / 125

　　　　一、个人自媒体受众的类型 / 126

　　　　二、个人自媒体受众的特征 / 134

　第二节　个人自媒体受众信息接受过程剖析 / 143

　　　　一、受众信息接受方式的变化 / 143

　　　　二、受众信息认知特征 / 149

　第三节　个人自媒体信息传播中的受众参与 / 154

　　　　一、受众参与信息传播的方式 / 155

　　　　二、受众参与信息传播的影响 / 159

　第四节　个人自媒体信息传播的受众媒介素养 / 163

　　　　一、个人自媒体信息传播的受众媒介素养构成 / 165

　　　　二、个人自媒体受众媒介素养的提升路径 / 171

第五章　社交媒体时代个人自媒体的信息传播责任 / 176

第一节　个人自媒体信息传播的价值偏向与现实困境 / 177
一、信息传播主体的复杂性 / 177
二、信息内容的娱乐化与把关缺失 / 179
三、社群互动与网络暴力 / 182
四、智能推荐与信息茧房 / 184
五、社交媒体时代信息传播的焦点问题——虚假信息的泛滥 / 188

第二节　个人自媒体信息传播责任的逻辑起点 / 197
一、我国信息传播制度及规范 / 197
二、有序信息传播过程中涌现的道德观 / 201

第三节　个人自媒体应遵循的主要信息传播责任 / 207
一、遵守法律法规、维护党和国家的利益 / 207
二、确保信息的真实性和透明性 / 210
三、尊重公共利益与承担社会责任 / 213
四、信息健康无害原则 / 214
五、促进信息开放共享与平等对话 / 215

第四节　建构健康的个人自媒体信息传播环境 / 217
一、不同信息传播主体的社会责任 / 217
二、多元协商对话共推个人自媒体信息传播伦理构建 / 222

第六章　社交媒体时代个人自媒体信息职业形态 / 227

第一节　个人自媒体作为新的信息职业平台 / 227
一、打破创作与表达的技术垄断 / 228
二、增强用户黏性 / 232
三、增加商业变现机会 / 235

第二节 个人自媒体信息职业形态的特征 / 236
    一、从业者身份多元化 / 237
    二、垂直内容专业化 / 238
    三、变现模式逐渐成熟 / 240

第三节 个人自媒体信息职业的新要求 / 242
    一、实现个性化与定制化的信息传播 / 243
    二、强化内容的互动性与社交性 / 245
    三、锻炼信息处理能力 / 249
    四、打造个人品牌 / 253

第四节 推进适应个人自媒体的信息职业教育 / 255
    一、强化法治和伦理道德教育 / 256
    二、更新教学内容与课程设置 / 259
    三、完善人文通识课教育 / 265

后 记 / 268

第一章　社交媒体时代个人自媒体信息生产者

在数字化背景下，信息生产者与社交媒体平台之间的关系日益紧密，这种关系正在深刻重塑社交媒体行业的结构和功能。社交媒体平台不仅作为信息传播的新渠道出现，也成为信息生产者不可或缺的信息源以及和受众互动的重要平台。

如今，社交媒体平台扩展了信息生产者的传播渠道。在过去，信息的大范围传播主要依赖于报纸、电视及广播这类传统媒体平台。随着社交媒体的兴起，相关媒体开始利用这些平台发布信息内容，以拓宽其受众覆盖面。这些平台具有高度互动性、即时性、兼容性等特点，为信息生产者提供了与受众沟通和互动的新途径。

在信息生产理念上，传统信息生产者和社交媒体平台的信息生产者展现出明显的差异。这些差异主要体现在他们对信息的角色、目的、价值观以及对受众的态度上[1]。传统信息生产者通常强调信息的社会责任，重视信息的公共价值和对社会的影响，有明确的立场导向。社交媒体时代，信息生产者更注重用户参与和互动，强调个性化和娱乐性，可能更倾向于追求

---

[1] 刘坚. 智能化时代传统媒介新闻理念的演进与方法创新[J]. 传媒观察，2020（5）：5-11，2.

点击量和热度，并且倾向于提供更加个性化的信息内容，以满足用户特定的兴趣和需求。同时，社交媒体平台改变了信息的生产方式。传统的信息生产过程受限于较为固定的编辑和审查流程，而社交媒体的兴起使得信息生产更加灵活和即时。新闻机构和记者现在能够实时跟踪社交媒体上的热点话题和公众反馈，快速响应社会事件，及时更新报道内容。这种即时性不仅加快了信息的发布速度，也使信息内容更加贴近实时的社会动态。此外，社交媒体平台对信息生产者的影响还体现在对信息质量和深度的挑战上。由于社交媒体上信息泛滥，信息生产者承担着甄别真实与虚假信息的压力。社交媒体上用户的短时注意力和对快速消费信息的偏好，也促使信息生产者在保持报道深度的同时，寻找更具吸引力和易于传播的报道方式。

社交媒体为公众提供了表达和讨论的平台，信息生产者在这一平台上的角色不仅限于信息的提供者，还包括促进公共对话和民主参与的引导者。总之，新媒体社交平台的发展为信息生产者带来了机遇和挑战。深入研究这一领域，不仅对传媒行业本身具有重要意义，也对整个社会的信息流通、公共讨论和民主健康发展至关重要。

第一节　个人自媒体信息生产者的定义及分类

一、个人自媒体信息生产者的定义

早在 20 世纪 90 年代末期，随着互联网技术的发展和普及，网络开始成为人们社交的新领域。社交媒体最初的形态，如在线论坛和聊天室，虽然简陋，但在当时为用户提供了一个新的信息交流平台。SixDegrees 创建于 1997 年，该网站基于六度联系的理念，掀起了第一波社交媒体网络浪潮。用户可以列出联系人，邀请非成员加入，并能够向一级、二级和三级联系人发送消息。紧接着，LiveJournal 于 1999 年面世，允许用户创建个人博客、日志或日记，并与朋友和社区成员分享这些帖子。[1]用户也可以将其他成员列为"朋友"，更像是在 Instagram 或 Twitter 上关注某人。每个帖子下方有一个评论区，鼓励社区成员之间的互动。接下来，是 2002 年诞生的 Friendster，它是最能与现代社交媒体平台相提并论的网站之一。该网站支持照片共享和视频共享，以及更传统的文本帖子和链接帖子，可以将用户引导到互联网上的其他位置。它还被用作发现新媒体和事件的平台。用户可以互相搜索，直接或在更大的网络平台上交流。2003 年，MySpace 一经推出便迅速风靡全球。[2]2005 年至 2008 年间，MySpace 是全球最受欢迎的社交媒体平台，并于 2006 年 6 月成为美国访问量最大的网站。MySpace 最受欢迎的功能之一是能够将音乐和 YouTube 视频嵌入用户档案。[3]

这些平台以文本交流为主，缺乏互动性和个性化体验。虽然这些形式的内容分享并不总是与传统意义上的新闻相关，但它们为个人表达和信息传播开辟了新的途径。

进入 21 世纪，社交媒体进入快速发展期。以 Facebook（2003 年推出）、Twitter（2006 年推出）和 LinkedIn（2003 年推出）、博客、贴吧为代表的社交网络平台，不仅扩展了用户的社交圈，更引入了信息流、状态更新等新的功能，大幅提升了用户参与度和互动性。这一时期，用户的传播行为开始由被动接收转变为主动参与，用户不再仅仅是信息的消费者，而

---

[1] ZAKHAROV P，KERTÉSZ J，BORNHOLDT S，et al. Structure of Live Journal Social Network［C］//Noise & Stochastics in Complex Systems & Finance. Washington，DC：International society for optics and photonics，2007：660109.

[2] FULLWOOD C，SHEEHAN N，NICHOLLS W. Blog function revisited：a content analysis of myspace blogs［J］. Cyberpsychology，behavior，and social networking，2009，12（6）：685-689.

[3] BURGESS J，GREEN J. Youtube：online video and participatory culture［M］. Cambridge：Polity Press，2018.

是成为信息的创作者和传播者。个人能够通过社交媒体实时发布事件信息、个人观点以及对当前事件的评论。

到了 2010 年，社交媒体已成为信息传播的主要渠道之一。据统计，2020 年约有 51% 的美国成年人表示经常通过社交媒体获取信息（数据来源于 We Are Social 和 Hootsuite 联合发布的《2020 年 7 月全球网络状态报告》）。这一时期，智能手机的普及进一步加强了个人信息生产者的影响力，社交媒体开始逐渐转向移动端，使他们能够在任何时间和地点捕捉和分享信息。如 Instagram、Snapchat、微博、微信、知乎、抖音、快手等以图像和视频为主的社交平台迅速兴起，进一步推动了用户传播行为的多样化。这些平台强调视觉内容的分享，促进了用户在图像和视频制作方面的创造性表达。此外，这些平台的即时性和连续性特点，使得用户能够实时分享生活点滴，强化了社交媒体在日常生活中的渗透。

据统计，截至 2023 年，全球社交媒体用户已经超过 40 亿（数据来源于 We Are Social 发布的《2023 年全球数字报告》）。可见，社交媒体平台为个人提供了一个广阔的平台来发布和分享新闻内容。在这个数字化时代，任何人都可以通过智能手机和网络连接成为信息的生产者。社交媒体时代的发展，打破了传统媒体的单向传播模式，建立了多向互动的沟通格局，促进了信息传播的即时性和连续性。此外，社交媒体的算法驱动推荐系统对用户传播行为产生了重要影响，其平台上的内容生产和分享行为表现出了高度的用户生成性。用户不仅是内容的消费者，也成为内容的创作者，对用户的传播行为产生了放大的效应。

总体而言，社交媒体的兴起和发展重塑了用户的传播行为和习惯。这种变化不仅体现在传播的速度和规模上，更体现在内容的创造、分享和互动上。这些变化共同构建了一个更加动态、互动和多元的媒体环境。

回溯 21 世纪初，大众信息环境尚呈现职业主导的单一格局，其中"大众信息生产者"与"职业信息生产者"概念几乎等同。在这一时期，信息的广泛传播主要由报纸、广播、电视以及处于 Web 1.0 阶段的网络媒体等专业机构承担。这些机构内的职业人士，包括记者、编辑、发行人员及技术专家，构成了信息生产与传播的核心力量。

随着信息化时代的到来，信息活动体系步入了一个"大众"与"非大众"信息传播并存的新纪元。在非大众信息传播领域，信息流动不再遵循固定路径，人与人、群体内部的信息交流变得灵活多变，每个个体都能随时转换为信息的发送者或接收者，使得信息生产者与接收者的界限变得模糊。这一领域内，参与者之间的关系不再是简单的生产者与接收者的二元对立，而是转化为传收角色一体化的新模式。

传统意义上，信息生产者主要指聚焦于专业从事信息制作、编辑和发布的在传统传媒机构中工作的专业人士，包括记者、编辑、专栏专家和评论员、摄影记者和摄影师、信息制作人等。而从社交媒体视角看，信息生产者指的是参与信息内容创造、编辑、分发和发布过程的所有个体和机构。这不仅包括传统意义上的记者和编辑，还涵盖了一系列在新媒体时代涌现的新角色，如公民记者、内容创作者、社交媒体影响者、数据分析师、技术专家等。

二、个人自媒体信息生产者的分类

（一）专业化信息生产者

专业自媒体通常指由专业机构、团队或个人创建的，以发布专业内容为主的自媒体，强调内容的专业性、深度和权威性。他们一般来自某个特定领域，如科技、法律、经济、健康等，拥有该领域的专业知识或实践经验，能够生产出具有深度和权威性的内容，并且通过专业的平台及账号进行内容输送，其账号大多已形成一套专业的流程体系，每日按时进行信息的生产和传播，并且各个账号的信息定位与受众定位相对明确。

与普通用户相比，专业信息生产者发布的内容更加专业、详尽，往往能够触及问题的本质，并提供有价值的见解和分析。由于其内容的专业性和权威性，专业信息生产者在社交媒体上往往拥有较高的关注度和影响力，他们的观点和看法能够迅速传播，对公众舆论产生影响。除了个人兴趣，专业信息生产者可能还希望通过社交媒体平台建立个人品牌、分享专业知识、促进学术交流或实现其他职业目标。

（二）社会化信息生产者

社会化自媒体，也被称为 UGC（User Generated Content，用户生成内容）媒体或个人媒体，是指由个人或个人组织创建和管理的，发布原创内容或转载他人内容的一种媒体形态。它强调用户的参与、互动和社交属性。

社会化信息生产者是指那些以个人身份在自媒体平台发布日常生活、个人体验、情感表达、兴趣爱好等非专业性内容，并与受众进行广泛互动的信息生产者。他们不依赖于机构背景，而是依靠个人的创造力、影响力，通过自媒体平台（如微博、微信公众号、抖音、B 站等）发布内容，与受众进行互动并传播信息。

社会化信息生产者发布的内容涵盖了日常生活的方方面面，如个人经历、情感表达、兴趣爱好、消费体验等，这些内容更加贴近普通用户的实际生活。与专业信息生产者相比，社会化信息生产者更加注重与受众的互动，发布的内容往往能够引发广泛的讨论和共鸣，增强用户的参与感和归属感。

虽然单个社会化信息生产者的影响力可能有限，但通过社交媒体平台的传播机制（如点赞、评论、转发等），他们的内容可以迅速扩散，形成规模效应。在某些情况下，社会化信息生产者甚至能够成为特定话题或事件的意见领袖。

第二节　个人自媒体信息生产者的特点

一、民间性

个人自媒体信息生产者掀起了信息传播领域的一次重要转变。这一转变挑战了传统信息生产的模式，同时也带来了信息传播的多元化。这些生产者以个人或小团体的形式活跃在社交媒体平台上，包括博客、微博、YouTube、Twitter、Facebook、抖音等，其显著特点是民间性。他们通常不受传统媒体机构的约束，这使得他们在报道信息时拥有更大的自由度。他们可以根据个人的兴趣、专长和价值观选择话题，从而为受众提供独特的视角和深入的分析。例如，一位关注环境保护的博主可能会专注于传播与气候变化相关的信息，而一位技术爱好者可能会集中发布最新的科技发展趋势。

这种民间性不仅体现在信息话题的选择上，也体现在报道的风格和形式上。个人自媒体信息生产者往往采用更加轻松、亲民的语言和形式，通过视频、播客或图文混排等多样的形式吸引受众。这种个性化的传播方式使得他们能够建立起与受众之间更为紧密的联系。

个人自媒体信息生产者立场和视角的民间性也是一个重要特点。相对于传统媒体机构的发声，他们是来自社会基层的声音。他们中的许多人是在没有专业媒体背景的情况下开始信息生产活动的，依靠自学和实践积累经验。这使得他们在报道时能够摆脱传统信息报道中的框架和限制，从普通民众的视角出发，关注社会边缘话题或被主流媒体忽视的信息。他们敢于挑战权威，揭露社会问题，为少数群体和边缘话题提供发声的平台。这种民间性质的信息生产活动，尤其在处理社会正义、环境保护、人权等议题时，常常能够引发公众的广泛关注和讨论。这些报道往往与人们的日常生活紧密相关。他们关注的话题频繁涉及普通人的生活实际，如社会信息、社区事件、生活贴士、健康信息等，这些内容贴近受众的生活经验，让人易于理解和接受。此外，他们基于个人经历或观察来讲述故事，这种个人化的叙述方式使得信息内容更加生动、具体，能够激发受众的兴趣和共鸣。这些来自各行各业的个体信息生产者还经常在报道中结合自己的感受和见解，这不仅为信息增添了主观色彩，也让信息内容更加多元和丰富。他们通过个人社交媒体账号发布内容，使得信息传播更加依赖于个人网络和社交关系，这种基于社交网络的传播方式更容易触及日常生活中的受众，形成更广泛的社会讨论。

例如，由布兰登·斯坦顿创立的 Humans of New York（HONY）是一个通过摄影和故事讲述纽约市民故事的网站。布兰登·斯坦顿在 2010 年创立这个网站时，最初目标是通过摄影图像收集并分享纽约市 1 万名居民的肖像。随着网站的发展，斯坦顿开始记录并分享被摄者的个人故事，这些故事覆盖了爱情、失落、希望、挑战等多种主题，从而使 HONY 成了一个全球性现象，吸引了数百万名关注者。HONY 展示了如何通过个人视角和深入的个人故事，捕捉和分享人类的复杂性和多样性，不依赖于任何新闻机构或商业赞助，完全基于斯坦顿对街头摄影和人物故事的兴趣。这种方式让 HONY 能够避开商业化媒体可能存在的偏见和限制，更真实、更深入地反映普通人的生活和情感。通过在社交媒体平台分享这些故事，HONY 激发了全球范围内对人性、社会问题和文化多样性的讨论和反思。

二、背景多样性

在当前新媒体环境下，个人自媒体信息生产者展现出的背景多样性是其独特特点之一，这种多样性不仅体现在他们的专业背景上，也反映在他们的文化、社会经验以及个人兴趣等方面。与传统传媒行业相比，这种背景多样性为信息内容的创作和传播提供了更加丰富和多元的视角。

从专业视角来看，个人自媒体信息生产者并不局限于传统传播学或传媒学的学术训练。他们可能来自不同行业和领域，如科技、教育、医疗、艺术等，这使得他们能够在特定主题上提供更深入的分析和见解。例如，一个在科技行业工作多年的人可能会专注于报道最新的科技趋势和产品，而一个具有社会学研究背景的人可能更专注于社会问题和文化现象的报道。文化和社会经验的多样化让个人自媒体信息生产者能够带来不同的视角和理解。他们中的许多人有着跨文化的生活经历，或者深入了解特定社区或群体的需求和问题，这使得他们在报道相关主题时能够展现出更深的同理心和独到的见解。

个人自媒体信息生产者的兴趣爱好也极大地丰富了他们的报道内容。与传统媒体工作者可能需要遵循媒体机构的编辑方针不同，个人自媒体信息生产者可以自由选择他们感兴趣的主题进行深入探讨。这种由个人兴趣驱动的报道往往能够触及更为细分的受众群体，建立起特定的读者或观众基础。

个人自媒体信息生产者的背景多样性还体现在他们对信息报道手法和渠道的创新。他们利用自己独特的背景知识，结合新媒体技术，探索更为互动、视觉化和多元化的内容表现形式，以此吸引和保持受众的关注。这样的多样化不仅拓宽了信息报道的视野，也为公众提供了更为广泛和深入的信息来源。这种多样性是新媒体环境下信息生产的重要特征，对于丰富信息内容、提高报道质量以及满足受众多元化的信息需求具有积极的意义。

三、高度自主性

美国国际开发署署长萨曼莎·鲍尔指出，19世纪法国外交官、政治哲

数字交往与传播裂变

学家和历史学家亚历克西斯·德·托克维尔曾经说过,媒体是"维护文明"的工具,强调了媒体在维护文明和社会发展方面的重要性。在新媒体环境下,个人自媒体信息生产者所表现出的高度自主性是其定义和成功的关键因素之一。这种自主性不仅体现在他们选择报道主题的自由度上,还包括内容创作、发布时间和渠道的选择,以及与受众互动的方式。这些方面共同构成了个人自媒体信息生产者与传统媒体从业人员之间的重要区别。

首先,在报道主题的选择上,个人自媒体信息生产者不受传统媒体机构的约束,可以根据自己的兴趣、知识和对社会事件的理解自由选择报道对象。这种自主选择使他们能够迅速响应社会上的新兴议题,或深入探讨较少被主流媒体覆盖的领域。这种针对性和时效性的结合,使得个人自媒体信息生产者能够在特定领域或主题上建立专业形象,吸引一群忠实的受众。[1]

其次,在内容创作过程中,个人自媒体信息生产者享有完全的自主性,可以自由选择报道的角度、语言风格以及使用的多媒体元素。这种创作自由不仅使他们能够更真实地表达自己的观点和感受,也为信息报道带来了更多元和生动的表现形式。例如,他们可以通过视频、播客、在社交媒体发帖子等形式,以更加互动和直观的方式与受众沟通。

再次,在发布内容的时间和渠道上,个人自媒体信息生产者不需要遵循传统媒体机构的发布日程或格式要求,可以根据自己的判断和受众的反馈灵活地安排发布时间。同时,他们可以选择最适合自己内容和受众的平台进行发布,无论是个人博客、社交媒体还是内容聚合平台,都可以根据需要自由选择。

个人自媒体信息生产者与受众之间的互动方式也体现了高度自主性。[2]他们可以直接通过评论区、社交媒体或其他在线平台与读者交流,这种直

---

[1] 周万安.主题报道的取胜之道[J].传媒观察,2009(5):57-58.
[2] 沈坚.媒介与受众间的互动:以主持人与受众互动为例[D].北京:北京大学,2006.

接互动不仅有助于增强受众的参与感和忠诚度，也使得个人自媒体信息生产者能够即时获得信息反馈，调整自己的内容策略。

综上，个人自媒体信息生产者在新媒体环境下所表现出的高度自主性，为他们提供了在内容选择、创作、发布和互动上的自由，这不仅使他们能够更灵活和及时地响应社会变化，也为受众提供了更多样化、个性化和深度化的新闻内容。这种自主性是个人自媒体信息生产者在新媒体时代中脱颖而出的重要因素之一。

四、匿名性与私人性

对于个人自媒体信息生产者而言，匿名性不仅仅是一种选择，更是一种策略。他们可以选择不公开自己的真实姓名、身份或背景信息，以匿名的形式在社交媒体上发布内容。这种匿名性使得他们能够摆脱传统媒体的束缚，以更加自由、独立的姿态发表观点和看法。

传统媒体信息生产者，如记者、编辑等，其身份往往是公开透明的，他们的言论和行为需要代表媒体机构的立场和形象。而个人自媒体信息生产者则没有这样的限制，他们可以更加灵活地选择是否公开自己的身份。甚至在某些情况下，匿名性成为他们保护自己免受外界干扰的重要手段。

由于身份的透明度不同，个人自媒体信息生产者在言论自由度上往往拥有更大的空间。他们不必受到媒体机构内部规定或外部压力的限制，可以更加自由地表达个人观点和看法。这种言论自由度在一定程度上促进了社交媒体上的多元声音和观点交流。

虽然匿名性为个人自媒体信息生产者提供了言论自由的空间，但同时也带来了责任与约束。传统媒体信息生产者由于身份的公开性，其言论和行为往往需要承担相应的法律责任和社会责任。而个人自媒体信息生产者在享受匿名性带来的便利的同时，也需要意识到自己的行为可能对社会和他人产生的影响，并承担相应的道德约束和法律责任。

　　私人性在个人自媒体信息生产者的内容创作中体现得尤为明显。他们倾向于分享个人生活、情感、思想等方面的私密信息，以吸引粉丝和建立与受众之间的情感联系。这种私人性内容的分享使得个人自媒体信息生产者的形象更加立体和真实，有助于增强受众的认同感和黏性。

　　传统媒体信息生产者往往以新闻报道、时事评论等公共议题为主要内容，注重信息的客观性和公正性。而个人自媒体信息生产者则更加注重个人体验和感受的表达，通过分享私人性内容来与受众建立情感共鸣和联系。传统媒体信息生产者与受众之间的互动往往受到媒体机构规定和流程的限制，互动方式相对单一。而个人自媒体信息生产者则可以利用社交媒体平台的多种互动功能（如评论、点赞、转发等）与受众进行更加直接和频繁的互动，以便及时了解受众的反馈并调整内容策略。

　　通过分享私人性内容，个人自媒体信息生产者能够塑造更加个性化和真实的品牌形象。这种品牌形象有助于增强受众的认同感和信任感，从而吸引更多忠实粉丝和关注者。而传统媒体信息生产者的品牌形象则更多地与其所代表的媒体机构相关联。

五、碎片化传播与即时性生产

　　碎片化传播指的是信息以短小、零散的形式存在和传播，缺乏全面和系统的阐述。在社交媒体上，个人自媒体信息生产者倾向于发布简短的文字、图片、视频等内容，这些内容往往围绕特定话题或事件展开，但只涉及其中的一部分或某个角度，有时不会形成完整的信息链条。

　　传统媒体如报纸、电视等，倾向于发布长篇文章、深度报道或专题节目，注重信息的完整性和系统性。而社交媒体上的个人自媒体信息生产者则更倾向于发布碎片化内容，以适应快节奏的社交媒体环境和受众的碎片化阅读习惯。碎片化内容由于体积小、制作快，能够快速在社交媒体上传播开来，相比之下，传统媒体内容的生产和传播周期较长，难以满足即时性需求。

社交媒体上的碎片化内容更容易引发受众的互动和反馈。受众可以对内容进行点赞、评论、转发等操作，形成即时互动和讨论。

即时性是指信息能够在极短的时间内被搜集、生产、传播和接收。在社交媒体上，个人自媒体信息生产者能够随时随地就某一细小的热点或问题发布信息，这些信息可以实时传递给关注他们的用户。这种即时性使得社交媒体成为新闻传播和舆论引导的重要平台。这种生产方式有别于信息传播速度相对较慢的传统媒体如报纸、电视等需要经历内容采编、审核、排版/录制、发行等多个环节，个人自媒体信息生产者可以直接通过手机或其他终端设备快速发布信息，大幅缩短了信息传播的时间。个人自媒体信息生产者可以根据用户的即时反馈迅速调整内容策略和传播方式，以提高信息传播的效果和影响力。

第三节　个人自媒体信息生产者的工作内容

一、内容策划与个性化创作

新媒体社交平台的兴起和发展引领了信息生产模式的根本变化，这一转变不仅是技术进步的直接结果，也是个人自媒体信息生产者对受众行为变化的响应和适应。在这种信息生产环境中，内容策划与个性化创作成为个人自媒体信息生产者与受众互动的核心。这种环境促使个人自媒体信息生产者不仅关注信息的传递，更加注重内容的呈现方式、受众的参与度以及叙述的情感深度。从学术角度分析，这种转变不仅反映了媒介技术的发展对传媒行业的影响，也体现了受众从被动接收者向主动参与者的转变。

个人自媒体信息生产者在主题选择上，不再受限于传统信息价值的框架，而是更多地考虑受众的多元化需求和兴趣。这种转变的背后是对"以受众为中心"理念的深化理解和应用。[1] 通过对受众数据的分析，结合自身的兴趣和专长，个人自媒体信息生产者能够发掘出那些能够引起特定受众群体共鸣的主题，从而提高内容的吸引力和传播效率。这种策略的应用，实质上是对新媒体环境下"长尾效应"（Long Tail Effect）的利用[2]，即通过满足少数人的兴趣和需求来构建广泛的受众基础。

在故事叙述和情感连接方面，个人自媒体信息生产者的创作实践突破了传统信息报道的客观性原则，引入了更多的主观性和情感元素。通过展现信息事件中的人物情感、社会价值等元素，在受众心中建立情感上的联系。这不仅加深了受众对信息主题的理解和感知，也促进了受众对信息内容的讨论和分享。同时，通过将信息事件构建为一个有情节、有冲突、有高潮的故事来进行叙述，使得受众在获取信息的同时，也能享受阅读或观看的乐趣。这种方式能够提高受众的参与度，使信息内容更加生动和易于传播。这种做法基于对受众心理和情感需求的深刻洞察，通过讲述具有情感张力的故事，激发受众的共情反应，从而建立起强烈的情感连接，这一行为不仅是信息传递，更是文化和价值观的共享。

二、利用新媒体工具与平台功能

社交媒体平台为个人自媒体信息生产者提供了一系列工具和功能，极

---

[1] 黄河，刘琳琳.风险沟通如何做到以受众为中心：兼论风险沟通的演进和受众角色的变化[J].国际新闻界，2015，37（6）：74-88.
[2] 朱胜君.再谈"长尾效应"[J].中国邮政，2014（10）：40.

大地拓展了信息报道的方式和范围。从利用新媒体工具与平台功能的角度出发，信息生产工作流程可见明显的转变，这不仅改变了他们与受众的互动模式，也对信息内容的生产和分发方式产生了深远影响。

如 Twitter、Facebook、Instagram、抖音、微博等平台提供的直播功能，使个人自媒体信息生产者能够进行实时报道，为受众提供第一手的相关事件现场感受。这种即时性的报道模式打破了传统信息生产的时间限制，允许个人自媒体信息生产者在事件发生时立即向受众传达信息。个人自媒体信息生产者在发生突发公共事件时，可以通过手机直接进行现场直播，让受众实时看到事件发展，增加了报道的透明度和受众的参与感。

同时，社交媒体平台的评论、点赞和分享功能，为个人自媒体信息生产者与受众之间提供了直接的互动渠道。个人自媒体信息生产者可以通过发布新闻内容后邀请评论、进行在线问答等方式，与受众进行交流，收集受众的反馈和意见。这种互动不仅增强了信息内容的吸引力，也为个人自媒体信息生产者提供了即时反馈，帮助他们更好地了解受众需求，调整后续报道的方向和重点。

社交媒体平台的算法推荐系统，对内容分发和受众接触策略产生了深刻影响。[①] 这些算法通过分析用户的行为数据，包括浏览历史、互动频率和内容偏好，来个性化推荐内容，确保受众看到他们最有可能感兴趣的信息。这一机制不仅改变了信息的传播路径，也为个人自媒体信息生产者提供了精准触达受众的新途径。个人自媒体信息生产者可以实现内容的个性化定制和精准分发。这些算法考虑多种因素，包括用户与特定类型内容的互动（如点赞、评论和分享）、内容的新鲜度以及用户与内容发布者之间的关系强度。此算法旨在创建一个高度个性化的用户体验，增加用户在平台上的停留时间，通过分析受众的浏览历史、兴趣偏好等数据，可以定制符合特

---

① 贾堃阳.基于隐式反馈的分布式推荐算法研究［D］.杭州：浙江大学，2015.

定受众群体兴趣的信息内容，利用平台算法推荐功能将内容直接推送给潜在感兴趣的受众。这种基于数据驱动的内容策略，不仅提高了信息内容的覆盖率和受众的满意度，也增加了个人自媒体信息生产者对受众行为的理解和预测能力，其中大数据算法过程如图1-1所示。如微博作为中国最大的社交媒体平台之一，其热门话题推荐功能是算法推荐系统的一个典型应用案例。通过分析用户的浏览习惯和互动数据，微博能够实时更新热门话题列表，将最有可能吸引特定用户注意的信息和讨论推荐给他们。

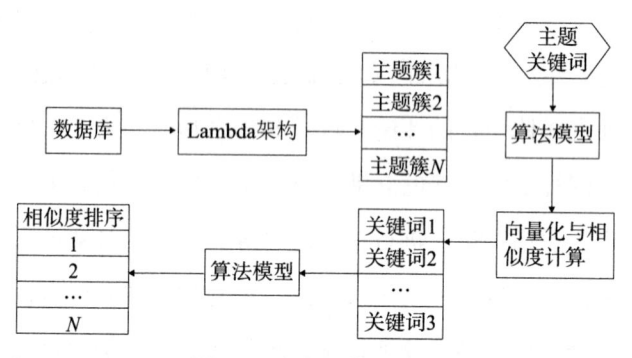

图1-1 大数据算法过程

新媒体平台支持多种格式的内容发布，包括文本、图片、视频和音频等，这为个人自媒体信息生产者提供了丰富的表达方式。个人自媒体信息生产者可以根据信息内容的特点和受众的消费习惯，选择最适合的格式进行创作和分享。对于需要详细背景解释的主题，生产者可以通过长文章深入报道；而对于需要快速传达的热点事件，则可以通过短视频或图文快讯的形式迅速分享。这种多样化的内容创作方式使得事件报道更加灵活多变，能够满足不同受众的需求。

新媒体平台的算法推荐系统为信息生产者提供了强大的工具，使他们能够更有效地分发内容并触达目标受众。然而，这也要求个人自媒体信息生产者必须更加了解这些算法的工作原理，并根据这些原理优化内容策略，以确保他们的报道能够在信息过载的环境中脱颖而出。成功的个人自媒体信息生产者不仅是优秀的内容创作者,也是精于算法优化的策略家。

三、利用互动性的用户反馈

传统的信息生产模式通常是以新闻机构和新闻生产者为中心的,社交媒体平台使得这一模式转向了以受众为中心。通过实时的互动性反馈,个人自媒体信息生产者能够直接接触到受众的反馈、需求和兴趣。这种模式的转变实质上是传播学中"使用与满足"(Uses and Gratifications)理论的现代应用[1],即受众主动选择媒介和内容以满足特定需求。个人自媒体信息生产者利用社交媒体的互动功能,如评论、点赞和转发数据,来识别受众的偏好,从而定制和调整内容以更好地满足这些需求。这一互动性促进了参与式信息的发展。[2]在此模式下,受众的角色已超越了单纯的信息接收者,并转变为信息的积极参与者和共同传播者。个人自媒体信息生产者发布初步报道后,邀请受众参与讨论,收集受众的意见和补充信息,甚至将受众的故事和经历整合到后续报道中。这种做法不仅增加了报道的深度和广度,也增强了受众对信息内容的认同感和信任度。参与式信息的实践体现了受众研究中的"媒介共创"(Media Co-creation)理念,即在新媒体环境中,内容的创造是一个多方参与和协作的过程。

同时,在社交媒体平台上,个人自媒体信息生产者的内容策略越来越多地依赖于数据分析。通过分析受众的互动数据,个人自媒体信息生产者可以识别出哪些类型的内容更受欢迎,哪些讨论主题能引发更多的参与和分享。这种数据驱动的内容策略使得信息生产更加精细化和个性化,能够

---

[1] 陆亨.使用与满足:一个标签化的理论[J].国际新闻界,2011,33(2):11-18.

[2] 常江."参与式新闻"的理念与中外实践:以CNN iReport和新华社"我报道"为例[J].中国记者,2014(7):110-111.

更有效地满足受众的多样化需求。这一变化体现了传播学研究中对大数据和算法分析的关注，以及这些技术如何重塑信息内容生产和分发的方式。

例如，知乎平台的自媒体"科技美学"以发布深入的科技产品分析而著称。它的内容策略明显受到用户反馈的影响。当一篇关于最新智能手机评测的文章获得大量点赞和评论时，"科技美学"便可能深入该领域，发布更多相关产品的分析和比较。这种策略不仅增加了内容的吸引力，也提高了用户参与度，进一步促进了社区内的讨论和分享。

通过精准监测和分析社交媒体上的互动数据，个人自媒体信息生产者能够深入洞察受众的兴趣和需求，从而以更加精准和动态的方式选取和调整报道主题。这种以数据和反馈为导向的内容策划方法标志着信息生产进入了一个更加互动、个性化的时代，其中受众的参与成为塑造信息议程的关键力量。

四、多媒体整合与创新展现

随着数字技术的发展，社交媒体平台如Facebook、Instagram、微博和微信等成为人们获取信息的重要渠道，这些平台支持文本、图片、视频和音频等多种媒体形式的整合展现。多媒体整合是指在信息报道中融合文本、图片、视频、音频和交互元素等多种媒介形式，以提供更丰富的信息和更深入的用户体验。在社交媒体时代，这种整合不仅是技术上的进步，更是受众需求多样化的直接反映，为新闻生产者提供了丰富的表达工具，也满足了用户在快速消费信息时代对于快速、直观、沉浸式内容的需求。

而视频和直播不仅作为信息传达的工具，更是构建叙事和情感共鸣的桥梁。特别是在探讨数字叙事学（Digital Narratology）[①]和多模态交流

[①] 付雅明，张永娟，刘炜，等.数字叙事作为数字人文方法：现状与可能［J］.图书情报工作，2022，66（14）：10-19.

(Multimodal Communication)的背景下,视频和直播通过结合视觉、听觉和时序元素,提供了一种沉浸式的叙事体验,使受众能够在多感官层面上接收和处理信息。直播技术在报道自然灾害或重大社会事件时,可以实时传递现场的紧迫感和情感氛围,使远在他乡的受众也能够深切感受到事件的影响和紧急性。

数据信息和数据可视化领域的快速发展[1],对信息生产模式产生了重要影响,被视为一种创新的信息实践,它要求个人自媒体信息生产者具备数据挖掘、分析和可视化的能力。通过将大量复杂的数据通过图表、地图和时间线等形式直观展示,数据信息提高了信息报道的密度和可读性。例如,一些媒体机构开发了互动图表,允许用户根据自己的兴趣点进行数据筛选和分析,从而实现了一种个性化的信息探索体验。这种互动性不仅增强了受众的参与度,也提升了信息内容的教育价值和说服力。

在社交媒体互动方面,个人自媒体信息生产者利用平台特性与受众建立起前所未有的互动关系。学术界对此的关注主要集中在社交媒体如何改变信息的受众动态和参与文化。通过评论、点赞和分享等功能,个人自媒体信息生产者不仅能够即时获取受众的反馈,还能通过分析这些互动数据来优化内容策略,甚至动态调整报道的焦点。此外,社交媒体平台上的用户生成内容[2]和众包信息实践,展现了信息生产过程的开放性和共创性,使得受众从被动接收者转变为信息生产的参与者和贡献者。

然而,个人自媒体信息生产者对创新表现形式的探索不仅是技术应用的实践,也是对信息叙事方式的深度挖掘。这种探索旨在增强受众的沉浸感和参与度,使信息传播更加生动和有效。例如互动图表和数据可视化技术的应用,使得复杂的数据信息变得易于理解和吸引人。个人自媒体信息

---

[1] 方洁,颜冬.全球视野下的"数据新闻":理念与实践[J].国际新闻界,2013,35(6):73-83.
[2] 孙淑兰,黄翼彪.用户产生内容(UGC)模式探究[J].图书馆学研究,2012(13):33-35,15.

生产者利用这些工具将统计数据进行直观、动态的视觉展示，极大地提升了信息的传递效率和吸引力。在一篇关于全球气候变化的报道中，通过互动图表展示不同地区随时间变化的温度数据，可以让受众通过简单的点击和滑动操作，直观地看到全球变暖的趋势和影响。这种互动性不仅增加了受众的参与感，也使得复杂的科学问题变得容易理解。另外，360°视频技术为信息报道带来了全新的视角和体验。通过这种技术，受众可以在视频中自由改变视角，探索视频中的每一个角落，从而获得一种身临其境的沉浸式体验感。个人自媒体信息生产者可能会使用360°视频技术报道一个自然灾害现场，让受众能够全方位地观察灾区的情况，更加深刻地感受到事件的严重性和紧迫性。这种创新的表现形式不仅提高了报道的吸引力，也为受众提供了更丰富、更真实的信息体验。

第四节　社交媒体环境下信息生产群体扩展的传播意义

一、信息生产力大解放

社交媒体环境下的信息生产力大解放，标志着从传统到现代信息传播模式的根本转变，这一转变在个人化和大众化两个维度上展现出了深远的传播意义。这种"大解放"不仅改变了信息生产和消费的方式，还重新定义了信息与受众的关系，以及公众参与公共生活的方式。

在传统媒体时代，信息传播模式主要是一种自上而下的信息流动。媒体机构作为信息的守门人，控制着信息的生产、编辑和分发过程。这种模式在一定程度上保证了信息内容的专业性和可靠性，同时也限制了信息的多样性和受众的参与度。受众在这种模式下主要是信息的接收者,他们对信息内容的选择和影响力相对有限。

新的环境和平台赋予了每个用户生产和分享信息内容的能力,从而实现了信息生产的个人化。个人博主、自媒体人和普通用户都可以通过社交媒体平台发布自己的观点、报道和分析,这些内容可以根据他们的兴趣、专长和观点进行定制。这种个人化的信息生产模式极大地丰富了信息内容的多样性,使得信息更加贴近普通人的生活和需求。

媒体和网络平台的普及还实现了信息传播的大众化。在传统媒体时代,信息生产者主要指的是职业记者和新闻机构。然而,在社交媒体环境下,这一概念得到了显著扩展。如今,每个人都有机会成为信息生产者,包括自媒体人、博主、社交媒体意见领袖,甚至普通用户。这些非传统信息生产者利用社交媒体平台分享自己的观点、报道事件或进行调查,打破了信息传播的壁垒,促进了传播角色的多元化和民主化。每个用户都有机会成为信息的传播者,通过点赞、评论和分享等互动功能,参与信息的流通,此种广泛参与的信息传播模式改变了传统媒体对信息的独占地位。实现了信息流动的民主化,增强了公众对社会议题的关注和讨论。

社交媒体不仅改变了信息生产者的角色,也彻底扩展和改变了他们的工作流程。传统信息生产流程包括采集、编辑、审核和发布等环节,而在社交媒体环境下,信息生产者可以实时发布内容,直接与受众互动,甚至根据受众的反馈快速调整报道内容。这种即时反馈循环大大加速了信息的生产和传播速度,也要求信息生产者具备更快的反应能力和更高的适应性。

二、信息生产与接收的融合

在社交媒体环境下,受众角色的转变和参与度的提升对信息传播的影响十分大。这种变化不仅影响了信息生产者的角色和工作方式,促进了信息生产与接收的双向融合，更重要的是改变了信息传播的方式和效果，对传播学领域产生了深远的影响。受众角色的转变意味着传统的信息传播模式已经被颠覆。受众不再只被动接收信息，而是成了信息的积极参与者和传播者。

受众参与度的提升促进了信息传播的广泛和深入。随着受众从被动消费者转变为积极参与者，他们可以通过评论、分享、点赞等行为传播自己的观点和看法，形成了一个互动性更强的信息传播网络。信息生产者不仅需要向受众传递信息，还需要与受众建立起有效的沟通和互动，以促进信息内容的共享、传播和消化。这种双向互动模式加强了信息生产者与受众之间的联系，增强了受众对信息内容的参与感和归属感，进而促进了信息内容的传播和影响力的扩大。这种互动模式不仅加速了信息的传播速度，还增强了信息的影响力和可信度，使得信息能够更广泛地传播到不同的群体和社区中。

另外，受众参与度的提升也促进了信息传播的个性化和定制化。在社交媒体环境下，信息生产者可以更加精准地了解受众的兴趣和需求，根据受众的反馈和互动行为调整和优化信息内容和传播策略。通过分析受众的互动行为和反馈信息，信息生产者可以更好地了解受众的偏好和关注点，有针对性地调整和优化新闻内容，提升信息的吸引力和传播效果，使得信息更加贴近受众的实际需求，提高了信息传播的效果和效率。

这种交互式的互动模式还为信息生产者提供了更多的传播渠道和形式，信息生产者可以利用各种社交媒体平台和工具，如微博、微信、抖音、YouTube 等，采用文字、图片、视频、直播等多种形式进行信息传播，以满足不同受众群体的需求和习惯。

综上所述，受众角色的转变和参与度的提升对信息生产者的传播意义主要体现在信息传播模式的变革、信息传播广度和深度的提升，以及信息传播个性化和定制化程度的提升等方面。这种变化不仅促进了信息的民主化和多元化，还加强了信息的影响力和可信度，推动了信息传播模式的进一步创新和发展。

三、信息叙事的多元化

在社交媒体环境下，信息叙事的多元化是信息生产者扩展的重要传播意义之一。这种变化不仅带来了信息生产方式的革新，也对信息传播生态产生了深远的影响。

随着社交媒体的发展，信息生产者扩展到了普通用户、意见领袖、网红、企业，甚至政府机构等多元主体。这些主体从各自的角度和立场出发，进行信息叙事，形成了多元化的叙事声音。

首先，信息生产者拥有更大的自由度和创作空间，能够采用多种形式和叙事方式来呈现信息内容。传统媒体的信息叙事往往受制于编辑和传统报道模式，而在社交媒体上，信息生产者可以更加灵活地选择叙事方式，包括文字报道、图文并茂、视频报道、直播等多种形式，从而丰富了信息内容的呈现方式，提高了受众的参与度和接受度。

在信息叙事视角上，信息生产者来自不同的社会背景、职业领域和生活经历，他们能够从各自独特的视角出发进行信息叙事。这种多样性的叙事视角打破了传统媒体单一视角的限制，使得信息内容更加多元和立体。例如，在突发事件中，个人自媒体信息生产者能够提供一线现场的即时报道和个人亲历的感性描述，为受众呈现更加全面和真实的事件面貌。此外，个人自媒体信息生产者可以更自由地选择自己感兴趣的话题进行创作。这种自由度使得个人自媒体信息生产者的叙事内容更加丰富多样，涵盖新闻、娱乐、生活、教育、科技等多个领域。同时，他们还能够根据受众的需求和兴趣点进行内容创新，生产出更加贴近受众生活、个性化的信息内容。

个人自媒体信息生产者在叙事形式上更加灵活多变，不拘泥于传统的文字、图片等形式。他们善于运用短视频、直播、Vlog、图文结合等多种新媒体形式进行叙事。这些新媒体形式具有直观、生动、互动性强的特点，能够更好地吸引用户的注意力并提升信息传播效果。例如，短视频平台上的个人自媒体信息生产者可以通过剪辑视频、添加音效和特效等手段制作富有创意和趣味性的内容，从而吸引大量用户的关注和点赞。

这种贴近性和个性化特点使得个人自媒体信息生产者的信息内容在社交媒体平台上具有更高的传播效率和影响力。同时，他们还能够通过社交媒体平台的即时互动促进与用户的直接交流及反馈汇总，从而不断精进信息内容和传播策略。

还有一部分优质的内容创作者通过精良的作品和独特的视角，赢得了受众的信任和认可。这些内容创作者可能是专业记者、摄影师、视频制作人或纪录片导演，他们通过精心策划和制作，呈现了具有观赏性、感染力和启发性的内容。他们的作品不仅能够吸引受众的注意，还能够触动受众的情感和思考，产生深远的影响。此外，一些公众号、自媒体平台和专业信息网站也在社交媒体环境下崭露头角，成为信息传播的重要力量。这些平台通过严格的内容审核和筛选，为受众提供了丰富、权威、有质量的信息内容。他们不仅能够报道热点事件和突发事件，还能够深度挖掘和解读复杂的社会现象和社会问题，为受众提供具有启发性和价值观的信息。

综上所述，社交媒体环境下信息内容与叙事的多元化为信息生产者带来了更大的创作空间和表达自由，同时也呈现出复杂、多元、有杂质的特点。尽管存在一定的挑战，但优秀的意见领袖和高质量的内容也为信息传播提供了新的动力和可能性。这种变化不仅丰富了信息内容，也提升了信息传播的质量和影响力。

四、传统信息生产者影响力下降

传统媒体在信息传播中一直占据着主导地位，拥有大量的读者和观众。

如今，在社交媒体环境下，人人都可以成为信息的发布者和传播者，信息传播的速度和范围大大增加，传统媒体的影响力逐渐被稀释。

（一）技术原因导致内容质量下降

技术进步和新媒体的崛起对传统媒体构成了巨大挑战。随着互联网和移动设备的普及，人们可以随时随地通过手机、电脑等设备获取新鲜的信息，这使得传统媒体在信息传播速度和覆盖面上的优势逐渐消失。新媒体平台如社交媒体、信息应用、博客等提供了实时、个性化和多样化的内容，吸引了大量年轻受众，而传统媒体往往难以跟上这种变化。

传统媒体的内容质量逐渐下降也是导致其影响力下降的原因之一。许多报纸和电视节目过度依赖宣传和广告，而真正有价值的信息和深度报道越来越少。这导致受众对传统媒体的信任度和满意度降低，进而降低了他们的关注度。

传统媒体的互动性和参与性不足也是其影响力下降的重要原因。新媒体时代下，受众的角色已转变为积极的参与者，他们通过评论、分享、点赞等互动形式，深度融入信息的传播过程。而传统媒体往往是单向传播模式，受众无法直接参与其中，这导致受众对传统媒体的黏性降低。

此外，传统媒体还面临着读者结构老龄化的问题。随着年轻一代更倾向于在新媒体平台上获取信息和娱乐，传统媒体的受众群体逐渐老龄化。这进一步加剧了传统媒体在内容创新、技术更新等方面的滞后，使其难以适应年轻受众的需求。

虚假信息泛滥也对传统媒体构成了挑战。在互联网上，信息可以轻松被篡改和传播，虚假信息泛滥成为媒体面临的重要问题。传统媒体在新闻报道中需要更加注重事实核查和真实报道，以保证信息的可信度。然而，在新媒体时代，虚假信息的传播速度更快。

（二）受众分流

受众分流在媒体行业中通常指的是受众或用户从传统媒体流向新媒体平台的现象。这种现象的出现主要是由于多个因素的共同作用。

第一，新媒体提供了更加便捷和个性化的信息获取方式。随着智能手机和移动互联网的普及，用户可以随时随地通过各类信息应用、社交媒体平台或搜索引擎获取所需信息。这种即时性和个性化的信息获取体验是传统媒体无法比拟的，因此吸引了大量用户的关注和参与。

第二，新媒体的互动性更强。在新媒体平台上，用户不仅可以浏览信息，还可以进行评论、分享、点赞等互动操作，这种参与感让用户感觉自己与信息事件更加紧密相关。相比之下，传统媒体的互动方式较为有限，这大大降低了用户的参与意愿。

第三，新媒体平台提供了更加丰富的信息内容。新媒体平台上的信息来源广泛，包括专业媒体机构、自媒体、个人博客等，这些平台上的信息内容更加多样化和个性化，满足了用户的不同需求。而传统媒体往往受限于版面、时段等因素，无法提供如此丰富的信息内容。

第四，新媒体平台在传播速度和范围上具有优势。新媒体平台利用互联网的优势，可以实现信息的即时传播和广泛覆盖。而传统媒体需要经过采集、编辑、排版等多个环节才能发布，这使得其信息传播速度和范围受到限制。

第五，新媒体平台在用户体验和界面设计上更加优秀。新媒体平台通常注重用户体验和界面设计，可以提供更加直观、易用的操作界面和更加丰富的功能选项。而传统媒体在这方面较为滞后，无法满足用户的个性化需求。

（三）信息时效性减弱

技术的发展和新媒体的崛起对传统媒体的信息时效性产生了巨大的冲

击。互联网和移动设备的普及，使得信息的传播速度大大提高。新媒体平台如社交媒体、信息应用等能够实时发布信息，迅速将信息事件传递给受众。相比之下，传统媒体如报纸、电视等，由于需要经过采访、编辑、制作等多个环节，往往难以在第一时间对信息事件进行报道，信息时效性较弱。

传统媒体内部流程的烦琐也是导致信息时效性减弱的一个重要原因。传统媒体在信息制作过程中，需要经过多个环节的处理，包括采访、拍摄、编辑、审核等。这些环节往往需要耗费大量的时间，而且各个环节之间还需要进行沟通和协调，以确保信息内容的准确性和完整性。因此，当信息事件发生时，传统媒体可能由于内部流程烦琐而难以迅速作出反应，导致信息时效性减弱。

此外，传统媒体在人力、物力、财力等方面可能存在限制，导致难以对信息事件进行快速、全面的报道。例如，缺乏足够的记者和编辑人员、设备不足或资金短缺等，都可能限制传统媒体对信息事件的报道能力。在这种情况下，传统媒体可能对部分信息事件进行报道，无法全面覆盖所有重要的信息事件，从而降低了信息的时效性。

（四）商业模式受到挑战

传统媒体的商业模式主要依靠广告收入和发行收入。然而，在社交媒体环境下，广告投放的方式和渠道发生了变化，传统媒体的广告收入受到冲击。首先，新媒体的崛起对传统媒体的商业模式构成了冲击。新媒体平台借助互联网技术的快速发展，提供了实时更新、多元化的信息内容，吸引了大量用户。与此同时，新媒体平台还通过精准推送、互动性强等特点，进一步提升了用户体验。这些优势使得新媒体挤占了传统媒体的市场份额，从而对传统媒体的商业模式造成了严重影响。其次，数字化浪潮的兴起也向传统媒体商业模式提出了挑战。随着互联网的广泛渗透及移动设备的普及，用户愈发倾向于通过数字化途径来获取新闻与各类信息。这种趋势导致传统媒体的市场份额不断减少，广告收入也随之下滑。同时，数字化时代还催生了新的商业模式，如自媒体、短视频等，这些新业态的崛起进一步挤压了传统媒体的生存空间。

综上所述，社交媒体环境下的传统媒体信息生产者确实面临着一系列衰落的现象。但是，这也为传统媒体提供了转型和升级的机会，它们可以通过创新内容和形式，加强与用户的互动，提高品牌影响力，实现更好的发展。

五、个人自媒体信息生产者面临的挑战

随着社交媒体的快速发展，个人自媒体信息生产者面临着前所未有的挑战。在社交媒体环境下，个人自媒体信息生产者需要不断创新和升级，以应对不断变化的媒体环境，实现更好的发展。

（一）内容生产方式的转变

从专业生产内容（Professional Generated Content，PGC）到用户生成内容（UGC），再到人工智能生成内容（Artificial Intelligence Generative Content，AIGC）的转变。随着社交媒体和自媒体平台的兴起，用户不仅是信息的接收者，也成为信息的发布者。UGC 和 AIGC 的内容生产方式不仅丰富了信息源，也让信息内容更加多元化和个性化，并大幅提升了信息生产的效率。然而，这也带来了信息真实性和质量控制的挑战，个人自媒体信息生产者需要对这些内容进行筛选、核实和整合。

首先，在自媒体时代，每个个体都可以成为信息的发布者，表达自己的观点和情感。这种个性化的内容生产方式给予了创作者更大的创作自由度和真实表达的空间。同时，通过社交媒体的分享和互动，这些内容也能够迅速传播并形成社群效应。然而，这也带来了内容同质化、浅薄化和碎

片化的风险，需要对个人自媒体信息生产者进行引导和规范。

其次，平台型组织的发展改变了内容生产的组织方式。与传统的科层制媒介组织相比，平台型组织去除了中间层，形成了扁平化结构，使得内容的生产和组织可以以更加开放的姿态整合内外部资源。同时，平台型组织也打破了组织之间的界限，使得内容生产可以在全球范围内进行协作和分享。然而，这也带来了版权保护、内容质量控制和商业模式的挑战。

最后，新技术的发展也推动了内容生产方式的转变。例如，人工智能、大数据等技术的应用，使得个人自媒体信息生产者可以更加高效地获取、分析和处理信息，从而生产出更加精准、个性化的信息内容。同时，虚拟现实、增强现实等技术的应用也为信息的呈现提供了更多可能性。前提是个人自媒体信息生产者具备更高的技术素养和创新能力。

（二）信息时效性的挑战

在数字化时代，信息呈爆炸式增长，个人自媒体信息生产者需要在海量的信息中快速筛选出有价值的内容。这不仅要求他们具备敏锐的洞察力，并且能够准确捕捉社会热点和突发事件，还需要他们具备高效的信息处理能力，以便在短时间内完成内容采访、编辑和发布。然而，由于信息来源的多样性和复杂性，筛选和核实信息的难度也在不断增加，给信息时效性带来了挑战。

信息时效性要求个人自媒体信息生产者迅速报道新闻事件，以满足受众的即时需求。然而，在追求时效性的过程中，个人自媒体信息生产者往往面临着准确性的挑战。为了迅速发布信息，他们可能无法充分核实信息来源和内容的真实性，从而发布不准确或误导性的内容。这不仅会影响媒体的公信力，也会对受众产生负面影响。因此，个人自媒体信息生产者需要在追求时效性的同时，确保信息内容的准确性，实现即时更新与准确性的平衡。

（三）用户参与度的挑战

社交媒体平台上的用户更愿意参与互动，这要求个人自媒体信息生产者加强与用户的互动，提高用户参与度，以增强品牌影响力。这需要个人自媒体信息生产者了解用户需求，创新互动方式，优化内容产出，提高用户体验。

随着新媒体的兴起，用户对于信息内容的需求日益多样化和个性化。他们不再满足于传统的、单一的报道方式，而是希望根据自己的兴趣和需求，选择并参与自己感兴趣的话题。这就要求个人自媒体信息生产者不仅要提供丰富多样的内容，还要能够根据用户的个性化需求，进行精准的内容推荐和定制服务。

用户参与信息传播的方式日益多元化和复杂化。他们可以通过社交媒体、短视频平台、新闻APP等多种渠道，发表自己的观点、评论和反馈。同时，用户还可以参与信息内容的生产、编辑，成为信息内容的创造者和传播者。这就要求个人自媒体信息生产者不仅关注用户的参与度和反馈，还要积极引导和促进用户的参与，提高用户的参与体验和满意度。

用户参与度的维护是一个长期过程。个人自媒体信息生产者需要持续关注用户的需求和反馈，不断改进和优化自己的产品和服务，提高用户的参与体验和满意度。同时，个人自媒体信息生产者还需要通过多种方式和手段，激发用户的参与热情和创造力，促进与用户之间的良性互动和合作。

（四）多元化信息来源的挑战

在社交媒体平台上，信息来源非常丰富多样，包括个人、企业、政府机构等。这要求个人自媒体信息生产者拓宽信息渠道，提高信息筛选和整合能力，以获取更多、更优质的信息素材。

此外，个人自媒体信息生产者还需要加强与相关部门的沟通和合作，共同应对网络谣言和虚假信息的挑战。这需要建立更加紧密的合作关系，共同维护网络环境的健康和稳定。

随着信息来源的日益多元化，个人自媒体信息生产者需要从不同渠道获取信息，如社交媒体、在线论坛、博客、新闻网站、政府公告等。这些渠道提供的信息数量庞大，质量参差不齐，有些甚至可能是虚假的或误导性的。因此，必须投入更多时间与精力对信息进行筛选及验证，以保障报道的精确无误与值得信赖。

由于信息来源的多样性和复杂性，一些信息可能经过多次加工、修改或转载，导致其真实性难以判断。此外，一些媒体或个人为了吸引眼球或制造轰动效应，可能会故意发布虚假或误导性的信息。这就要求个人自媒体信息生产者具备更高的专业素养和判断能力，对信息进行深入的分析和评估，以避免被虚假信息所误导。

在信息化快速发展的今天，信息事件的传播速度越来越快，个人自媒体信息生产者需要在短时间内对大量信息进行收集、整理、分析和报道。这就要求他们具备更高的信息处理效率，能够迅速捕捉新闻线索，快速完成对信息的筛选、核实和报道。否则，可能会错过重要的信息事件，影响信息报道的时效性和影响力。

同时个人自媒体信息生产者需要具备更广泛的知识储备，以便更好地理解、分析和评估各种信息，包括政治、经济、文化、科技等多个领域的知识。只有具备更广泛的知识储备，才能更好地把握信息事件的背景、原因和影响，提高信息的深度和广度。

（五）隐私和安全的挑战

个人自媒体信息生产者需要更加注重用户隐私和安全问题。用户隐私的保护对于个人和企业至关重要，需要制定更加严格的隐私保护政策和安全措施，以保护用户信息和财产的安全。这要求个人自媒体信息生产者在信息采集、编辑和发布的过程中遵守相关法律法规和道德规范，避免侵犯他人隐私和泄露敏感信息，并且建立更加严格的信息管理制度和审核机制，确保信息的合法性和合规性。

综上所述，个人自媒体信息生产者面临着诸多挑战。他们需要不断创新和升级，提高信息内容质量，加强与用户的互动，以实现更好的发展。同时，他们还需要加强与相关部门的沟通和合作，共同应对来自网络环境方方面面的挑战。

第二章　社交媒体时代个人自媒体的信息传播内容

社交媒体时代，个人自媒体的信息传播方式和内容都具有前所未有的特征。互联网的普及和智能移动设备的广泛使用赋予每个人成为信息发布者和传播者的能力，信息内容的传播和流动也随之变得更加迅速和广泛。社交媒体平台上个人自媒体的信息传播内容，既是一种对于传统媒体内容的有力补充，也是对信息传播方式的一次重大革命，它打破了传统媒体的界限，让每个人都有机会成为信息的生产者和传播者。本章主要分析个人自媒体的信息内容形态、特征和变化以及产生变化的原因，同时探讨这类信息在当下时代所需要保持的应然要素。

第一节　个人自媒体信息内容的形态及特征

社交媒体已经成为人们获取信息的重要渠道，社交媒体平台的不断升级和优化，使用户可以在这些平台上实时关注全球各地的信息动态，这些信息内容的构成也呈现多种多样的形态及特征。

一、个人自媒体信息内容的形态

（一）图文类内容

图文作为传统媒体时代最为基础的信息传播形态，依靠最简单易懂的文本和图片的组合向广大读者详尽地传递各类信息内容。在社交媒体平台兴起的时代，图文类内容在个人自媒体中也是一种非常受欢迎的信息传递方式，它将文字与图片相结合，通过图文并茂的形式，为读者提供了更加丰富和直观的阅读体验。个人自媒体的图文类内容丰富多彩，主要包括文章类、博客类内容，如深度报道、评论、经验分享、专业行业分析报告等。

个人自媒体信息中的文章类内容主要包括深度报道、评论等，通常从个人视角出发，在表述方面具有深入浅出、角度多元的特点，从而赢得了广泛的读者关注，成为信息传播的重要手段，具有较强的可读性和传播力。随着社交媒体的兴起和发展，图文类内容的形态和风格也在逐渐发生改变。在过去，纸媒上的文字报道往往倾向于尽可能详尽、全面，篇幅较长，信息量丰富，覆盖面广。而在个人自媒体信息盛行的时代，图文类内容呈现截然不同的风格。由于现代生活节奏加快，人们的时间碎片化，往往更倾向于快速、高效地获取信息，而不是花时间阅读冗长的文章。因此在社交媒体平台上的个人自媒体图文类内容追求短小精悍，内容简明扼要，以适应大众的快节奏生活和碎片化阅读习惯。值得一提的是，虽然现如今信息内容的表现形态多样化，但图文阅读依旧是大多数人的选择。根据路透社新闻研究所发布的《2023数字新闻报告》，平均而言大多数人仍然更喜欢阅读新闻（57%），而不是观看新闻（30%）或收听新闻（13%），他们表示文本在获取信息方面提供了更快的速度和更强的控制感。[①]

个人自媒体信息图文内容中还包括博客类内容，这类内容占据了一个非常重要的位置。博客类内容本质上是一种个性化的信息传递方式，它以独特的形式和深远的影响力，成为自媒体领域的一大亮点。博客类内容通常以博主的个人视角、经验和见解为核心，为读者提供深入浅出的知识和观点分享，是十分有价值的信息资源。目前，国内较为流行的博客平台有新浪博客、知乎博客、博客园等，这些平台上的博客内容往往带有鲜明的个人特色，它们不仅仅是信息的堆砌，更是博主情感和思想的传达。博主们通过自己独特的文风和表达方式，将个人的成长经历、专业领域的探索心得以及对时事热点的独到见解，写成了一篇篇生动有趣的博客文章。这些内容丰富多彩，满足了不同读者的需求，也为网络文化的多样性贡献了力量。这些博客内容是博主个性和思想的体现，读者在阅读的过程中不仅获得了知识和信息，还能与博主建立一种情感上的微妙连接。此外，内容的互动性也是博客的一大特色。在许多自媒体平台上，博主们鼓励读者在文章下方留言互动，表达自己的看法和感受。这种设计打破了传统媒体的单向传播模式，形成了一种双向交流的社区氛围。读者不再是被动接收信息的对象，而是可以参与到内容的讨论中来，与博主和其他读者共同探讨问题，分享经验，这种互动性极大地增强了博客内容的吸引力和社会影响力。

（二）音频类内容

音频类内容以独特的传播方式以及传统媒体时代所积累下来的广泛受众基础，在现今仍具有重要影响。音频类内容主要通过声音传递信息，包括播客、语音评论等内容，它们各自以不同的形式和风格，满足不同听众

[①] 路透社新闻研究所.2023数字新闻报告［EB/OL］.（2023-06-14）［2024-08-15］. https://reutersinstitute.politics.ox.ac.uk/digital-news-report/2023/resources.

的需求。与传统的文字和视频类内容相比，音频类内容具有一些独特的优势，例如灵活性和便捷性。用户可以在各种场景下聆听音频内容，还可以在做其他事情的同时聆听音频，这种灵活性和便捷性极大地提高了获取信息的效率。而在音频类内容中往往还能够提供更为丰富、多样化的声音和音效，听众可以更加直观地感受到事件发生的氛围和现场的真实感，这也使其与用户的生活同步对接，提升了用户的参与度。

国内外许多知名社交媒体平台如YouTube、Facebook、喜马拉雅等，都是发布音频类内容的热门渠道，其内容的形式往往也具有多样性，覆盖从新闻、访谈、故事叙述到教育培训等多个领域。这种多样性不仅满足了听众的不同需求内容，也为内容创作者提供了一种可靠的创作空间。内容创作者可以根据自己的兴趣和专业领域，通过录制和编辑音频，把新闻、评论等内容上传到这些平台上，从而创作出更多具有深度和广度的内容。听众可以根据自己的兴趣和需求订阅和收听这些音频内容，从而随时随地获取信息。近年来，音频信息内容的消费也一直在持续增长，播客作为音频类内容的一种主要收听方式，无论是在国外还是国内都受到了许多用户的追捧。爱迪生研究公司发布的数据显示，2013年只有12%的12岁及以上的美国人表示他们在过去一个月里听过播客，而截至2023年，该项数据已直线攀升至42%。[1] 路透社也针对20个国家进行了一组关于播客的数据调查，其显示大约三分之一（34%）的人每月使用播客，用户收听的内容包括了专业领域、生活方式、新闻时事和其他节目等。[2] 而在国内，关于音频类信息内容的传播势头也不容小觑。2024年7月23日喜马拉雅联合日谈公园、益普索发布了《2024年播客行业报告：耳朵时间就是现在》，报

---

[1] CTR媒体融合研究院.播客十年高歌猛进，新闻播客如何突出重围？[EB/OL].（2023-09-07）[2024-08-15]. https://view.inews.qq.com/k/20230907A0670400?no-redirect=1&web_channel=wap&openApp=false.

[2] 路透社新闻研究所.2023数字新闻报告[EB/OL].（2023-06-14）[2024-08-15]. https://reutersinstitute.politics.ox.ac.uk/digital-news-report/2023/resources.

告指出：播客正在快速占领用户的媒介使用时长，成为不容忽视的新兴媒介；播客已经深入用户的日常生活，30分钟至1小时的播客内容更受欢迎。[①] 同时从播客内容的调研来看，书影音、社会文化与历史处于用户喜爱收听播客内容的第一梯队，自我成长与治愈、休闲娱乐与爱好、喜剧脱口秀、悬疑、情感生活、商业与财经则分别位列第二、三梯队。总之，个人自媒体信息内容形态中的音频类内容以其便捷性、灵活性和多样性的特质成为信息传播领域的一股强大力量。随着技术的进步和听众需求的变化，音频类内容也将继续创新和发展，成为个人自媒体领域的重要组成部分。

（三）视频类内容

在个人自媒体信息内容形态中，视频类内容以直观、生动和富有感染力的特点，成为信息内容传播中不可或缺的一部分，并以一种前所未有的方式改变了人们获取信息和参与互动的途径。这类信息内容往往是以视觉和听觉相结合的方式，更加直观、生动地呈现信息内容，为观众提供丰富的感官体验，并且能够通过镜头的移动和切换，捕捉文字难以描述的细节和情感。视频类内容不仅拓宽了信息传递的渠道，也极大地提升了内容的吸引力和传播效果。

在社交媒体平台上，视频类内容的表现形式也是多种多样的，包括剪辑过后的长视频、短视频和纪录片，还有未经后期处理的现场直播等。短视频以快速、简洁的特点，完美契合了现代人快节奏的生活习惯，迅速占领了各大社交媒体平台。这些短视频通常在15秒到5分钟之间，能够在极短的时间内抓住观众的注意力，并传递关键信息。短视频也是个人自媒体创作者们展现创意、分享生活的重要手段，通过短视频可以轻松地展示自

---

① 喜马拉雅，日谈公园，益普索.《2024年播客行业报告》发布：播客正快速占领用户媒体使用时长［EB/OL］.（2024-07-23）［2024-08-15］. https://mp.weixin.qq.com/s/-qsY3nspUKniPdf2CPn7XQ.

己的创意和分享信息，无论是搞笑段子、生活小窍门、时尚潮流还是美食制作，都可能在短时间内吸引大量粉丝，而后实现流量变现。直播则凭借其实时性和互动性，让创作者能够与观众建立起即时的沟通桥梁，无论是教学互动、产品展示还是事件直播，都能让观众有身临其境的体验。长视频和纪录片则更加侧重深度内容的呈现，这些视频往往需要较长的制作周期和较高的制作成本，通过翔实的叙述和精心地制作，这类视频内容能够为观众提供更为详尽和深入的信息内容。

无论是哪一种视频内容，都具有高度的互动性，观众可以在视频下方进行评论、点赞和分享，参与讨论，增强了信息内容的影响力和传播力，而这种互动性让观众成为信息的参与者和传播者。

目前国内流行的视频类信息内容平台有抖音、快手、B站、视频号等，这些视频平台上的自媒体所关注的领域和重心各有侧重，满足了不同用户的需求。

抖音作为一个以短视频为主的社交平台，以其强大的算法推荐系统和对潮流文化的敏感度，成为年轻人表达自我、发现新鲜事的聚集地。在抖音上，视频内容涵盖时尚、美食、旅行、音乐、舞蹈等多个领域，用户可以在这里找到最新最热的潮流动态。抖音的信息内容注重娱乐性和趣味性，一般通过15秒到5分钟的短视频，快速传递信息，满足用户快餐式的内容消费需求。

快手以其接地气的特色和广泛的用户基础著称，快手的视频内容也是多元和包容的，其鼓励用户分享真实的生活片段，因此平台上涌现了许多具有民间智慧和创新精神的内容，从农村生活、手工艺展示到城市白领的日常生活，都有其对应的受众群体。

B站则以二次元文化和年轻人为主要受众，逐渐发展成为涵盖动漫、游戏、音乐、舞蹈、科技等多个领域的综合性视频平台。B站的视频内容注重深度和社区互动，用户在这里可以找到长视频、纪录片、原创动画等多种形式的内容。而视频号作为微信生态的一部分，依托于庞大的社交网络，为用户提供了一个新的视频内容消费场景。

视频号上的内容更加注重品质和专业性，它吸引了大量品牌商家、媒体机构和个人创作者入驻，其内容覆盖了教育、健康、生活方式、商业等多个领域，旨在为用户提供有价值、有深度的内容，满足用户在微信生态内的一站式需求。

二、个人自媒体信息内容的特征

（一）社会化

个人自媒体信息内容首先呈现了鲜明的社会化特征。与以往传统媒体时代由专业新闻机构和记者主导的信息采集、编辑与发布流程相比，当下的媒体正经历着一个更加开放、包容的社会化进程。这种转变不仅是信息传播行业的深刻革命，也对整个社会的信息化交流产生了广泛且持久的影响。

回顾过去，信息的生产和流通曾是专业媒体机构的专属领域。这些机构通过严密的采编体系，确保了信息的准确性和权威性，然后通过报纸、电视、广播等传统媒介将信息传递给公众。在那个时代，信息生产的过程相对封闭，普通民众的参与度较低，大多数人只能被动接收信息。随着社交媒体的迅速发展和普及，信息生产的主导权开始逐渐向广大民众倾斜。微博、微信、抖音等社交媒体平台，为用户提供了简单快捷的工具，使之能够在任何时间、任何地点记录和分享身边的事件。这些平台的出现，使得每个人都能成为信息的发布者和传播者，而不仅仅是接收者，用户生成内容的生产模式因此得到了广泛的应用，信息传播过程变得更加多元化。当信息生产不再局限于传统媒体机构，而是融入社会的每一个角落时，信息事件的观点和视角呈现出前所未有的丰富性和多样性，涉及的领域也更加广泛。人们可以根据自己的经验和理解，对信息事件提出见解，甚至可以直接参与信息的传播。这种社会化的信息生产方式，不仅使信息更加贴近人们的日常生活，也更能反映民众的心声。

社交媒体时代的个人自媒体信息内容生产不同于过去传统媒体时代的专业化模式，其拥有独特的社会化特征。这一变革打破了信息传播的壁垒，让每个人都有发声的机会，也让每个人都能参与信息的生产和传播。社交媒体时代的个人自媒体信息传播构建了一个信息共享、观点多元的信息生态，使得信息内容不仅更加生动活泼，而且充满了人文关怀的温度。这种具有社会化特征的信息生产方式也在重塑信息消费习惯，推动着社会信息化进程的深入发展。

（二）意见化

如今，个人自媒体信息内容的意见化特性也变得愈发显著。这一特性是在多重因素的交织影响下产生的，包括社交媒体平台独特的传播属性、用户之间的高互动性、内容的个性化定制服务、舆论场域的多元化态势以及媒体角色的深刻转变等多方面因素。因而在这一时代背景下，个人自媒体的信息内容在传播流程中往往会被赋予更多的主观见解和情感色彩。社交媒体平台上大量的报道、评论或者其他信息内容，都会被深深地烙上个人情感印记。探究其原因是在社交媒体时代的信息内容传播中极为重视用户间的互动仪式，用户通过分享信息内容，与他人进行深入的交流与互动，旨在满足内在的情感共鸣和外在的共识需求。这种互动不仅包含了观点的交换，更涉及情感的共振和社交的连接。用户能够借助评论、点赞、分享等多种方式，对信息内容进行个性化的解读和表达，从而由被动的旁观者转变为积极的参与者。他们通过信息的互动和观点的交流，与他人建立紧密的社交纽带，信息内容的意见化特征也愈发凸显。同时，在传统观念中，信息被视为一种客观、中立的传递事实的工具。然而，在社交媒体的传播机制下,那些富含情感色彩和鲜明观点的信息内容,更容易吸引用户的关注和传播。这种为了吸睛而做出的传播手段也使得信息内容在社交媒体上呈现更为强烈的个性化特征,从而进一步加剧了信息内容的意见化倾向。

的确,在社交媒体时代,个人自媒体信息内容的意见化表达有显著增强的趋势,信息传播愈发注重情感共鸣和社交互动,这种特征让大众在网络空间中有了更大限度的自由。但由此也引发了一些值得注意的问题,当个人的意见表达过于激烈时,很容易导致对其他关键事实和信息的忽视。在这种情况下很可能会影响公众的认知,催生群体极端化现象。此现象可能导致对事实的认知和言论走向极端,从而对网络舆论环境的健康发展构成严重威胁。因此,个人自媒体也要承担起社会责任,在社交平台上发表信息内容和观点时,都应该秉持客观、理性的态度。而广大的用户群体也需要提高自身的媒介素养,以共同促进网络舆论环境的健康与和谐。

(三)碎片化

早在20世纪80年代后现代主义的相关文献中就有关于碎片化的研究,后又被引入传播学的研究,[①]而在当今信息内容传播的格局中,个人自媒体信息内容的碎片化特征也变得尤为显著。过去的信息内容致力于准确、客观地传递事实,通常都会用详尽的背景描述与细节展现,让读者能够全面地把握信息内容的全貌。例如一则完整的新闻报道,通常包含新闻的五要素,并严格遵循特定的行文结构,包括标题、导语、主体内容、引述、数据支持、图片辅助以及结尾总结等环节。然而,随着社交媒体的兴起,以及网络资源的快速传递与不断更新,使读者习惯于利用快照式的浅阅读方

---

① 麦奎尔.受众分析[M].刘燕南,李颖,杨振荣,译.北京:中国人民大学出版社,2006:22.

式来处理网络信息[①]，个人自媒体信息内容的碎片化趋势也就日益凸显。为了迎合现代人群快节奏的生活模式及使用移动设备的阅读习惯，信息内容已被精简为简短精练的片段。标题新闻、摘要概述、列表罗列、短视频等格式逐渐成为信息传播的主流形式，而此类形式有效降低了信息的复杂性，使得受众能够迅速获取和消费信息。

碎片化的信息处理方式确实提升了受众在短时间内接触大量信息的可能性，满足了人们在快节奏生活中的信息需求。然而，这也带来了一系列不容忽视的问题，例如信息过载的现象愈发严重，受众在短时间内接收过量信息，往往难以深入理解和吸收。此外，碎片化信息具有体量庞大、内容分散、形式多样等显著特征，其呈现方式通常呈现零散化、非系统性等特点。这类信息普遍内容简练、主题覆盖面广且传播准入门槛较低，但也因此容易引发内容逻辑性缺失、论证严谨度不足以及视角片面化等问题，以致难以完整准确地呈现事件的全貌，影响了受众对于信息的全面理解。同时，碎片化信息还可能削弱受众的深度阅读和思考能力。在快速消费信息的过程中，受众倾向于关注表面信息和刺激性内容，容易忽视对事件背后深层次问题的探讨，从而使得对其认知流于表面，缺乏必要的深度和全面性。因此，受众在享受碎片化信息带来的便捷性的同时，也应该正视其潜在的风险。个人自媒体也应积极探索在碎片化传播环境中如何提供高质量、有深度的信息内容，以满足受众对准确、全面信息的需求。此外，受众也应该致力于追求深度、全面、客观的信息内容，提升信息素养，培养批判性思维。在信息内容碎片化的浪潮中，需要通过各方的努力维护信息的质量与价值，促进社会舆论的健康发展。

（四）娱乐化

娱乐化的表达方式正逐渐占据公共领域，通过娱乐手段提升传播效果

[①] 李晓源. 论网络环境中的"碎片化"阅读 [J]. 情报资料工作, 2011（6）: 84-87.

第二章 社交媒体时代个人自媒体的信息传播内容

似乎已成为共识[①],个人自媒体所发布的信息内容也呈现日益显著的娱乐化倾向。这种趋势不仅体现在内容形式上,更深刻地影响了信息的本质和传播方式,个人自媒体发布信息内容时多倾向于采用更为轻松愉快的表现形式,紧密贴合当下流行文化的话题,借助夸张的表现手法以及富有游戏化特征的互动方式,牢牢吸引受众的注意力。

在这种娱乐化趋势的推动下,信息传递已不再局限于传统的事实报道,而逐渐演变为一种全新的娱乐化体验。这种体验旨在迎合现代人在快节奏生活中对于轻松、愉悦信息内容的迫切需求。娱乐化的内容,如幽默诙谐的语言、生动形象的图片以及短小精悍的短视频,使得信息在传播过程中更具吸引力,能够迅速而有效地抓住受众的眼球。同时,关于话题的流行性在个人自媒体中也得到了更加淋漓尽致的体现,自媒体人往往对于娱乐圈的最新动态、网络上的热点事件以及时尚潮流保持着高度的敏感和快速的反应,因为这些内容往往能够迅速引发广泛的关注和热烈的讨论。而他们在发布信息时也不乏使用夸张的表现手法,如引人入胜的标题和生动有趣的表情包,以此进一步增强信息的传播效果和受众的参与度。

娱乐化的信息内容的确能够快速抓住流量并博得关注,但娱乐化的处理方式也可能导致内容价值的浅薄化,使受众对重要议题的理解仅停留在表面。此外,娱乐化内容的普及还可能带来舆论导向的潜在风险,过度追求娱乐化可能会使个别自媒体人忽视其应有的社会责任,忽略对公共利益和深层次社会问题的关注和探讨。这种现象可能对社会的价值观和世界观产生不良影响,尤其是年轻受众可能更容易受到这种娱乐化趋势的引导和影响。因此,个人自媒体在追求娱乐化的同时,也应当深刻意识到信息内容的深度与广度同样重要,这需要在轻松愉快的信息传递和严肃深刻的议

---

① 芮烨.娱乐至死?:娱乐手段对防诈骗短视频点赞量的影响[J].国际新闻界,2024,46(7):114-136.

题探讨之间找到一种微妙的平衡，确保信息传播既具有娱乐性，又富有思考性。总而言之，个人自媒体信息内容的娱乐化特征，既是信息传播时代的一种必然现象，也是对自媒体内容创作者的一种严峻挑战，如何在娱乐化的大潮中保持信息的质量和价值，这是每位自媒体人都需要深思熟虑的问题。通过合理地运用娱乐化元素，个人自媒体完全有可能在娱乐与深度之间找到一条平衡的实践路径，从而为受众提供既有娱乐性又有深刻价值的信息服务。

第二节 个人自媒体信息内容构成及表述的变更

随着新媒体技术的不断演变更新，社交媒体时代已经从用户单向获取、被动接受的 Web 1.0 发展至开放、共享、高互动性的 Web 2.0，而后又逐步创新变迁至注重劳动价值、用户理念至上的 Web 3.0。Web 1.0—Web 3.0 的发展历程也对信息传播产生了深远的影响，这反映了网络技术从单向传播到互动参与，再到用户自主控制的不断进步。而在如今这个个人自媒体盛行的时代，信息内容也呈现出了各种不同的形态。下面从个人自媒体信息的内容构成以及话语表述两个方面出发，详细阐述社交媒体时代个人自媒体信息内容所产生的变化。

一、信息内容构成的变换

（一）内容形式的多样化

在社交媒体时代，信息内容构成的一个显著变化体现在内容形式的多样性上，相较于传统媒体，自媒体平台的信息表达方式上展现出了更高的多元性和灵活性。信息内容形式的多样化表现之一是动态内容的兴起，这也是自媒体时代的一个重要标志，所谓动态的信息内容就是通过实时更新的微博、短视频、直播等多种多样的形式，帮助用户迅速获取最新信息，这完全不同于传统媒体时代单纯的静态信息。在传统媒体时代，信息内容的表现形式较为单一，且主要通过文字和图片或者广播的方式传递信息。而在社交媒体时代，个人自媒体的信息内容不再局限于文字和静态图片，而是融合了视频、音频、动画等多种媒介，使得信息传递更加生动直观。这些动态内容不仅增强了信息的时效性，还为用户提供了更多样化的选择，用户得以随时随地通过自媒体平台了解世界动态，积极参与时事讨论。而也是因为现代人们快节奏的生活习惯，信息内容还呈现出碎片化的表现形式，简短的资讯、语录、贴士等碎片化内容便于用户在短暂休息时快速阅读和分享，满足了用户高效获取信息的需求，是自媒体时代的必然产物。但与此同时，长篇的信息内容在自媒体平台上也得到了保留和革新，如深度报道、专题文章、连载小说等，这又为追求内容深度的用户提供了选择的空间。个人自媒体信息内容的动态内容和碎片化内容形式的流行，不仅突破了传统媒体时代信息传递的单一模式，还为用户带来了更为丰富、立体的信息服务。

当然，个人自媒体信息内容形式还有其他方面的创新，比如VR、AR等新兴技术的应用，这些前沿技术的融入不仅丰富了内容的表达形式，也为信息传递开辟了新的维度，给用户带来了前所未有的信息体验。同时，个性化的内容形式在自媒体时代也得到了极大的发展，从视觉设计到叙述方式再到内容布局，自媒体创作者们可以通过不断地探索和尝试，寻找最适合自己风格和受众需求的内容形式。这种个性化的内容形式不仅有助于塑造创作者的个人品牌，也更能吸引具有相同兴趣或需求的特定用户群体。此外，一部分个人自媒体的信息内容还会采用一些创新的交互式内容，比如互动问答、投票、游戏等，极大地提升了用户的参与度和内容的互动性，使用户从被动接收者转变为主动参与者，从而增强了信息的传播效果和用户黏性。

总而言之，个人自媒体信息内容形式的多样化，不仅丰富了信息表达的手段，提升了信息传播的效率和影响力，还为用户提供了更加多元化、个性化的信息消费体验。这一变化推动了信息社会的进步，为内容创造者和消费者开辟了新的交流空间，塑造了信息时代和谐共处的网络氛围。

（二）内容主题的细分化

从内容主题的角度分析个人自媒体信息内容构成的变化，可以看出内容主题的细分化也是内容构成的一大显著变化，其呈现出一种向深度与专业化发展的趋势，并以其独有的方式深刻地影响着信息传播的格局与受众的信息接收体验。这一趋势不仅是对传统媒体时代信息内容广泛而深入的超越，更是自媒体平台根据创作者的专业特长、个人兴趣以及受众的特定需求，对各类主题进行精细化划分与深度挖掘的必然结果。

个人自媒体信息内容主题的细分化，主要体现在自媒体创作者对某一领域的专注与深耕上。在传统媒体时代，由于篇幅、时间等因素的影响，信息内容往往只追求全面性和广泛性，对于各种领域的主题划分往往较为粗放，难以满足受众日益增长的个性化与专业化需求，也难以对某一领域进行深入细致的探讨。然而，在社交平台上自媒体创作者可以根据自己的专业背景和兴趣爱好，选择特定的主题进行深入研究与报道，而后发布信息进行传播。这种细分化的内容呈现方式，使得信息在某一领域内更加专业和深入，为受众提供了高质量、有价值的信息资源。受众可以通过社交平台轻松获取他们在传统媒体中难以找到的专业知识和深度解读，从而满足对某一领域深入了解的需求。新榜发布的《2023新媒体内容生态数据报告》显示，各个新媒体平台所发布的内容虽然受众不同，但知识、实用、

第二章　社交媒体时代个人自媒体的信息传播内容

潮流与深度专业的内容始终是个人自媒体涨粉的关键。[①] 可见，现如今已不同于过往的传统媒体时代，专业化的内容才能受到用户的认可，所以个人自媒体往往会深耕于适合自己的赛道，这样信息内容的主题也就变得更为垂直细分化了。

个人自媒体信息内容主题的细分化还有很多优势，比如有助于自媒体创作者更加精准地定位目标受众。在传统媒体时代所发布的信息虽然也涵盖了新闻、娱乐、教育、科技等多个领域，但往往聚焦于重大新闻事件、时政要闻等较为严肃的主题。而在社交媒体时代，受众的信息需求呈现多样化和个性化的特点，不同的受众群体对信息内容的需求和兴趣点各不相同。个人自媒体发布的信息内容往往涵盖生活的方方面面，从美食、旅游、时尚到科技、艺术、娱乐等，主题也更加贴近大众生活，以满足不同人群的个性化需求。通过细分化的内容主题，自媒体创作者可以更容易地吸引并聚集对某一领域有浓厚兴趣的用户群体，形成稳定的受众基础。这种精准的受众定位，不仅提高了信息传播的针对性，也增强了受众的黏性和忠诚度。受众在社交平台上能够找到与自己兴趣相投的内容，从而也就更愿意花费时间和精力去关注和互动。此外，内容主题的细分化还极大地提升了受众获取信息的效率。在信息爆炸的时代，受众面临着海量的信息选择，如何快速准确地找到自己需要的信息也就成了一个难题。而不同于过往主题泛化的信息内容，个人自媒体所发布的细分化内容主题为受众指明了方向。他们可以根据自己的兴趣和需求，快速定位到相关内容，节省了筛选和过滤信息的时间。这种高效的信息获取方式，使得受众能够更快地获取最新的资讯和观点，从而更好地适应快节奏的生活和工作。更重要的是，内容主题的细分化还激发了信息内容的创新性与多样性。在特定的主题框

---

① 新榜.2023新媒体内容生态数据报告［EB/OL］.（2024-01-31）［2024-09-11］. https://xh.newrank.cn/report/nr_annual_report_2023?reportType=14&source=9505&keyword=434.

架下，自媒体创作者可以充分发挥创意，尝试不同的表达形式、视角和观点，他们可以通过文字、图片、视频等多种形式来呈现内容，使得信息更加生动、直观和易于理解。同时，不同的创作者还可以从各自独特的角度出发，对同一主题进行多元化解读和探讨，为受众带来新颖、独特的信息体验。这种创新与多样性不仅丰富了信息内容的形态，也促进了受众的思考与讨论，推动了信息的交流与传播。

个人自媒体信息内容主题逐步细分化是信息传播领域向深度与专业化迈进的重要标志。而随着自媒体行业的不断发展和受众需求的进一步细化，内容主题的细分化趋势也将持续加强，为信息传播领域带来更多的变革与机遇。

二、信息内容表述的更新

（一）从单向交流到双向交流

在传统媒体时代，信息内容的话语表述方式主要呈现一种单向性的特征，即信息由传播者向受众进行单方面的传递。新闻机构作为信息的主要生产者，负责采集、编辑和发布，并通过报纸、电视、广播等传统媒介向公众进行广泛传播。在这种模式下，受众只能被动接收信息，无法对信息进行即时反馈。而且传统媒体时代的信息内容表述往往遵循固定的结构与格式，如采用倒金字塔结构，将最重要的信息置于开头，随后逐步展开细节，以确保信息的有效传递，这种叙事模式往往只看重单方面的输出，单向性的信息表述方式虽然在一定程度上保证了信息的权威性和准确性，但限制了受众的参与度和信息的多样性。

随着社交媒体与互联网技术的飞速发展，信息内容的表达方式发生了深刻变革。进入21世纪，社交媒体的影响力日益凸显，逐渐改变了信息

第二章　社交媒体时代个人自媒体的信息传播内容

传播的生态。融文与全球市场营销顾问公司 Kepios、全球性创意广告公司维奥思社（We Are Social）共同发布的《2024 年全球数字化研究报告》显示，截至 2024 年初活跃的社交媒体用户数量就已突破 50 亿大关，相当于全球人口的 62.3%，而 2023 年全球活跃社交媒体用户总量增加了 2.66 亿，年增长率为 5.6%。[①] 同时，Datareportal、Meltwater、We Are Social 联合发布的《数字 2023 全球概览报告》中揭示，典型的社交媒体用户每月平均活跃使用或访问 6—7 个不同的社交平台，且平均每天使用社交媒体的时间长达 2 小时 26 分钟。[②] 这些数据充分说明，社交媒体已深度融入大众生活。

社交媒体平台的兴起与广泛应用，也使得受众的角色发生了根本性变化。新兴社交媒体平台，如 Facebook、Twitter 和 YouTube 等，凭借独特的互动性和即时性，迅速吸引了大量用户，打破了传统信息传播的单向模式。信息内容因此变得更加生动、实时，用户不再是单纯的信息接收者，而是能够积极地参与信息的传播、讨论和反馈，这一转变也促使信息表述的模式逐渐演变为双向交流，即信息传播者与受众之间可以进行即时的互动和沟通。这一变化标志着信息内容的表述方式已然从单向交流转变为双向交流模式，也正体现了信息传播领域的新趋势与新发展。

（二）从线性叙事到复线性叙事

在传统媒体时代，信息内容的表述往往遵循着一种线性叙事的方式，信息按照既定的顺序和逻辑结构进行排列和呈现，从开头到结尾，形成一个完整且连贯的叙述链条。这种线性叙事的方式，在信息发布者的精心编排下，能够确保信息的条理性和清晰度，使受众能够较为容易地理解和接受信息内容。然而，这种叙事方式也存在一定的局限性，它往往侧重于信

---

① 数据来自 Kepios。
② 数据来自 Datareportal。

息的单向传递,忽视了受众的主动性和多样性。随着个人自媒体的兴起,信息内容的表述方式已经开始呈现复线性叙事的特征。

所谓复线性叙事,就是指信息内容不再局限于单一的叙述线索,而是由多条线索交织而成,形成一个复杂且多元的信息网络。在个人自媒体平台上,信息发布者可以根据自己的创意和受众的需求,灵活地运用多种叙事手法和元素,如文字、图片、视频等,构建复线性的信息内容。

复线性叙事的方式相比于过去单一的线性叙事而言也具有一定的优势,使用复线性叙事方式的信息内容往往更加丰富和多样,能够满足不同受众的个性化需求。受众在接收信息时,可以根据自己的兴趣和关注点,有选择地浏览和理解信息内容,形成自己独特的信息接收体验。同时,复线性叙事也促进了受众的主动性和参与性,他们可以通过评论、点赞、分享等方式,与信息发布者和其他受众进行互动和交流,共同构建信息内容的多样性和丰富性。此外,复线性叙事方式的改变还推动了信息传播方式的创新。在社交媒体平台上,信息发布者运用各种新媒体技术和工具,如虚拟现实、增强现实等,可以将内容表述得更为恰当,从而创造更加生动、直观和互动的信息内容。这些新型的信息传播方式,不仅提高了信息的吸引力和传播效果,也拓展了信息传播的边界和可能性。

总之,个人自媒体信息内容表述的变化之一就是从线性叙事到复线性叙事,这也是信息传播领域的一个重要趋势。这种变化不仅增强了信息内容的多样性和丰富性,也提高了受众的主动性和参与性,推动了信息传播方式的创新和发展。在未来的信息传播中,复线性叙事必将继续发挥重要作用,以此提供更加优质、多元和个性化的信息服务。

(三)从付诸理性到付诸感性

在传统媒体时代中,信息内容的表述是深深植根于理性基础之上的,理性传播范式作为信息传播的核心特征,其形成与当时媒体技术的发展紧

第二章　社交媒体时代个人自媒体的信息传播内容

密相连，共同构建了一套包含媒体生态、内容生产原则及组织架构等在内的传统媒体生产体系。就媒体生态而言，报纸、电视、广播等传统媒介构成了信息传播的主要渠道，它们以高度的权威性和公信力传递着各类信息。在理性范式的指引下，传统媒体致力于提供客观、公正且全面的报道，以满足公众的信息需求。同时，通过深度报道、专题报道等形式，为公众提供更为深入的信息解读，展现事件的全貌。

在内容生产方面，传统媒体严格遵循报道的客观性、真实性和准确性原则，确保每一条信息都经过严格的核实和审查。信息内容的呈现注重整体性、深度，力求一次性、文本性地展现事件的来龙去脉、因果关系及背景环境。在这种理性至上、生产流程严苛的传播大环境下，信息传播的内容大多偏向于严肃的信息。

随着社交媒体的兴起，信息内容的表述方式发生了显著变化，从付诸理性逐渐转向了付诸感性。社交媒体作为信息时代的产物，其运作逻辑深受商业性质的影响。在社交媒体平台上，内容的制作、选择和分发都受到社交媒体逻辑的深刻影响，这种逻辑鼓励个人表达和主观声音的自由释放，使得情感参与成为传播过程中不可或缺的一部分。在社交媒体的传播过程中，信息传递往往附带着个人对事件的情感印记，使得传播过程充满了浓厚的主观色彩，富含情感元素的信息更加受到用户的喜爱。而微博针对这种转变还在2023年4月11日特别上线了"暖新闻机制"，自上线以来至2023年12月31日共有9141个暖新闻话题词上榜热搜，平均每天有35个暖心话题。[①] 这些热搜暖新闻聚焦于社会新闻中的向真向善，传播正能量，大众对于此类信息内容的关注度高涨。与微博热搜推出的暖新闻机制类似，在抖音平台的公益暖心事件也得到了用户的广泛关注，公众参与度越来越高。抖音热点、巨量算数联合发布的年度趋势报告《心向远方·步履不

---

① 微博. 2023年微博热搜趋势报告［EB/OL］.（2024-02-04）［2024-09-20］. https://weibo.com/1658035485/4997657611472141.

停——2023抖音年度观察报告》显示，有超过六成用户表示关注公益慈善类资讯，2022年10月到2023年10月，抖音公益类视频的播放总量达284亿次，近200万名对公益内容感兴趣的用户关注着各种类型的公益活动。[①] 新榜还根据抖音、小红书、快手等6个新媒体平台的数据进行了调查统计，对平台上的年度内容基调进行分析，发现2023年这些平台的年度内容基调也大多是偏向于"美好的力量"。[②] 上述多项数据均可表明，社交媒体时代的用户关注点已然改变，现如今人们更加关注感性的信息内容，信息传播者所发布的信息内容也就随之产生了变化，从过去单纯陈述事实的理性表述变成了富有情感色彩的感性表述。

第三节　个人自媒体信息内容变更的原因

在社交媒体时代，信息内容的变化已然成为一个不可忽视的事实，上文较为详细地陈述了信息内容在构成和表述两方面的变化，这既是技术的进步，也是媒介变迁的见证。下面探讨产生这种变化的原因，个人自媒体信息内容的塑造改变了公众的认知和态度，这种生产与演变毫无疑问受到了多方面因素的影响，既包括技术赋权和市场竞争等的外在原因，还包括信息内容生产逻辑的内在原因，关于这方面的探讨对于整个信息传播领域的发展具有一定意义。

---

① 抖音热点, 巨量算数. 心向远方·步履不停: 2023抖音年度观察报告［EB/OL］.（2023-12-20）［2024-09-20］. https://trendinsight.oceanengine.com/arithmetic-report/detail/1035?source=wxservice.

② 新榜. 2023新媒体内容生态数据报告［EB/OL］.（2024-01-31）［2024-09-20］. https://xh.newrank.cn/report/nr_annual_report_2023?reportType=14&source=9505&keyword=434.

第二章　社交媒体时代个人自媒体的信息传播内容

一、信息内容变更的外因

（一）技术赋权

当谈论个人自媒体信息内容变化的外在原因时，技术赋权无疑是其中一个至关重要的因素。科学技术的飞速发展不仅极大地丰富了信息传播的手段，还深刻改变了个人和群体在信息领域的能力和权力，进而推动了信息内容生产与传播的一系列变革。

首先，互联网与移动通信技术的不断革新，给予普通受众权利，为个人提供了前所未有的信息获取自由。用户不再受限于传统媒体设定的时间与空间框架，而是能够随时随地通过各种终端移动设备轻松访问海量信息。这一变化不仅加速了信息的流通速度，拓宽了信息传播范围，还促使信息来源呈现前所未有的多元化态势。个人自媒体因此得以崛起，成为与传统媒体并驾齐驱，甚至在某些领域超越传统媒体的信息传播力量。

其次，技术赋权使得信息传播的主体发生了根本性转变。社交媒体、博客、短视频平台等新兴渠道，为个人和民间组织提供了自主发声的舞台，打破了传统媒体的壁垒，使得信息内容的生产更加丰富多彩，同时也为舆论监督提供了更为广阔的空间。这种多元化的传播格局，无疑促进了信息的民主化进程。

再次，互联网与移动通信技术带来了信息交流方式的深刻变革。实时互动的信息交流成为可能，用户直接参与信息传播的过程中加入了评论、转发、点赞等方式，还能与信息发布者及其他用户进行深入交流与讨论。这种社交化的信息传播方式，不仅增强了用户的参与感与影响力，还使得信息在传播过程中得以不断丰富与完善，提升了信息的价值与深度。

此外，大数据与人工智能技术的快速发展也是内容生产产生变化的原因，这些新型技术为信息传播者提供了更为精准的用户洞察能力。通过数据分析，传播者能够更准确地把握用户的需求与喜好，从而为用户提供个性化的信息推荐服务。同时，用户也得以利用各种智能工具对信息进行高效筛选与深度解读，提高了自身的信息处理能力与判断力。

总的来说，技术的进步进一步推动了信息内容的优化与升级，其在信息获取渠道的拓展、信息交流方式的变革以及信息筛选与解读能力的提升等方面发挥了至关重要的作用。这些变化不仅使得信息传播更加迅速、广泛、多元且具有互动性，还显著提升了用户在信息传播过程中的地位与影响力，从而推动了信息内容生产的深刻变革。

（二）市场竞争

在社交媒体时代的广阔舞台上，市场竞争的逐步激化也已成为推动个人自媒体信息内容变化的重要外在动力，显著促进了信息内容的创新与多元化进程。伴随着媒体数量的显著增长、类型的日益丰富，以及众多社交媒体平台的相继涌现，当前的信息传播领域正经历着一场前所未有的变革。在这场激烈的角逐中，哪类信息内容能够脱颖而出，满足市场的期待并获得市场的认可，是很多个人自媒体创作者都在探索的问题，各种信息内容也就随着市场激烈的竞争而被选择。

面对如今日渐激烈的市场竞争，个人自媒体信息生产者不得不将更多的精力投入在内容的质量与深度上。为了在众多竞争者中崭露头角，信息生产者必须提供深入调查、独家报道或者具有深度的分析，以满足受众对高质量信息的迫切需求。这一转变使得信息内容不再局限于追求速度与点击率，而是更加注重内容的深度、准确性和价值。个人自媒体创作者也开始意识到只有提供有深度、有见解的信息，才能在激烈的市场竞争中立于不败之地。同时，市场竞争还激发了信息内容在创新方面的持续探索，使信息内容具备更加丰富多样的特点，而与之前的信息内容有所不同。在市场竞争的推动下，信息生产者更加关注受众的需求与反馈，这是为了保持自身的竞争优势，也是为了吸引并留住现如今受众稀缺的注意力。个人自媒体信息发布者必须深入了解受众的需求和兴趣，提供他们真正感兴趣的信息内容，不断拓宽信息来源和信息种类，并保持创新精神，尝试新的内容形式、新的媒介平台以及新的传播方式等，以此提升信息内容的吸引力和传播效果，提供更加全面、深入的信息服务。

市场竞争在个人自媒体信息内容变化中扮演了至关重要的角色，它推动了信息生产者对内容质量、创新以及受众需求的持续关注与投入，这些因素共同促进了信息内容的丰富多样、深入准确以及个性化发展。而随着市场竞争的不断加剧，个人自媒体信息内容的变化无疑将继续呈现更加积极、多元且富有创新性的趋势。在此背景下，个人自媒体信息生产者就需要不断地适应市场的变化，提升个人技能与专业水准，以便在竞争激烈的市场中脱颖而出，为受众提供更加优质、高效的信息服务。

二、信息内容变更的内因

（一）信息生产者的转型

随着互联网技术的飞速发展和社交媒体的广泛普及，个人自媒体信息内容的构成发生了显著变化，这些变化的产生离不开其生产逻辑的影响。首先体现在信息生产者的转型上，这深刻地影响着信息生态的演变，推动了信息传播方式的革新。

在传统媒体时代，信息的生产与传播需凭借专业媒体机构所拥有的采集、编辑能力与发布体系，对信息进行着精细的质量控制与筛选。这一过程确保了信息的权威性与准确性，但同时也限制了信息来源的多样性与传播的广泛性。信息的生产、编辑和发布是一个高度集中的过程，由专业的编辑团队负责，他们根据信息价值、社会影响等因素，精心挑选报道的主题、角度和内容，受众往往被动地接收这些信息，缺乏直接参与信息生产和传播的机会。此外，为了保证信息的准确性和权威性，每条信息在发布前都需要经过严格的筛选和审核，这也在一定程度上限制了信息内容的多样性和时效性。

随着社交媒体时代的到来，这一格局发生了颠覆性的变化，个人自媒体创作者不断涌现并发布各种信息内容。互联网技术的飞速发展和社交媒体的广泛普及，使得信息生产的门槛大大降低，信息生产者不再局限于专业媒体，而是扩展到了每一个拥有互联网接入能力的个体。这一转型不仅体现在信息生产者的身份上，更体现在信息生产的方式上。传统媒体的编辑控制模式逐渐被用户生成内容所取代，用户开始积极参与信息的创作与分享，他们根据自己的兴趣、经验与见解，利用各种社交媒体平台，如博客、微博、微信公众号、短视频平台等，自由地发布文字、图片、视频等多种形式的内容。这种从编辑控制到用户生成内容的转变，使得信息内容更加贴近用户，更加富有个性化，也更加具有时效性。用户生成内容的兴起极大地丰富了信息源，提高了信息内容的多样性、个性化和时效性，使得信息传播不再受限于传统媒体的框架，而是变得更加灵活和多元。

信息生产者的转型是从编辑控制到用户生成内容的转变，也可见这对个人自媒体信息内容的变化产生了多么深远的影响。它不仅改变了信息内容的生产方式和传播方式，还改变了人们获取、理解和利用信息的方式，用户现在可以更主动地选择和传播他们感兴趣的内容，而不仅仅是被动地接收信息。这种变化也促进了信息的民主化，使得每个人都有机会成为信息的传播者，进一步推动了信息社会的多元化发展。

（二）内容分发的新逻辑

在数字化时代背景下，个人自媒体作为信息传播领域的新生力量，正

第二章　社交媒体时代个人自媒体的信息传播内容

逐步重塑着信息内容的生态格局。而使信息内容产生变化的内在原因之一正是内容分发的新逻辑，这种逻辑主要包括个性化的分发机制和多渠道的分发策略两个方面，这也已经成为当下信息内容分发的主流手段，深刻影响着信息内容的产生、传播乃至消费的每一个环节。

个性化分发机制依托先进的算法技术，根据用户的兴趣、行为和偏好，为每一个个体提供量身定制的信息流。这种精准的分发不仅提高了信息与用户需求之间的匹配度，也促使自媒体创作者更加注重内容的专业性和深度，以满足算法对内容相关性的筛选标准。在这个过程中，自媒体创作者必须不断挖掘和探索用户的潜在需求，通过精心策划和制作的内容来吸引用户的注意力。这种以用户为中心的创作理念，使得信息内容的生产更加注重用户体验，从而在激烈的内容竞争中脱颖而出。与此同时，多渠道分发策略要求创作者在多样化的社交媒体平台上，针对不同的用户群体和平台特性，制订相应的分发计划。这不仅涉及内容形式的调整，如文字、图像、视频等多种媒介的运用，还包括内容风格和语言的表达，以适应不同平台的传播规则和用户习惯。例如，在视觉导向的平台上，创作者可能需要将信息内容以更加直观和生动的图像或视频形式进行呈现；而在以文字为主的平台上，则可能需要提供更加深入和详尽的分析和论述。这种策略的实施，使得信息内容在更广阔的网络空间中传播，触及更多的受众，从而提升内容的可见度和影响力。

在个性化分发机制和多渠道分发策略的共同作用下，个人自媒体的信息内容产生了显著的变化，比如信息内容的专业化和个性化趋势日益明显、内容形式的多样化等。在这个过程中，个人自媒体在内容分发新逻辑的驱动下，不仅推动了信息内容生态的多元化发展，也在一定程度上促进了信息传播的个性化进程。而个人自媒体创作者通过不断学习和适应新的分发逻辑，不仅提升了自己的内容生产能力和市场竞争力，也为用户提供了更加丰富和高质量的信息服务。

然而，这种内容分发的新逻辑也带来了一系列挑战。例如，创作者在追求个性化内容的同时，可能面临内容同质化和过度依赖算法的风险。此外，多渠道分发策略虽然扩大了内容的传播范围，但也增加了内容管理和维护的难度。因此，个人自媒体创作者在享受内容分发新逻辑带来的便利的同时，也要不断反思和调整自己的内容策略，以保持内容的独立性和创新性，为用户提供更加优质和高效的信息服务。

第四节　个人自媒体信息内容的应然要素

在对个人自媒体信息内容的应然要素进行探讨前，必须要正视社交媒体的迅猛发展对信息传播模式所带来的颠覆性变革，其使得信息能够以前所未有的速度与广度进行流通。尽管技术革新与传播渠道的多元化为信息传播领域带来了深远的影响，对于信息内容的根本性应然要素而言是仍需坚守的，这些要素构成了信息传播活动的基本原则。下面从真实性与可信度、准确性与时效性以及简洁性与可视化这三大维度来阐述在社交媒体时代背景下，个人自媒体信息内容所应具备的应然要素。

一、确保真实性与可信度

在社交媒体蓬勃发展的当下，个人自媒体作为信息传播的重要力量，其信息内容的真实性与可信度显得尤为重要，这不仅是信息传播活动的基本要求，也是个人自媒体赢得公众信任、承担社会责任的基石。无论信息传播的环境如何变迁，信息内容的形态和特征如何演变，真实性永远是信息内容存在的根本，也始终是衡量信息价值的基本准则。个人自媒体作为信息的发布者和传播者，其首要职责就是确保所发布信息内容的真实性。

第二章　社交媒体时代个人自媒体的信息传播内容

因为所有信息传播活动的核心目的就在于传递真实的信息，让公众了解事实的真相。如果信息失去了真实性，就失去了存在的基础和意义，不仅无法为公众提供有价值的内容，还会消耗公众的信任，长此以往将对个人自媒体乃至整个信息传播行业的健康发展产生不利影响。同时，确保信息内容的真实性也是个人自媒体主动承担社会责任的体现。在信息传播过程中，虚假信息的广泛传播极有可能给社会的稳定和发展带来负面影响，甚至可能引发社会动荡。

Web 3.0 时代，大众的生活已然离不开互联网和各种类型的移动终端设备，而社交媒体平台依靠低成本、高可访问性和快速传播等特性成为大众获取信息内容的重要渠道，用户在获得各种海量信息内容的同时，也需要注意虚假信息广泛传播的问题。复旦大学新闻学院副院长、教授周葆华在网络不实信息治理研究报告发布会上表示，"不实信息虽是个老问题，即信息真与假的问题，但在新的数字媒介环境下，却有新的机制与逻辑，值得深入研究"。[1] 在最新出版的报告《信息：不信任的五十道阴影》中，法国智库 Destin Commun 也对虚假信息的相关问题进行了研究。研究显示，70% 的法国人表明他们对虚假信息感到担忧，也对虚假信息会如何影响自我与家庭感到紧张。[2] 显然，在社交媒体时代，虚假信息的问题依然存在，而信息内容的真实性和可信度已经成为用户最为关心的问题之一。

确保信息内容的真实性和提高公众对信息的可信度，需要多方主体的共同努力。2023 年 7 月，中央网信办发布《关于加强"自媒体"管理的通知》，其中第五条要求，如果自媒体发布含有虚构情节、剧情演绎的内容，

---

[1] 新华网. 复旦大学周葆华：网络不实信息生成机制复杂，标识虚构演绎内容确有必要［EB/OL］.（2024-01-10）［2024-10-21］. http://imgs.xinhuanet.com/tech/20240110/ab046a5f3a6d49c8bb1fc3bdf284609f/c.html.

[2] 欧洲时报. 研究：虚假信息泛滥 法国人愈加不信任媒体［EB/OL］.（2023-02-09）［2024-10-21］. https://www.oushinet.com/static/content/france/2023-02-09/1073267480786505728.html.

059

网站平台应当要求其以显著方式标记虚构或演绎标签。对于个人自媒体而言，在发布信息内容时必须秉持严谨的态度，对自己所发布的信息内容进行严格的核实和审查，以确保信息的真实可靠，并且应该尽可能地去揭示信息的来源和获取方式，以增加信息的透明度和可信度。通过提升透明度，可以让公众更加清晰地了解信息的来源和背景，从而更好地判断信息的真实性和价值，这不仅是对公众的负责，也是对社会稳定发展的贡献。而对于既是信息接收者也是信息二次传播者的用户而言，也应提高自身的媒介素养和批判性思考能力。在面对海量的信息内容时，公众应学会辨别信息的真伪和价值，不轻信未经证实的信息，并积极参与监督，对虚假信息进行举报和揭露。

二、兼顾准确性与时效性

当今时代，个人自媒体是信息传播中的重要角色，而其信息内容的准确性与时效性仍然是不可或缺的应然要素。这两者的兼顾意味着个人自媒体在传播信息内容时，既要保证信息的准确无误，又要紧跟时事，迅速将信息传播给公众，以满足公众对信息及时性和真实性的双重需求。

准确性是信息传播的核心，是个人自媒体在传播信息时必须坚守的原则之一。在数字化和社交媒体的影响下，信息的准确性正面临着前所未有的挑战。信息量的爆炸式增长和快速传播，使得虚假信息和误导性信息层出不穷。这就要求个人自媒体在传播信息内容时，必须更加严谨、细致，以确保信息的客观、全面和准确，任何一点细微的差错或误会都可能导致信息的失真，进而影响公众对信息的理解和判断。因此，个人自媒体在传播信息时，必须秉持高度的责任心，对信息进行严格的核实和审查，确保信息的准确性。

时效性对于信息传播同样至关重要。在社交媒体时代，信息事件的发展速度极快，热点更新的速度也很快，进而公众对于信息的时效性要求也越来越高。因此，个人自媒体在传播信息时必须要注重时效性，尽可能快地将信息传播给公众，紧跟时事热点，这样才能收获更高的流量。然而，这并不意味着可以牺牲信息的准确性来追求时效性。相反，个人自媒体应该在保证信息准确性的前提下，尽力提高信息的时效性，以满足公众对信息及时性和准确性的双重需求。

在信息传播过程中，准确性和时效性往往难以兼顾。有时候为了追求速度，个人自媒体可能会在未经充分核实的情况下发布信息，导致信息的准确性受到影响；有时候，为了保证信息的准确性，又可能需要花费更多的时间去核实信息，从而影响信息的时效性。这种矛盾和冲突，使得个人自媒体在传播信息时面临着巨大的挑战，个人自媒体在传播信息时，必须时刻警惕准确性和时效性之间的平衡问题。信息内容的准确性与时效性之间也并不能进行简单的取舍。准确性是信息传播的生命线，一旦失去准确性，信息就失去了其应有的价值。而时效性则是信息传播的灵魂，一旦失去时效性，信息就失去了其应有的影响力。因此，个人自媒体在信息传播过程中，必须尽力寻求一个平衡点，既要确保信息的准确性，又要尽力提高信息的时效性。为了实现这一目标，个人自媒体可以采取多种措施，比如加强信息核实和审查机制，确保信息的准确性。在发布信息之前，应该对信息进行多方面的核实和审查，确保信息的来源可靠、内容真实。还可以提高信息传播的效率，缩短信息传播的时间，通过优化信息传播流程、采用先进的技术手段等方式，提高信息传播的时效性。同时，个人自媒体还应该加强与公众之间的互动和沟通，及时了解公众的需求和反馈。总而言之，在社交媒体时代，个人自媒体必须要时刻警惕准确性和时效性之间的平衡问题，采取多种措施确保信息的准确性和时效性，只有这样才能赢得公众的信任和支持，为信息传播行业的健康发展贡献力量。

三、追求简洁性与可视化

在社交媒体时代，信息传播的速度与广度达到了前所未有的水平，用户对于信息内容的消费方式亦随之发生了深刻变革。在这个信息爆炸、节奏加快的环境中，人们的注意力被各类内容分散，变得愈发稀缺且难以持久集中。因此，信息内容的呈现方式必须适应这种快速消费的趋势，以确保信息能够有效传达，并吸引用户有限的注意力。在此背景下，简洁性与可视化自然而然地成为个人自媒体信息内容中的重要应然要素，也进一步推动了简洁性与可视化在信息传播中的应用。"数据新闻"这一新型报道方式的兴起，便是这一趋势的生动体现。自2009年英国《卫报》成立全球首个数字新闻部，数据新闻便逐渐进入公众的视野，并开启了"数据元年"。有关数据的信息作品，通常是通过深入挖掘和分析数据，以简洁明了的视觉形式呈现信息，不仅满足了社交媒体时代信息内容的简洁性与可视化要求，还帮助读者更好地理解新闻事件背后的原因和趋势，丰富了新闻报道的形式，提高了新闻报道的质量和深度。

简洁性作为信息内容呈现的关键要素，其重要性不言而喻，在快节奏的生活环境下，用户往往没有足够的时间或耐心去阅读冗长复杂的信息。因此，个人自媒体在传播信息时，需要将复杂的内容精练为简洁高效的表述，使用户能够在短时间内迅速获取关键信息，了解事件的全貌。这就要求个人自媒体具备高超的编辑技巧，能够准确提炼信息的核心要素，同时保持信息的准确性和完整性，确保用户在快速浏览的过程中不会遗漏重要信息。

与简洁性相辅相成的是信息的可视化。在快速浏览的阅读习惯下，可视化成为信息传播中不可或缺的一环。通过图像、图表、视频和交互式元素等视觉手段，信息得以更加直观、生动地呈现，从而迅速抓住用户的注

第二章　社交媒体时代个人自媒体的信息传播内容

意力，帮助用户更好地理解和记忆信息内容。在社交媒体平台上，视觉元素往往比纯文本内容更具吸引力，能够激发用户的互动欲望，如点赞、评论和分享，进而扩大信息的传播范围。

　　追求简洁性与可视化，不仅是为了适应社交媒体时代用户信息消费方式的变化，更是为了提升信息传播的效果和影响力。简洁明了的信息内容，能够降低用户的阅读门槛，提高信息的可读性和易理解性；而可视化的呈现方式，则能够增强信息的吸引力和感染力，激发用户的兴趣和共鸣。这两者的结合，使得个人自媒体在信息传播中更具竞争力和优势。然而，追求简洁性与可视化并不意味着牺牲信息的深度和广度。个人自媒体在精练信息内容、优化呈现方式的同时，还应注重信息的全面性和准确性，确保用户能够获取完整、真实的信息。个人自媒体需要不断地创新和探索新的信息传播方式和手段，以适应不断变化的用户需求和市场需求，并且持续提供更加简洁明了、直观生动的信息内容，提升信息传播的效果和影响力。

第三章　社交媒体时代信息传播的渠道与方式

  克莱·舍基在《未来是湿的》中说："互联网的出现并非在旧的生态系统中引入新的竞争者，而是创造了一个新的生态系统。"[①] 互联网诞生后，信息载体由纸质转向电子，媒体所处生态环境发生了颠覆性的变化。随着 Web 2.0 的兴起，各类社交服务平台迎来了蓬勃发展期，社交媒体逐渐崛起，成为一股不容忽视的重要媒体力量。

  基于麦克卢汉关于"媒介即信息"的经典媒介观，流通渠道的差异对于信息形态、内容、叙事和文化的影响是本质性的[②]。社交媒体是当下信息流通的主要平台，有学者认为，社交媒体作为一种环境，"重塑"了信息传播方式[③]。不同社交媒体时代的主导性媒体基于其技术可行性持续地对信息生产、传播的各个链条进行"改造"，全面重塑了信息生产与传播的底层逻辑，使得一种更具互动性、开放性的信息实践成为可能。一方面，社交媒

---

  ① SHIRKY C. Here comes everybody：The power of organizing without organizations [M]. New York：Penguin Press，2008.
  ② 黄文森.数字新闻流通：溯源、分野与整合［J］.新闻界，2022（3）：4-13.
  ③ GARCÍA-AVILÉS J. Reinventing Television News：Innovative Formats in a Social Media Environment [M]//VÁZQUEZ-HERRERO J，DIREITO-REBOLLAL S，SILVA-RODRÍGUEZ A. Journalistic Metamorphosis. Berlin：Springer，2020：143-155.

第三章　社交媒体时代信息传播的渠道与方式

体以平等、互动的方式传播与呈现信息，用户生产内容得以出现并进入信息传播渠道；另一方面，"新"信息与"旧"信息也在随着社交媒体时代的演进而不断协商、融合，以求适应更"新"媒体传播环境。

本章以社交媒体时代信息生产传播的主导性技术变迁为线索，从信息的传播方式与渠道的角度出发，梳理了论坛、博客、微博客、短视频、智能媒体等五种社交媒体信息类型的演化、各自的传播特性及其对社交媒体信息业态带来的影响，并探析社交媒体时代信息传播方式与渠道的嬗变及其影响。

第一节　社交媒体信息传播的渠道演化史

千禧年前后，Web 2.0 技术架构与移动互联网技术的出现和成熟，加上移动设备的广泛普及，共同将人类正式带入社交媒体时代。《2024 全球互联网报告》的数据显示，截至 2024 年初，全球共有 56.1 亿人使用手机，相当于全球总人口的 69.4%。当今世界有 53.5 亿互联网用户，这意味着世界总人口的 66.2% 现在在线。目前，全球有 50.4 亿社交媒体用户，相当于全球总人口的 62.3%。[①]

此外，《2024 全球互联网报告》的数据显示，近 61% 的受访者表示，"搜寻信息"是他们使用互联网的主要原因之一，这也是全球范围内最常见的动机。当涉及最常使用的互联网连接服务时，社交媒体远远领先于搜索引擎。

在社交媒体时代，信息传播经历了从 PC 端网络论坛到移动社交媒体平台的过渡，信息的形态和生产传播方式发生了翻天覆地的变化。

---

① 数据来自 Digital 2024: Global Overview Report，原文链接 https://datareportal.com/reports/digital-2024-global-overview-report.

下面基于不同社交媒体时代的主导性信息传播样态，将社交媒体的信息传播演化史分为4个阶段，即社交1.0—社交4.0时代，如图3-1所示。

	社交1.0时代	社交2.0时代	社交3.0时代	社交4.0时代
1989年 Web 1.0	1999年 Web 2.0	2008年 移动互联网 进入3G时代	2014年 移动互联网 进入4G时代	2023年 人工智能技术

图3-1 社交媒体的信息传播演化史

在社交1.0时代，Web 2.0技术初步兴起，移动互联网还未普及，用户主要在PC端通过聊天室、论坛、博客等进行交流和传播信息。在这一时期，"论坛"与"博客"的诞生意味着用户信息生产的崛起，带来了信息生产的社交化趋势。

在社交2.0时代，移动互联网开始普及，人类社会迈入3G时代，Web 2.0架构的深度发展与方兴未艾的移动互联网结合，以微博客（Microblog）架构为基础的社交媒体平台如新浪微博、脸书（Facebook）、推特（Twitter）等逐渐发展起来。这些社交媒体平台全面解放了用户的内容生产力，社会信息传播模式被改写，信息的传播走向社交化传播，即为常江所言的"移动社交信息"时代（Mobile Social Media News）。[①]

在社交3.0时代，4G全面普及并得以应用，以1分钟左右的短视频为主要传播形式的信息形态开始流行，短视频时代来临。

在社交4.0时代，5G应用逐步发展起来，人工智能技术取得较大突破，以ChatGPT为代表等生成式AI颠覆了内容生产机制，使得信息生产不断专业化、数字化与智能化，由从人际互动向人机互动的形式转变，即由UGC转向AIGC。

事实上，媒介技术给信息生产与传播方式带来的变革，并不是单一的

---

① 常江, 何仁亿. 数字新闻生产简史：媒介逻辑与生态变革［J］. 新闻大学，2021（11）：1-14, 121.

线性过程，而是体现为复杂的循环、交叠和新旧机制的协商。①每一次社交媒体时代的变迁都是一次对信息的革新，出现了"新"的传播方式。但并不意味着前一时代"旧"传播方式就此消失殆尽，而是根据自身的"旧"与"新"进行各种类型的协商，并以较为平稳的方式在新技术环境下站稳脚跟。

一、社交 1.0 时代："论坛"与"博客"的诞生

Web 2.0 技术架构的成熟，将人类社会带入社交媒体时代。最早出现的带有社交属性的媒体是早在互联网普及之前即已出现的电子公告牌系统（Bulletin Board System）②，也就是所谓的"网络论坛"。用户可以通过论坛实现"点对多"的连接，同时开展信息互动、观点交流等操作。千禧年前后，诸如天涯社区（tianya.cn）这样带有虚拟社区性质的论坛大量出现，并以简单的产品形态同时承载着社交、媒体、社区、搜索、资讯传播等功能，用户的生产力和创造力被极大地激发。

与此同时，过去拥有信息资源和网站运行技术素养的用户开始尝试利用基于各大平台开发的供普通互联网用户使用的博客系统打造个人的数字信息网络，即个人在博客中将周围生活中的事件或线索发表出来，引发部分人群和专业媒体的注意，并造成一定的影响。这个过程使用户从被动的"信息接收者"与"信息反馈者"转型成为主动的"信息生产者"。以拉开克林顿总统的"性丑闻"事件序幕而闻名天下的"德拉吉报道"（drudgereport.com）便是其中的典型。

德国的 Statista 商业数据平台对 2006 年 10 月到 2011 年 10 月的全球博

---

① 吕宇翔，方格格，华伊然.数据新闻发展的全球规律和本土实践：基于 2015—2021 年获奖作品的分析[J].新闻与写作，2022（6）：97-109.
② 常江，何仁亿.数字新闻生产简史：媒介逻辑与生态变革[J].新闻大学，2021（11）：1-14，121.

客数量进行了数据统计，从 2006 年到 2011 年，全球博客数量逐年上升，到 2011 年博客数量已经达到 1.73 亿。

可以说，"论坛"和"博客"这种低门槛、低成本的在线发布技术使得大量"普通"用户也获得了参与信息生产的权利，并在互联网上成为信息内容的提供者和消费者。由此，信息的生产力初步得到解放。

（一）"论坛"与"博客"的传播特征

1. 以非机构传播者为主的去中心化信息实践

事实上，早期成功的博客实践者主要是少数能够拥有个人博客网站，并具有特殊信息来源渠道和有着敏锐信息嗅觉的非机构信息传播者。"德拉吉报道"这一博客网站以其独家内容曾被誉为"博客之王"。其创始人德拉吉起初仅是一家礼品店的店长，并非专业新闻记者或相关从业人士，却仍被法新社评选为"20 世纪最具推动力和重大影响力的十大人物"之一。

"德拉吉报道"起初主要通过电子邮件及论坛发帖的形式，散播未经证实的小道消息与流言，随着订阅用户数量的不断增长，其报道内容逐渐转向聚焦于政治领域的"内幕信息"。受益于德拉吉本人的社会关系网，"德拉吉报道"先是比美国各大媒体提前 7 分钟，发布黛安娜王妃遭遇车祸、不幸逝世的消息；后又独家揭露了前美国总统克林顿的"性丑闻"事件，轰动世界。"德拉吉报道"拉开了克林顿总统的"性丑闻"序幕，也意味着个人信息生产的开端。

2001 年，"9·11"事件使博客成为重要的信息之源。对比电视台和大型信息网站在处理紧急信息发布与传播上的捉襟见肘，众多幸存者与旁观者已先行一步，通过博客描绘现场、留存影像，并以亲历者的视角向全球网民传递"劫后体验"，唤起广泛的情感共鸣。[1] 在意外赢得网民

---

[1] ANDERSON C. Between creative and quantified audiences: web metrics and changing patterns of newswork in local US newsrooms [J]. Journalism, 2011, 12（5）: 550-566.

第三章 社交媒体时代信息传播的渠道与方式

的关注与认同之后,不少原本仅随性更新博客的博客主,开始有意识地转变角色,他们不仅提高了内容更新的频次,还组建起专业的团队专注于原创信息的制作。紧接着,美国的博客作者们围绕"9·11"事件,密集产出大量政治信息与社会评论,短时间内催生了一系列备受瞩目的博客网站,使博客由信息传播链的"末梢"一跃成为传统媒体竞相追赶的对象。

中国博客研究者方兴东提出,博客是一种零门槛的网上个人写作、传播方式,所谓的"零门槛"主要是满足"四零"条件,即零编辑、零技术、零成本、零形式。[1]对于创作者而言,踏入博客领域的门槛相当低矮,只需配备一台能够连接互联网的电脑,并具备基础的计算机操作能力,再辅以文字录入的基本技能,便能轻易地迈入博客的世界,进而成为内容的创作者。同样,博客对读者群体也展现出前所未有的开放性,彻底颠覆了传统信息传播中的"守门人"概念,使得信息流通更加自由无阻。

BBS论坛的兴起为广大网络用户构建了一个精简高效的交流平台与意见汇聚场所。除了拥有博客的"四零"条件,论坛跟帖还具备零信息、零责任的特点。零信息指的是在跟帖互动中的高度匿名特性,参与者无须揭示其真实身份、社会背景或地位。这种匿名性,结合其附带的"无责任"心理倾向,使得跟帖者不必像博主那样为维护博客影响力或顾及社交圈子而使用真名。相反,他们更倾向于随意创建一个昵称与账户,以匿名或假名的方式自由参与讨论,表达个人观点与见解。

可见,"论坛"与"博客"的传播方式与主流媒体的新闻实践是不同的。传统主流媒体机构以把关人的角色,自上而下地构建自身的权威性,且拒绝让受众表达。而博客则是将自己确立为多元知识和世界知识广度的场所,它依赖于庞大的用户自下而上的信源供给,使得信息传播不再是一

---

[1] 方兴东,王俊秀. 博客:e时代的盗火者[M]. 北京:中国方正出版社,2003.

个完工的产品,而是一种流动的过程。①论坛的跟帖者或博客的读者可以通过在线信息文本轻松地连接到其他在线信息,并以此来建构自己对于某一信息话题的信息文本内容。在这个过程中,"论坛"与"博客"代表了一种新的信息形式,它将信息置于更大的历史、政治和文化的背景中②;读者则是事实的探索者,而非被告知者。

2. 主要作为其他信息来源的过滤器和放大器

论坛的发帖与跟帖机制是意见交流和表达的最直接方式。信息的流量与传播速率,往往受事件本身的吸引力、论坛的访问量以及用户间互动频率的多重影响。每当楼主启动一个话题,其内容便即时呈现给所有访客,而随后的跟帖则如同信息的涟漪,每一次回复都经网络平台更新后,再次向更广泛的受众扩散。这一过程不仅增强了信息的可见性,还促使参与者基于既有信息做出判断并贡献自己的见解,形成了发帖—跟帖—再跟帖的循环模式。这种高度的互动性极大地促进了意见的快速交流与融合。

值得注意的是,论坛的楼主和博客主都很难代替主流媒体机构充当新的信息把关人的角色。论坛主要由楼主抛出话题,通过跟帖者一系列的交互行为,从而实现信息和观点的充实化、多样化。对于博客而言,受时间、资源等方面的限制,非机构、非职业的博客主很难获得充足和丰富的一手信息源来维持每日的信息推送,即填补当日的信息空缺。即使是著名的"德拉吉报道"仅凭借德拉吉本人的社会关系获得的信息源,也远远满足不了现代信息传播的需求。

因此,无论是论坛还是博客,都无法同主流媒体机构一样对某一事件进行独立的新闻报道,而是依赖主流媒体等其他信息来源并对其进行分布

---

① MATHESON D. Weblogs and the epistemology of the news: some trends in online journalism [J]. New media & society, 2004, 6 (4): 443-468.

② PAVLIK J V. Journalism and new media [M]. New York: Columbia University Press, 2001.

式的跟踪、讨论和聚合[1]，即主要作为其他信息来源的过滤器和放大器，大多数时候只能起到针对某一信息内容进行批评纠正或是为其呈现和披露增加可信性的作用。

研究者在2011年针对法国和澳大利亚的政治博客圈的研究揭示了博客所充当的过滤器与放大器的角色。研究表明，信息报道在多个类别的信息博客中发展，具体取决于问题的类型。[2] 专业领域的博客会针对与特定问题相关的信息内容进行详细讨论，如经济政策相关信息由经济学领域博客主进行讨论；而像"德拉吉报道"这样的"一线"博客则会在进一步报道该问题时引用这些专家的帖子，这些博客在帖子中涵盖的主题比专家博客更广泛。

一方面，专业领域博客主对问题提供了更全面、更详细、更有策划的回应，"一线"博客的引用与转载不仅填补了自身的信息空缺，同时还通过向潜在的不同受众突出显示他们的帖子来促进其他博客和其他媒体组织的工作。另一方面，这种流程可能会颠倒过来，由"一线明星"博客主主导报道，随之再与专家博客感兴趣的主题内容进行链接，以添加专家的主题分析。

此外，这种博客主们相互链接和彼此回复帖子的做法极大地拓宽了某些信息报道的覆盖面，使它们能够在远远超出其原始发布点的情况下广泛可见。而随着这种链接分享在博客圈的深入，更多小型博客会进一步发展这种过滤和放大的长尾效果。

（二）"论坛"与"博客"带来的影响

1. 受众崛起：一对多的信息传播结构已动摇

Web 2.0时代来临，仅作为内容提供商的门户网站渐显乏力。不少网络

---

[1] BRUNS A, HIGHFIELD T. Blogs, twitter, and breaking news: the produsage of citizen journalism [J]. Produsing theory in a digital world: the intersection of audiences and production in contemporary theory, 2012, 80: 15-32.

[2] HIGHFIELD T. Mapping intermedia news flows: topical discussions in the Australian and French political blogospheres [D]. Queensland: The University of Queensland, 2011.

服务商开始利用用户创造内容的一种网络趋势，致力于为用户提供人际交往与信息交互的综合社交平台[①]，如博客、论坛等。信息实践的主体视角从生产者开始逐渐偏向用户，用户在信息消费和意义生产中也开始发挥其积极作用，传统信息业的根基出现裂痕。[②]

博客被一些学者称为"自媒体"，其特点是去中心化并由技术变革推动。这种去中心化意味着主流信息机构失去了对信息的把关筛选特权。博客主作为一个活跃的用户，不再是信息的被动接收者，任何用户都能通过在博客中传递信息成为第一手的信息提供商，或是通过搜索和评估他人博客中的信息内容成为个人信息接收的把关人。

在互联网时代，信息是否值得被公众看见，不再局限于主流媒体机构的新闻发布渠道，许多具有潜在价值的事件或信息都能通过在论坛、博客中的用户生产内容进入公共领域的大门。

尽管论坛或博客并没有代替主流媒体机构成为新的信息源，但其始终时刻关注互联网场域当中任何信息，通过分享、评论等方式将其过滤和放大，使得信息能够为世人所见。论坛的"盖楼"、博客的关注与评论等功能实际上还构成了某种对主流媒体机构信息实践的监督。

在克林顿"性丑闻"事件中，不少博客紧密关注华盛顿等主流媒体的报道，并将其报道作为自己评论的起点。21世纪初，网络博主肯·莱恩在与英国记者罗伯特·菲斯克的一场争论中发表的声明，"这是2001年，我们可以对你的屁股进行事实核查"。从这些案例中不难看出，受众在信息传播权力结构中已崛起。

论坛和博客反映了受众与生产者融合、将消费者转变为生产者的趋势，

[①] 黄朝钦，钟瑛.从"媒体平台"到"关系网络"：综合门户网站的经营现状与模式转型［J］.现代传播（中国传媒大学学报），2014，36（7）：6-12.
[②] 黄文森.数字新闻流通：溯源、分野与整合［J］.新闻界，2022（3）：4-13.

第三章　社交媒体时代信息传播的渠道与方式

用户对传统一对多的信息传播结构显露出日益拒绝之态。[①]

2.观念变迁："个性至上"的论坛与"有闻必录"的博客

在纸媒、广播和电视等传统媒体中，由于其可用栏目空间、播出时间或传输频率的固有限制，建立机制来监管这些门户并根据特定的信息价值标准选择要报道的事件是十分必要的。因此，传统新闻记者和编辑需要用"倒金字塔"等特定信息结构将各种来源的报道合并成一个信息报道，且媒体传播渠道的稀缺性也使得记者承担了客观、公正报道的责任。

诞生于互联网的论坛与博客则完全不受任何组织和职业规范的限制。就叙事风格而言，论坛、博客以其个性化、亲近性著称。无论是楼主发帖还是博客主发布博文，首先，它们都更加倾向于个人感兴趣的信息分享及类似日记的个人事件记录，强调了大多数博客的非专业性和非精英地位。其次，个人观点的表达使得论坛、博客带有一种天然的亲密感，暗示楼主、博客主甚至跟帖者是一个"不带私利"的人。[②] 再次，论坛发帖和跟帖的匿名性给予访问者更大的观点表达空间，没有太多的心理负担，而博客主的个人信息和网站本身的详细信息的展现则传达了一种透明感，表明访问者正在看到网站"真实"的内部运作。大多数博客似乎都表明了普通人可以梳理信息源，重新发布他们感兴趣的内容，并提供明智的评论——所有这些都不需要任何企业的赞助。

以"德拉吉报道"网站为例，其初始阶段的网页界面设计极为简约，既无色彩点缀，也缺乏框格布局，更未采用任何图像元素（直至后来，其头条内容才开始融入图片）。该网站仅包含一个醒目的头条新闻标题，以及一系列显得杂乱无章的链接。此外，网站发布的文章中，偶尔还会出现基

---

① PUTNAM R D. Bowling alone: The collapse and revival of American community [M]. New York: Simon and Schuster, 2001.

② WALL M. 'Blogs of war' weblogs as news [J]. Journalism, 2005, 6 (2): 153-172.

础性的语法错误及拼写失误，但它以更具话题性、更迅速的特点远远超过主流信息的热度。

在"开放""共享""平等"等互联网思维逻辑下，博客奉"有闻必录""时效至上"等原则为圭臬，常对信息和资讯不加甄别地上传，追求信息和资讯的"第一时间"发表，以争夺受众的注意力；同时，信息也随之变得更短、更直接，往往也更具有情感煽动性。"德拉吉报道"曾多次因错误报道而公开道歉，德拉吉本人也承认其网站的报道只有 80% 的准确性。

论坛以用户个人意志为原则，构建了一个"即时"信息与观点的自由市场。其中，用户的兴趣与热情成为推动话题产生与演变的原动力。然而，这种高度的个人化与信息自由，也伴随着信息质量的参差不齐。论坛上的讨论虽丰富多彩，却也难免掺杂着主观臆断、片面解读乃至不实信息。用户往往在激情的驱使下，急于表达观点，而缺少对信息的深度分析与核实。

互联网技术所塑造的信息传播思维早在论坛、博客时期便可以窥见，信息从业者对"即时性""个人化"的强调远远超越了"客观性""准确性"，如今各大信息媒体在媒体融合进程当中争夺"注意力经济"所造成的一系列问题只是这种理念偏移的后续实践结果。

3."看门实践"：论坛、博客与主流媒体机构互为补充

在一项关于博客的研究中，研究者认为，博客的信息传播是在博客圈本身以及与更广泛的信息媒体圈的交叉点中运作实现的，这种运作并非扮演主流媒体机构的把关角色，而是一种看门实践。[1] 事实上，论坛也是如此。

如今，在一个永远在线、由互联网主导的媒体生态中，即使是那些主流信息机构也不再能够控制所有信息的出入并为自己争取重大"独家信息"，论坛的楼主、博客主这类非职业传播者更无法仅凭个人信息来源来填补巨大的信息空缺。

---

[1] BRUNS A. Gatewatching: collaborative online news production [M]. New York: Peter Lang Publishing, 2005.

因此，楼主、博主不是把关信息（gatekeeping），而是看门（gatewatching）。他们观察其他信息机构发布的信息或原始信息来源，并通过引用、转发的方式在各自的渠道中凸显、评估和讨论这些信息材料。

当论坛楼主与跟帖者的互动与讨论可以为主流媒体机构提供更多新闻线索与民意表达，专业记者能够通过跟进报道论坛热议的话题，实现对新闻事件的深入挖掘和权威解读时，当少数博客主凭借自身的能力成为主流媒体评论员，以及专业记者开设自己的博客时，这两者与主流媒体机构的关系则更加密切，甚至可以说是一种互利共生的关系[1]，即主流媒体机构是论坛用户、博客主的主要信源提供者，论坛用户、博客主则对这些信息内容进行二次过滤、加工和聚合，并基于自身的能力和知识提供更全面、更专业的观点。

"我的读者比我知道得更多。"身为记者兼博主的丹·吉尔莫的话能够较为形象地说明这种情况。一般来说，专业记者很难在某一事件信息以外的其他专业领域有更多的建树和了解，也很难有时间、机会及资源去了解和熟悉相关的专业话题。因此，在经济、医疗、科技等专业性较强的信息领域，专业领域的论坛用户与博客主通常有能力且有时间投入大量精力和知识完成针对主流新闻的评论，并且这些内容构成的相关报告所形成的整体，往往比任何一篇新闻报道都全面。

事实上，这种现象直到信息传播进一步发展的今天依然存在。记者利用社交媒体来传播、讨论和扩大对特定故事的报道，将这些故事从成品变成未完成的、不断发展的工件，并邀请大众广泛参与其中。用户通过访问、分享、讨论、评论这些报道来使信息传播得更广，他们的观点也更加全面、深入。

---

[1] BRUNS A, HIGHFIELD T. From news blogs to news on twitter: gatewatching and collaborative news curation [M] //COLEMAN S, FREELON D. Handbook of digital politics. Cheltenham: Edward Elgar Publishing, 2016: 325-339.

二、社交 2.0 时代："微博客"的兴盛

在移动互联网发展下，网络用户开始渴望将虚拟网络与现实社会相结合，基于米尔格兰姆的六度分隔理论的社会性网络软件（Social Network Software，SNS）随之出现。

2003 年，美国著名社交媒体平台脸书（Facebook）横空出世。在极短的时间内，该网站以惊人的速度风靡全美的各大高校，仅仅三年，便跃升为全球第七的互联网站点、美国排名第二的社交网络平台，并且在图片共享领域独占鳌头，迅速在全球范围内获得了广泛的认可与欢迎。

在这个阶段，博客逐渐演进为更加贴合移动端需求的微博客，微博客不仅囊括了博客的所有功能，还满足了移动互联网用户对于随时记录、分享及发布信息的迫切需求。

2006 年，美国知名微博客平台推特（Twitter）创立。2023 年，推特平台正式更名为"X"，并启用黑色"X"标志，告别原有的小蓝鸟标志，如图 3-2 所示。

图 3-2　推特新标志和经典的小蓝鸟标志

2009 年，一名网友拍摄了全美航空 1549 号航班迫降哈德逊河的照片，并将其实时发布在推特上，"Web 2.0 之父"蒂姆·奥莱利庆祝推特因此成

第三章　社交媒体时代信息传播的渠道与方式

为"世界实时报纸"（the world's real-time newspaper）。[①] 全球语言检测机构根据推特用户的使用频率、上下文用法以及在全球媒体中的出现情况，将其评选为 2009 年最热门词语，紧随其后的是"奥巴马"和"H1N1"。之所以选择这个词，是因为它代表了在 140 个字符中概括人类思想的能力。2009 年，中国门户网站新浪正式推出微博平台。

数据显示，截至 2023 年 1 月，脸书平台拥有 29.58 亿月活跃用户，相当于全球总人口的近 37%，推特和新浪微博分别拥有 5.56 亿和 5.84 亿月活跃用户。[②]

社交媒体平台的快速传播和发展，给信息传播带来了巨大的变化。其中，微博客架构以惊人的速度获得消费者的青睐并积累了大量用户和广告客户，开始成为社交媒体中的一个成熟类别。[③]

2010 年，克里斯·安德森对移动互联网下的信息生态给出了准确的描述和预判：在移动互联网培育数字信息生态中，所有人都是信息生产的主体；每一个节点相互联结，构成了信息传播多源头、多中心的网络结构；信息生产的整个链条发生基本逻辑的变化，并最终带来了整个信息价值体系的更新。[④] 事实上，这些预判在十余年后的今天基本得到了印证。

（一）"微博客"的传播特性

1. 以节点为中心的信息传播网络

进入论坛、博客时代，少数具有互联网接入渠道、互联网使用能力和

---

① O'REILLY T, MILSTEIN S. The twitter book [M]. Sebastopol: O'Reilly Media, 2009.
② 数据来自 Digital 2023: Global Overview Report，原文链接 https://datareportal.com/reports/digital-2023-global-overview-report.
③ KÜMPEL A S, KARNOWSKI V, KEYLING T. News sharing in social media: a review of current research on news sharing users, content, and networks [J]. Social media + society, 2015, 1 (2).
④ ANDERSON C. Between creative and quantified audiences: web metrics and changing patterns of newswork in local US newsrooms [J]. Journalism, 2011, 12 (5): 550-566.

具备某种专业领域能力的人先一步解放了信息生产力，实现了自我生产信息内容，信息传播网络从此出现由信息博客和主流媒体机构组成的双重传播中心，且两者之间相互竞争、影响，最终达成一种共生的关系。

路透社2016年的一份报告显示，在美国，使用社交媒体作为信息来源的人比例已经上升到46%，自2013年以来几乎翻了一番。[①] 如今，社交媒体已成为信息传播和消费的重要组成部分，基于其方便易用的内容发布工具，媒体组织和个人的信息共享行为也得到了大大简化。

无论是个人还是媒体或其他机构用户，都化身为网络当中的一个节点，独立或协作式地进行信息内容的生产和传播，彼此之间以评论、转发、对话等服务功能相互连接，最终构成了网状分布式的社会信息传播结构。

对于普通用户来说，社交媒体支持自行使用内嵌的内容发布工具来上传信息内容；用户可以通过使用推特、新浪微博和脸书等社交平台上提供的"转发"（reshare/retweet）按钮来实现信息的共享，或是通过"评论"（comment）功能与信息发布者以及其他用户一起讨论；推特、新浪微博等平台还支持用户转发跨平台的信息链接功能，在线信息网站可以利用社交媒体的推荐来提高网站流量、文章浏览量。

Facebook创始人马克·扎克伯格曾说过，在过去的100年里，记者为人们决定了哪些信息值得报道。现在有了Facebook这样的平台，人们可以自己做决定。扎克伯格还认为，当一篇文章或信息是由朋友推荐或撰写时，比由一个你不认识的随机记者推荐或撰写的文章或信息更值得信任。[②]

在用户看来，社交媒体天然的社交属性在一定程度上为信息的真实性

---

① 原文链接：https://www.digitalnewsreport.org/wp-content/uploads/2018/11/Digital-News-Report-2016.pdf。

② SCHULZ-BRUHDOEL N，BECHTEL M. Medienarbeit 2.0：cross-media-lösungen. das praxisbuch für PR und journalismus von morgen [M]. Frankfurt am Main：Frankfurter Allgemeine Buch，2011.

背书，用户以社交圈为中心，通过关注（follow）他人和追随者（follower）构建起以个人为中心的传播网络。在这个过程中，在社交媒体上经常分享信息且拥有较多追随者的人被视为是意见领袖，他们的信息传播网络也较其他人更宽广。

2. 社交和分享成为信息传播的动力

早在 2011 年，皮尤研究中心的学者就得出结论："如果搜索信息是过去十年最重要的发展，那么分享信息可能是下一个十年最重要的发展之一。"

有研究认为，"感知系统"（Awareness systems）能让身处不同地点的人们对彼此的活动和状态保持类似的感知水平，就像人们身处同一房间时一样，这样能提高工作效率、加强社会关系并全面提升幸福感。[①] 以推特为代表的社交媒体提供了一种支持各种交流和对话实践的微博服务，能够实现告诉全世界你此时此刻在做什么——无论你的亲人身在何处，你都希望与他们保持密切联系。在"感知系统"的作用下，人们能够通过微博客同步动态和信息来达到一定目的，因此，社交和分享是移动社交内容生产和传播的动力。

也正因如此，可分享性已经成为社交媒体时代信息生产、消费和再分发的核心。

在社交媒体上，人们通过不断发布新的内容来促进社交，这些新内容也会作为社交的"谈资"被他人分享，从而促进更多、更深层次的社交。反过来，社交因素常常也有助于推动人们对某些内容的关注。如推特为用户"转发"信息赋予了极高权重，使"社交"和"分享"成为信息及资讯流通的关键因素。

---

① MARKOPOULOS P, DE RUYTER B, MACKAY W. Introduction to this special issue on awareness systems design [J]. Human-computer interaction, 2007, 22 (1): 1-6.

同时，推特等社交媒体开放了一种具有强大社交成分的内容传播模式[①]：一旦一个用户认为另一个人的推文特别相关或有趣，他就可以决定成为这个人的"关注者"。关注意味着一个作者的推文会自动推送到所有关注者的推特主页上。推特用户平均每月互动次数为 10 次，这表明大部分用户在平台上都积极参与互动。

根据皮尤研究中心 2013 年针对脸书的一项调查：59% 的人有时会对在脸书上看到的信息进行"点赞"（like）或发表评论（comment），其中 19% 的人经常这样做。这几乎与直接点击信息报道本身链接的比例（65%）相当；43% 的人有时会发布或转发信息链接。

此外，32% 的人有时会反复讨论信息中的问题；34% 的人甚至通过"点赞"或关注信息机构或个别记者和评论员的账号，直接将其纳入他们的信息流——这意味着三分之二的人在脸书上获取的信息是从他们的 Facebook 好友那里第二手、第三手或第二十手获得的，而不是直接从信息机构那里获得的。

微博客上交流的所有信息默认情况下都是公开的，这意味着每个人都可以阅读和评论这些信息，推文不是针对某个用户的，而是面向全世界的。在某些情况下，信息接收者可能会觉得这则信息非常有趣和引人入胜，从而决定通过向自己的追随者转发推文来进一步推动这则信息。这样，最初的推文就会从一个用户的追随者网络逐级传播到另一个用户的追随者网络，并从一条简单的信息转变为口口相传的信息。一旦信息在整个网络中被推送再推送，它可能会促使一些用户去从其他来源获取有关该主题的更多信息。

根据皮尤研究中心的数据，2015 年，推特用户平均有 38% 的信息相关

[①] KAPLAN A M, HAENLEIN M. The early bird catches the news: nine things you should know about micro-blogging [J]. Business horizons, 2011, 54（2）: 105-113.

推文是原创的，不是回复或转发的。然而，在2021年，这一平均值仅占总数的19%。在2015年至2021年之间，推特引入了"引用推文"这个功能，这可能是原始推文数量下降的原因之一。此功能允许用户重新发布推文，同时在其上方添加文本。2021年，美国推特用户平均有7%的推文是引用推文。

此外，皮尤研究中心对美国成年用户在2022年10月至2023年4月期间发布的推文进行分析，发现绝大多数推文都是回复或转发。这些推文中有四分之三是对其他用户的回复（40%）或转发（35%），其余的是原创推文（15%）或引用推文（9%）。这些数据再一次表明社交和分享是移动社交信息的主要传播动力。

3. 自组织模式下分布式协同化的信息传播

用户在社交媒体上分享信息的动机可以分为利我动机和利他动机。一方面，人们通过在社交媒体上分享信息吸引其他人的注意力，以此来获得关注和声誉[1]；另一方面，通过信息共享的方式来实现信息互惠，并在分享过程中满足与他人互动的需要。[2] 其中，获得关注和声誉以及引起人们对自己观点和想法的讨论是信息分享的主要动机。很多时候，信息是由那些想要公开表达自己的观点、容易受到社会赞赏、渴望改善自己形象的人所分享的。

有学者将推特等移动社交平台上的信息报道和讨论过程定位为信息传播的平台。也就是说，广泛的用户自愿为整体做出小而增量的生产性贡献，逐步协作地发表报道和评论，而不是由专业人士组成的小团队精心制作信息报道和观点。

---

[1] LEE C S, MA L. News sharing in social media: the effect of gratifications and prior experience [J]. Computers in human behavior, 2012, 28（2）: 331-339.
[2] HOLTON A E, BAEK K, CODDINGTON M, et al. Seeking and sharing: motivations for linking on twitter [J]. Communication research reports, 2014, 31（1）: 33-40.

用户参与信息的方式不仅包括个人的信息分享行为，也包括对他人的信息分享活动的观察，这往往会在偶然间导致更多的信息曝光，从而引发其他意见和观点的迸发。这些信息参与行为通常是以自组织的模式，感兴趣的用户会主动参与从各种来源寻找和传播具有信息价值的材料，并协作策划这些集合并解释其内容。在不定量多数用户和主流媒体等信息机构的协同参与下，某一信息事件的完整图景得以展现，有时还会促进相关民众参与和社会参与。

移动社交平台上的信息传播、策划和评论过程的参与向所有人开放；通过随机的信息行为，参与者既不是简单的用户，也不是信息报道的完全生产者，而是扮演了生产者的混合角色；任何个人用户的贡献是否会产生影响，取决于其他用户的评价，尤其取决于其他用户的转发分享和进一步传播。

同时，信息的生产不再以栏目为线索，而是在以节点为传播中心的背景下进行，即不再受限于任何出版格式、信息类别或组织机构等因素，由用户自由地发布并传播任何内容和形式的信息。同时，移动社交信息主要通过社交和分享进行传播，这意味着信息处于一种超越时空限制的对话生态下。对话通常出现在两人或群体之间。以推特为例，首先，人们可以通过使用"@user"语法，引用其他人并向他们发送消息，以此实现定向对话实践；其次，通过使用主题标签"#"对推文进行标记，以便其他人可以关注以特定主题为中心的对话，进一步形成一个以该主题为核心的社交圈；最后，使用转发"RT @user msg"完成对推文的复制和转播行为。在这种生态中，对话脱离了有限的空间、时间和群体，分散于不限定数量的参与者网络中，无序的、公开的声音彼此互动，构成一种以对话为环境的共享情感。

由此产生的信息是一种分布式协作性的传播，信息不再仅仅属于新闻机构或受众。正如赫伯特·甘斯指出的，"信息可能太重要了，不能只留给记者"。[①]事实上，在共享、流动和传播的社交媒体环境中，信息无处不在。

（二）"微博客"的影响

1. 用户内容生产力得到解放

开放性、去中心化的移动互联网赋予用户内容生产传播权，对传统信息业态造成了极大的冲击。新浪微博自 2009 年上线以来，凭借其即时性、互动性和广泛的影响力，迅速吸引了大量用户。据统计，在 2010 年（新浪微博上线的第二年），72 起影响力较大的全国性舆论热点事件中，有 81% 源于微博并以微博为施展平台。[②]

在这一背景下，诸如记者、编辑等传统新闻信息生产角色失去了原有的不可替代性。多元主体参与信息生产，使得信息日益成为一种具有普遍性的人类日常经验性活动。

以往，新闻报道和广播是高度专业化的活动，需要投入大量的人力、物力和财力。然而，随着在线内容创建和共享技术的成熟，这一门槛被大大降低。个人、组织甚至企业都可以轻松地在社交媒体上发布信息，与公众进行互动交流。这种趋势不仅促进了信息的快速传播，也加速了信息产业的融合与创新。例如，电商平台可以通过社交媒体进行产品推广，而新闻媒体则可以借助大数据分析提升内容质量。信息的普遍性和日常经验性特征日益凸显，使得信息产业的边界变得越来越模糊。

以微博客为代表的社交媒体以其独特的传播机制，正在重塑信息传播的格局。在推特等平台上，信息以病毒式传播的方式迅速扩散，使得任何一条有价值的推文都有可能成为引爆舆论的导火索。为了争夺公众的注意

[①] GANS H J. Deciding what's news: a study of CBS evening news, NBC nightly news, newsweek, and time [M]. Evanston: Northwestern University Press, 2004.

[②] 谢耘耕，徐颖. 微博的历史，现状与发展趋势 [J]. 现代传播（中国传媒大学学报），2011（4）：75-80.

力，几乎所有权威的信息来源都在社交媒体上开设了官方账号，通过发布独家内容、与粉丝互动等方式来提升自己的影响力。这种趋势不仅加剧了信息市场的竞争，也推动了信息传播模式的创新。

2. 用户在整个内容生产过程的地位得以提升

在微博客时代，传统媒体的信源结构被迫发生转变。记者越来越依赖通过社交媒体平台获取新闻线索、联系信息源并发布报道。用户生成内容的兴起，使得普通网民频繁成为新闻事件的第一见证者和传播者，新闻机构的选题因此更紧密地跟随大众关注的焦点。当网民越来越频繁地成为记者的信息源，新闻机构的选题也逐渐随大众的注意力进行转移。[①]

在国外关于社交媒体信息参与的研究中，研究者认为，人们在微博客发布和传播信息主要取决于个人信息使用和政治利益，这是一种特定的社会参与行为。这种参与行为能够使相关信息内容下沉化传播并促进政治相关议题的深入讨论。[②]用户在移动社交平台上的信息实践在促进在线政治讨论和扩大用户公民表达机会方面的潜力巨大。

同时，这种信息实践也对主流媒体机构的新闻惯例产生了影响。主流媒体机构在生产新闻时，不再单纯追求自上而下的信息灌输，而是更加注重用户需求和市场反馈。有趣的是，这种影响往往并非由以评论和其他UGC形式出现的定性受众所导致。相反，浏览量、评论数等数据化信息指标以及活跃受众的潜在言论一定程度上会影响专业记者对新闻报道策划的判断。专业记者的新闻决策自主性部分地会依赖于受众指标作为新闻决策判断的补充。由此，出于对用户反馈效果与流量的追逐，信息媒体的内容叙事也在一定程度上为适应互联网逻辑而趋向于娱乐化、亲民化。

[①] 陈昌凤，马越然. 连接、联动、认同：公众生产新闻的传播路径研究 [J]. 新闻与写作，2018（2）：5-10.

[②] BACHMANN I, DE ZÚÑIGA H G. News platform preference as a predictor of political and civic participation [J]. Convergence the international journal of research into new media technologies, 2013, 19（4）：496-512.

在微博等社交媒体的影响下，信息消费者的角色也发生了根本性变化。信息消费者不再是信息的被动消费者，需要专业记者提供"他们需要的信息"，而是越来越多地被视为信息制作过程中富有创造力的、积极的参与者，需要同时被赋予参与权，有权利去发表意见、贡献内容，以迎合他们的需求。

3. 信息内容呈现碎片化、情感化

由博客在移动互联网基础之上发展而来的微博客，在形式上表现为精练版的信息博客，而内容与形式的精练化也使得信息在传播过程中呈现出碎片化和情感化趋势。相比论坛和博客，"微博客"架构的社交媒体在信息容量上大幅度压缩，如推特设定单条推文的长度不能超过 140 个英文字符，新浪微博也有类似的字数限制。两者在 2016 年先后取消了推文的 140 字数限制。

尽管放宽了字数限制，但信息传播的碎片化趋势似乎已成定局，信息生产者面临着前所未有的挑战：如何在有限的字符内传达足够吸引眼球且富含价值的内容。这促使他们不得不采取更为精炼、直接的表达方式，甚至将复杂的事件拆解成多个短小精悍的片段逐一推送。这种碎片化的信息传播方式，虽然满足了现代人快节奏生活中的信息获取需求，但也带来了信息完整性受损、上下文缺失等问题，要求用户具备更高的信息整合与理解能力。

此外，碎片化还体现在信息来源的多元化和信息传播的即时性上。微博客平台上，每个人都能相对更自由地发布信息，各种观点、信息如潮水般涌来，形成了复杂多变的信息网络。这种高度分散的信息生态，使得用户需要不断筛选、过滤信息，以构建自己的认知框架。

在微博客的信息海洋中，情感成为吸引用户注意力的重要武器。Robertson 等人发现，在微博客社交媒体的信息实践中，用户经常被负面和情绪化的信息所吸引。他们分析了包括 Upworthy.com 的约 15000 种信息报道的数据集，在超过 3.7 亿次总印象中产生了约 570 万次点击。虽然正面词语相比负面词语略普遍，但信息标题中的负面词语增加了消费率。对于平均长度的标题，每个额外的负面单词都会将点击率提高 2.3%。[①] 负面和情绪化的信息之所以更受欢迎，是因为它们能够迅速触发人们的情感共鸣，引发强烈的情绪反应。这种情感化的传播策略，不仅提高了信息的点击率和转发率，也加剧了信息传播的极化现象，即持相似观点的人群更容易聚集在一起，形成"信息茧房"。

Stefan Stieglitz 等人对微博客架构中的分享行为和情绪的关系进行了研究，进一步揭示了情绪在微博客分享行为中的重要作用。他们在对推特超过 165000 条推文的两个数据集进行分析后，发现与中性消息相比，情绪化的推特消息往往被转发得更频繁、更快。

Jonah Berger 等人对在线内容的病毒式传播的原因进行了研究，结果发现病毒性传播是由生理唤醒驱动的。唤起高度兴奋的积极（敬畏）或消极（愤怒或焦虑）情绪的内容更具病毒性。唤起低唤醒或失活情绪（例如悲伤）的内容病毒性较小。这一发现不仅解释了为何情感化信息在社交媒体上如此受欢迎，也为信息从业者提供了有效的传播策略——通过精准把握用户的情绪需求，来打造更具传播力的内容。

因此，在移动社交媒体中，无论是用户自身的追逐，还是相关信息从业者对用户的追逐，最终都导致信息呈现明显的碎片化、情感化趋势。

三、社交 3.0 时代："短视频"的繁荣

随着智能手机与 4G 网络的广泛普及，全球移动互联网信息产业迎来

[①] ROBERTSON C E, PRÖLLOCHS N, SCHWARZENEGGER K, et al. Negativity drives online news consumption [J]. Nature human behaviour, 2023, 7（5）: 812-822.

第三章 社交媒体时代信息传播的渠道与方式

了迅猛发展。自 2012 年起，全球宽带互联网速度的提升以及费用的降低，推动了在线视频进入一个飞速发展的阶段，使得视频化成为互联网内容消费的主要趋势。

2011 年，GIF 图片分享应用快手成立，并于 2012 年转型为短视频社区；2017 年，短视频社交平台抖音（TikTok）上线，短视频内容迎来井喷之势。

截至 2023 年 6 月，中国短视频用户规模达 10.26 亿人，用户使用率为 95.2%。[①] 随着 5G 通信和手机终端性能的提升，内容、社交视频化趋势已成主流形态。

《2024 全球互联网报告》的数据显示，在 2023 年 7 月至 9 月期间，TikTok 的每位用户平均使用时间是所有"顶级"社交应用程序中最高的。该平台的安卓用户每月使用时间为 34 小时，比排名第二的 YouTube 每月高出近 6 小时，而像脸书、推特这样"传统"社交媒体的使用时间则出现衰落现象。这也在一定程度上表明相对碎片化的视频内容已经在全球范围内流行起来。

在移动互联网普及与内容逐渐视频化的双重趋势驱动下，短视频（short video）作为一种新兴的信息产品类型顺势而生，并愈发成为各大主流信息机构规划内容布局的主要方向。路透社新闻研究所 2023 年的报告显示，诸如 YouTube、抖音这种基于视频的网络平台在全球范围内发展极快，并且迅速成为年轻受众获取信息的方式。

皮尤研究中心对 2020 年到 2023 年之间美国人的信息获取平台进行了调查，在短短三年内，经常从抖音获取信息的美国成年人比例翻了两番多，从 2020 年的 3% 增加到 2023 年的 14%。

除了抖音、快手等专业的短视频平台，Instagram、脸书等移动社交媒体也纷纷开拓短视频领域。2021 年，YouTube 推出短视频平台 YouTube

---

[①] 国家图书馆研究院.中国互联网络信息中心发布第 52 次《中国互联网络发展状况统计报告》[J].国家图书馆学刊，2023，32（5）：13.

Shorts；2022年，脸书和Instagram的母公司Meta宣布，新的短视频服务Reels进入全球150个市场。从中不难看出，短视频领域已经成为各大社交媒体平台的必争之地。在用户创造内容的洪流下，以短视频为媒介的信息在互联网场域无处不在。

（一）"短视频"的传播特性

1. 信息呈现短小精悍、直击重点

短视频信息借助短视频平台的低操作门槛与庞大的用户群体，事件目击者能够提供更具有时效性和真实性的一手信息资讯，在视角呈现上具有针对性，且主题集中，能够在短时间内快速吸引用户的注意力。

短视频并非传统电视内容的缩减形式，而是与传统电视内容不同的全新传播形式。不同于以往的经过策划、剪辑，配以专业解说词的宏观全景式视频信息，短视频信息从单一视角切入，信息呈现偏重于直击现场，没有过多的空镜头和特写镜头，主要视频素材来自发布者现场拍摄。

在短视频平台，大部分视频时长通常为几分钟，有时甚至只有几十秒，发布者在短视频平台的编辑界面对视频进行简单处理，配以字幕或音乐后，快速发布在平台上，内容直奔主题，因此形成了较强的现场感，能够有效加深受众的印象，实现时效性与实效性的完美结合。

在2015年"8·12天津滨海新区爆炸事故"中，一些由周边居民用手机拍摄的短视频引发了广泛关注。视频中，远处仓库的火势熊熊，被镜头清晰捕捉。正当拍摄进行时，着火区域突然发生了猛烈的爆炸，致使邻近居民楼的窗户玻璃即刻破碎。面对这一突如其来的强烈冲击，拍摄者不由自主地蹲下，导致镜头剧烈颤动。透过拍摄者的视角，观众仿佛被直接带入事件现场，获得了强烈的身临其境之感。[1]

---

[1] 李青青，水学智. 短视频新闻生产转型：动因、问题与路径［J］. 现代传播（中国传媒大学学报），2020，42（11）：154-157.

第三章　社交媒体时代信息传播的渠道与方式

短视频这种基于主观视角的叙事方式，显著强化了视听媒介在感知维度上的表现力，突破了传统电视视频制作的固有范式。创作者通过减少过渡性空镜的运用以及多角度画面的频繁转换，同时简化了叙事过程中的背景铺垫与细节阐释，使得受众能够在有限的信息接收时间内快速聚焦核心内容，营造强烈的沉浸式体验效果。

2. 信息内容更显亲和力、日常化、个人化

短视频以其简洁凝练的表达形式和深度融入日常生活的传播特性，更适于展现微观层面的日常生活图景。给观众带来亲近感、真实感和临场感，而那些深度的、宏观的严肃议题往往难以取得好的传播效果。

在传统媒介形态中，媒介机构与受众并不能实现完全意义的人格平等，信息报道者的个人色彩往往在其为媒介机构的"代言"和"传讯"过程中消减殆尽。[1] 短视频信息的报道者则是以更直接、更亲切、更随性的姿态，以第一人称叙述或第二人称对话的方式展示信息，极大地还原了真实的信息现场。他们进行了重要的信息内容源补充，且提供了区别于机构媒体的视角。他们往往会更加关注本地化信息和热点社会信息，并且在视频中有更多主观视角和受众思维，以评论的方式增加个性化内容。

例如，在巴以冲突中，传统的战地记者无法进入加沙，许多最引人注目的目击者故事是由当地居民讲述的，包括熟悉 Instagram 和抖音等工具的新一代。普莱斯蒂亚·阿拉卡德是一位当地居民，她对日常生活斗争的记录带来了主流媒体经常缺少的个人风格。

为了适应短视频信息的趋势，《洛杉矶时报》于 2022 年 6 月创建了名为"404"的信息生产团队，专门开展实验性的搞笑视觉叙事。[2] 通过"网络

---

[1] 张梓轩，汤嫣，王海. 动态社交语言对表意功能的革新：探析"移动短视频社交应用"赋予新闻传播的新空间[J]. 中国编辑，2015（5）：77-81.

[2] 原文链接：https://www.latimes.com/about/pressreleases/story/2022-06-01/this-is-not-an-error-404-by-la-times.

梗"、视频特效、独特的出镜形象"Judeh"等元素的应用，使"404"团队生产出区别于传统信息报道的新型风格，并在有关气候变化和环境议题的相关报道中创造了众多爆款作品。

（二）"短视频"的影响

1. 感官化、沉浸式内容呈现成为常态

根据皮尤研究中心的调查，2023年，有更多的美国成年网友在抖音上获取信息。目前，43%的抖音用户表示他们经常在网站上获取信息，这一数据明显高于2022年的33%。以视听传播为主要形式的社交媒体平台正在逐渐受到用户的青睐，如图像平台Instagram、短视频平台抖音等。尽管推特和脸书等平台也在积极开拓短视频服务，但其信息用户在短短几年间也有明显的下降趋势。

路透社新闻研究所2023年的报告显示，在线消费信息时，大多数人仍然更喜欢阅读信息（57%），而不是观看（30%）或收听（13%），但年轻人（35岁以下）比老年人更有可能收听信息（17%）。此外，在许多亚洲国家，由于人口往往更年轻，移动数据也相对便宜，视频信息可以通过YouTube和抖音等平台广泛获得，如菲律宾偏好观看视频信息的用户比例高达52%，泰国和印度这一数据则达到了40%。

此外，路透社新闻研究所的报告还说明了18—24岁的人在2018年到2023年中是如何倾向于社交媒体消费的。这一时期恰逢抖音短视频、Instagram Reels和YouTube Shorts的兴起，短视频的出现明显地影响了年轻消费者的信息获取途径。

在过去的20年里，基于文字文本的信息形式一直是互联网上信息流动的核心。但近年来，一方面移动设备的广泛普及和迅速更新为用户提供了便捷的视频信息制作设备，专门从事音频和视频创作和分发的平台的出现，降低了普通人制作和消费视频内容的成本和门槛；另一方面，视听文本相

较于文字文本，在理解上有更低的接受门槛，在呈现上则更为直观，因而在知识水平较低的人群和较为年轻的消费者当中更受欢迎。

此外，相较于传统广播电视这类基于时间资源的线性视听传播机制，短视频信息打破了固定传播场景的限制，以移动社交媒体应用为载体，在接收场景上体现了高度的随机性、可变性和可脱嵌性，被赋予了适配不同传播需求和社会需求的灵活度。

麦克卢汉在《理解媒介：论人的延伸》中提出"媒介即人的延伸"。对麦克卢汉来说，感官问题之所以如此重要，是因为它既是知觉与经验的前提，也是理性和意识的基础。[1] 因此，技术对人的任何一种延伸，不仅会作用于个体的感官比率，更将深刻转变人们的思维方式与行为习惯，从而进一步重塑文化形态与社会结构。

社交媒体时代，无论是视觉还是听觉，受众的感知能力都得到了极大的延伸。在技术支持下，真正"进入"信息现场的诉求也日益强烈。短视频正在以全新叙事模式为用户提供更为"沉浸"的感知视角，通过运用3D、VR/AR、H5等技术创新内容呈现形式，使得信息释放出充分的视听想象力，更具感染力和传播力。

2. 用户生产内容的影响力不断攀升

路透社新闻研究所发布的《2024年新闻、媒体及技术趋势与预测报告》显示，2023年来自脸书的新闻网站流量下降了48%，来自推特的流量下降了27%。2023年，脸书、推特这样的"传统"社交媒体不断在"主流新闻"领域降低优先级，路透社认为其原因与以抖音为代表的短视频平台的兴起分不开。正如推特在某种程度上使文本信息创作民主化一样，抖音也在为短视频做同样的事情。

抖音平台设立了一个创作者基金，该基金将在未来几年内在美国增长

---

[1] 谌知翼，胡翼青. 再论麦克卢汉"媒介即人的延伸"：媒介环境学经典理论重访之二［J］. 新闻记者，2023（5）：38-51.

到约 10 亿美元,并在全球范围内翻一番。它对创建任何内容的个人开放,但不对新闻机构开放。抖音倾向于激励创作者而非主流媒体使用其平台,这一机制与短视频感官化传播自带的亲和力使得用户纷纷转向短视频领域,"传统"社交媒体也因此备受威胁。

根据 2021 年的数字信息报告研究,在抖音上,来自社交媒体影响者和名人的信息是消费者最关注的,占比高达 36%,社交媒体影响者和名人在抖音平台上发挥的作用比主流品牌和记者要大得多,这与推特和脸书等更"传统"的社交媒体形成鲜明对比。这在很大程度上说明了在短视频信息领域,用户生成内容的影响力已经超过主流信息。

实际上,抖音上的大多数独立信息创作者并没有因此变得富有,因为创作者基金所能支付的报酬太少了,在大多数情况下,这不值得创作者花时间。此外,产品植入和赞助帖子等技术广泛用于时尚和娱乐类型,但在信息中更难实现,而且目前还没有展示广告的选项。

信息创作者使用抖音的原因在于他们对某个问题或事业充满热情,寻求在不受干扰的情况下,能够创造和分享他们的想法的平台。随着这些内容的扩展,更好地传达特定创作者的观点及其内容的可靠性可能会变得更加重要。

3. 信息的内容品质大大降低

路透社新闻研究所发布的《2023 年数字新闻报告》显示,与其他网络的用户相比,推特用户更有可能关注政治和商业信息等硬信息主题,而抖音、Instagram 和脸书用户更有可能消费与信息相关的有趣或讽刺帖子。

短视频的内容特性与表现形式,深受其媒介特性及背后算法推荐技术机制的共同影响与塑造。相较于社交媒体及传统信息传播媒介,短视频展现了独特的语言模式、节奏韵律及展现风格。然而,一个不可忽视的问题是,信息本身的特性在融入短视频平台的过程中,往往会产生一定程度的偏差。

信息追求真实性,但真实性的实现本身就是一个相当复杂的过程,需要多方求证、反复核验,并将工作制度作为机制和流程上的保障。但短视频信息追求的标准，往往是流量指标，而流量又跟发布时间挂钩，所以追求的目标又会演变成发布速度。每当事件发生，众多媒体便迅速集结，普遍采用视频剪辑配合文字说明的方式进行内容创作。

在此过程中，专业媒体与自媒体相互交融，共同追求发布时效性，以至于专业媒体以往在事实核查方面的优势被淡化。可以说，短视频的媒介机制决定了信息的深度受阻。同时，短视频平台上的内容纷繁复杂，充斥着大量的虚假信息。NewsGuard 在 2022 年针对 540 个热门话题在抖音上的搜索结果进行了分析。研究揭示，尽管抖音平台确实能够识别并移除部分虚假或具有误导性的视频内容，但从整体上看，虚假及错误信息的占比仍然高达 19.4%。

这既对用户鉴别真假信息的能力提出了更高的要求，也对短视频信息的生产提出了更多的考验。此外，内容时长有限及画面形式相对单一，限制了信息的深度与精确度，从而对信息质量产生了负面影响。

这也是为什么大量被称为"新黄色新闻"的内容在短视频平台复现。黄色新闻（Yellow Journalism）是在 19 世纪末《信息报》和《世界报》的激烈竞争中崛起，指强调感性化的报道，强调娱乐性和轻松愉快的风格，降低了信息的水准。而"新黄色新闻"指的是短视频平台上涌现的低质信息类视频，这些视频往往缺乏实质性内容，却拥有极高的流量吸引力。它们以醒目的标题、惊悚的背景音乐、夸大其词的事件描述为手段，虽然能吸引大量点赞与观看，但信息价值微乎其微，且事件的真实性也常受质疑。

四、社交 4.0 时代：智能社交媒体初露头角

（一）智能社交媒体

2022 年 12 月 1 日，OpenAI 推出了人工智能聊天机器人程序 ChatGPT。

GPT 即 Generative Pre-trained Transformer（生成型预训练变换模型）的缩写，宣告了智能传播的全面到来。①

ChatGPT 是一种典型的大型语言模型（Large Language Model，LLM）旨在理解和生成人类语言。它在大量的文本数据上进行训练，可以执行广泛的任务，包括文本总结、翻译、情感分析等。LLM 的特点是规模庞大，包含上千亿的参数，这种模型可以捕获语言的复杂模式，包括句法、语义和一些上下文信息，从而生成连贯、有意义的文本。

相较于局限在单一平台的算法内容推荐，ChatGPT 能够实现跨平台的内容梳理和整合，并基于此进行内容的再生产，大大提高了人们在获取信息和知识方面的效率。同时，ChatGPT 在辅助人们获取信息的过程中并非一步到位的，而是通过人机对话的模式，使获取信息成为一个连续的、递进的交流过程，人们通过对机器不断调教、训练，使之进化成为以用户为核心的智能助理。②

路透社新闻研究所的预测报告显示，大约三分之二（65%）的英国成年人听说过聊天机器人，其中超过半数（59%）的人最看好 ChatGPT。目前，人工智能应用仍在发展过程中，可以预见的是，信息在以人工智能为核心的社交媒体时代将在生产和传播机制上出现更大的革新。

信息环境的数字化给信息的生产和传播带来了巨大的变化，内容生产机制不断专业化、数字化与智能化，由原来的 UGC 逐渐向 DGC（Data Generated Content，数据生成内容）与 AGC（Auxiliary Generated Content，辅助生成内容）发展，并最终被以 ChatGPT 为代表的 AIGC（AI Generated Content，人工智能生成内容）所颠覆。

---

① 方兴东，顾烨烨，钟祥铭. ChatGPT 的传播革命是如何发生的？：解析社交媒体主导权的终结与智能媒体的崛起 [J]. 现代出版，2023（2）：33-50.

② 彭兰. 新"个人门户"与智能平台：智能时代互联网发展的可能走向 [J]. 新闻界，2023（9）：4-14, 96.

第三章　社交媒体时代信息传播的渠道与方式

此外，在社交媒体信息的传播上，信息分发机制也逐渐由受众自行搜索向通过用户社交网络传播递进，再朝着算法推荐信息发展，最终走向以ChatGPT为代表的人工智能搜索生成体验（Search Generative Experience，SGE）的未来。

（二）人工智能全方位辅助信息生产

人工智能进入新闻业并介入新闻信息生产已经不是新鲜事。同样，根据Muck Rack的报告[①]，大部分记者认为人工智能更适合幕后工作，在已经使用或计划探索该技术的记者中，大多数人希望将其用于集思广益和研究协助等任务。

根据腾讯媒体研究院的报告[②]，过去十余年，由人工智能引发的新闻业创新浪潮可以分为3个阶段：自动化报道阶段、增强报道阶段和生成报道阶段。

第一阶段，人工智能自动化报道阶段。在这个阶段，人们主要利用AI的自然语言生成（Natural Language Generation，NLG）能力，进行信息的自动化报道。美联社、路透社、彭博社、法新社等媒体机构都有代表性的实践。自动化报道利用程序自动生成文本内容，在报道效率和准确性方面具备优势，但由于缺乏思考能力和共情能力，难以写出与人类记者相媲美的报道，因此仅适用于特定领域，如财经、体育等可模板化生产的信息类型。

在应用方面，例如路透社开发的名为"AI信息生产线"的信息自动生成系统，可以生成股票、体育和天气等类型的信息；《华盛顿邮报》使用名

---

① Muck Rack. State of Journalism 2024［EB/OL］.（2024-03-12）[2024-03-21］. https://4272994.fs1.hubspotusercontent-na1.net/hubfs/4272994/State%20of%20Journalism%202024/Muck%20Rack%20-%20State%20of%20Journalism%202024.pdf.

② 原文链接：https://mp.weixin.qq.com/s/XpjMBPgTyVkv_BIEto3Ekg。

095

为 Heliograf 的自动化写稿机器人，可以生成科学、政治和体育等领域的简单信息报道；日本 NHK 电视台上线的自动写稿系统，在 2011 年 3 月的东京大地震报道中表现突出；腾讯 2015 年推出的 DreamWriter 和新华社的快笔小新等产品，则是国内在自动化报道方面的代表性实践。

第二阶段，人工智能增强报道阶段。这一阶段着重运用机器学习和自然语言处理（Natural Language Processing，NLP）技术，分析数据并揭示相关趋势。例如阿根廷《国家报》自 2019 年起开始使用人工智能来支持数据团队，随后与数据分析师和开发人员合作，建立 AI 实验室以进一步强化 AI 应用。

此外，AI 在舆情分析方面的应用同样是人工智能增强信息报道的例子。在舆情分析环节，AI 可以辅助完成情感分析、主题检测、预测与趋势分析等任务，帮助组织更好地理解公众观点与态度，以应对复杂的舆情环境和市场环境。美联社与 NewsWhip 合作开发的应用，可以帮助专业人员追踪内容传播情况，分析内容将如何推动会员和用户的社交参与，从而调整内容策略，以更好地满足用户需求。[1] 也有媒体利用 AI 的数据能力进行内容优化，如福布斯于 2019 年推出 AI 内容发布平台 Bertie，可以生成更具吸引力的标题，并针对报道内容进行自动配图，以优化传播效果；《华盛顿邮报》也持续探索如何将 AI 纳入业务的实践，比如推出 ForYou 推荐系统，以及用 AI 模型检测订阅倾向和用户流失情况。

第三阶段，AIGC 以多模态生成能力，参与信息生成报道阶段。ChatGPT、谷歌 Bard、微软 NewBing 等产品的技术基础是能够生成叙事文本的大型语言模型（Large Language Model，LLM），相较于仅适用于财经报道、体育报道等领域的自动化报道阶段，AIGC 可以撰写篇幅更长、质量更高的报道，并根据指令模仿特定的作品风格。AIGC 的多模态生成能

---

[1] 张梦，陈昌凤．智媒研究综述：人工智能在新闻业中的应用及其伦理反思［J］．全球传媒学刊，2021，8（1）：63-92.

力还带来了信息报道可视化的诸多可能。目前信息业尚处于这一阶段，相关实践仍待深化，但可预见的是，AIGC将影响信息采集、生产和呈现等环节，进而改变整个信息业的格局。

路透社新闻研究所在《2024年新闻、媒体及技术趋势与预测报告》中提出，信息出版商最强调信息后端自动化任务（56%），如转录和文案编辑是重中之重，其次是推荐系统（37%）、人工监督的内容创建（28%）和商业用途（27%）。其他潜在的重要应用包括编码（25%）、信息采集（22%），其中人工智能可用于支持调查或事实核查和验证。

该报告还显示，信息出版商对人工智能在不同用途上所面临的风险程度不同：内容创作被认为是迄今为止最大的危险（56%），其次是信息采集（28%）。相比之下，后端自动化（11%）、分发和编码被认为风险较低。这也解释了为什么现在对这些后端效率的关注度更高，并且对其他不同类型的机器人参与信息更加谨慎。由于其仍不具备共情、思考、常识判断等基础能力，AIGC并不能真正用于深度报道的撰写。因此，目前整个传媒业在人工智能的实践上主要停留在第二阶段。正如中国信息通信研究院云计算与大数据研究所人工智能部副主任曹峰所言："ChatGPT目前仍然无法满足具有高要求、高限定场景下的写作需求。"

目前，人工智能参与信息生产更多的限制在于主流媒体机构，普通人很少在信息内容创作上使用它。究其原因，还是能够参与信息生产的人工智能应用尚未普及，其成本和使用门槛依然是阻挡在普通用户面前的一座大山。

路透社新闻研究所的报告表明，大部分人对于人工智能应用的态度仍然止步于观望、好奇。在英国有49%的用户使用人工智能聊天机器人只是为了了解该应用的功能，37%的用户是为了提出快速的基于事实的问题，29%的用户则是为了撰写论文或其他文本。可见，在少数使用人工智能应用的人当中，大部分人是基于个人学习、生活的需求，而非进行信息内容生产。

（三）智能社交媒体带来的影响

1. 人工智能滥用引发一系列风险

从本质上讲，AIGC高度依赖的语料库本身就来源于鱼龙混杂、真假难辨的网络信息，虽然在人机交互的真实性模拟方面不断提升，但内容的真实性和准确性的偏差无法得到有效解决。[①]

2023年2月，杭州某小区一名业主用ChatGPT创作了一篇关于"杭州于3月1日取消限行"的消息并发布在业主群内。一些业主截图转发后，相关内容在互联网空间被迅速传播，在社会面上产生误导。生成式人工智能的应用，进一步加大了虚假信息识别和处置的难度，用户对于真实信息的搜寻难度和成本呈几何级增长态势。

据《纽约时报》报道，美国NewsGuard机构专注于信息可信度评估与研究，对ChatGPT进行了深入测试。测试中，专注于虚假信息的研究人员向ChatGPT提出了包含阴谋论及误导性叙述的问题。结果发现，ChatGPT能在极短时间内重新编排信息，生成大量看似可信却缺乏明确信源的内容。

AIGC技术所产出的、表面看似专业严谨的信息，可能对公众产生误导。对于专业知识相对匮乏的公众而言，在"信息爆炸"的环境中筛选信息时，可能会更加依赖人工智能，进而形成惯性接受模式，这无疑进一步加大了公众识别虚假信息的难度。

尽管现在深度伪造的流行程度越来越高，但2019年iProov针对英国公众的研究显示[②]，英国公众对深度伪造技术完全缺乏认识和教育，近四分

[①] 郑满宁. 人工智能技术下的新闻业：嬗变、转向与应对——基于ChatGPT带来的新思考［J］. 中国编辑，2023（4）：35-40.

[②] iProov. Almost Three-Quarters of UK Public Unaware of Deepfake Threat，New Research Reveals［EB/OL］. （2019-10-01）［2024-03-17］. https://www.iproov.com/press/uk-public-deepfake-threat.

第三章　社交媒体时代信息传播的渠道与方式

之三（72%）的人表示他们甚至从未听说过深度伪造视频。在未来的几个月或几年里，威胁行为者很可能会越来越多地利用深度伪造技术来促进各种犯罪行为，并进行虚假宣传活动来影响或扭曲公众舆论。机器学习和人工智能的进步将继续增强用于创建深度伪造的软件的功能。

此外，有学者认为，将 ChatGPT 应用于信息生产环节，会导致信息事实本身在历史文本中的重要性和显著性提高。[1] 这一现象的主要原因是 ChatGPT 在文本创作时依赖于既存的信息资源。因此，那些在特定领域内享有较高声誉或曾被媒体广泛传播的人物与事件，更易于被 ChatGPT 识别并整合进其生成的信息之中。有学者进一步认为，基于这一内容生产机制的 ChatGPT 可能会导致新一轮的"信息茧房"效应。[2]

同时，信息抓取过程本身就涉及法律和道德问题，例如，AIGC 从网络上获取内容并将其用作训练数据集的做法是否符合法律规定，尚存疑问。对于被采集内容的原创者，尤其是新闻工作者及内容创作者，他们是否应当获得经济上的补偿，这也是一个亟待解决的问题。值得注意的是，2023年2月，图片供应商 Getty 已以"版权侵犯"为由，对 Stability AI 提起诉讼。目前，这些问题的解决尚无定论。

2. 内容分发逻辑转变：人工智能搜索信息时代的到来

在 Open AI 发布 ChatGPT 之后，谷歌、Microsoft 和其他公司一直在探索显示 SGE 内容的新方法，这些内容可以直接通过与 AI 对话进行查询，而不是搜寻传统的网站链接列表。

Microsoft Bing 搜索通过与 ChatGPT 的创建者 Open AI 合作，率先集成了实时信息。基础模型是在包括信息网站在内的互联网内容上训练的。

---

[1] 吴小坤. ChatGPT 信息"革命"对新闻业的冲击与挑战[J]. 探索与争鸣，2023（3）：26-29.
[2] 吴小坤. ChatGPT 信息"革命"对新闻业的冲击与挑战[J]. 探索与争鸣，2023（3）：26-29.

现在，这些功能正在整合到公司广泛的产品系列中，更名为Microsoft的Copilot AI助手。

就谷歌而言，它通过发布Gemini提升了其底层功能。Gemini是一组与Open AI功能相似的多模态大型语言模型。Gemini还接受过来自互联网和其他来源的内容培训，可以进行跨文本、图像、音频和视频的操作，并将为Google的Bard聊天机器人及其所有搜索生成体验提供支持。用户只需要在谷歌的搜索引擎页面与AI进行信息对话，就可以获得自己需要的内容。

事实上，人工智能基于历史数据训练系统或提取实时信息所提供的信息内容可能涉嫌版权侵犯，造成主流信息机构和信息内容创作者流量和收入的双重损失。2024年，《纽约时报》对Open AI涉嫌侵犯版权提起了诉讼。该诉讼称，Open AI未经许可，将《纽约时报》的"数百万篇"文章用于训练系统，ChatGPT有时会从这些文章中生成"逐字摘录"，并且该工具现在正在与报纸竞争，成为值得信赖的信息来源。

第二节 个人自媒体信息的传播渠道与方式的变革

一、融合人际传播、组织传播和大众传播

在当今这个数字化时代，社交媒体平台以其前所未有的广度和深度，重新定义了信息传播的方式与边界。浦尔关于媒介融合的观察，尤其是关于人类传播形态融合的论断，在网络空间的实践中得到了淋漓尽致的展现。随着技术的不断进步，不仅人际传播与大众传播的界限变得模糊，群体传播、组织传播等多种传播形态也在网络平台中交织融合，形成了一种复杂

第三章　社交媒体时代信息传播的渠道与方式

而多元的传播生态。

首先，人内传播与人际传播、大众传播等形态紧密相连，共同构成了个体的信息传播网络。如 Instagram 开通私密账户功能，微博、抖音等社交媒体平台也开通了"仅自己可见"的功能，用户通过以"私密"状态发布动态、撰写文章、分享图片等方式，表达自己的情感、观点和态度。用户还可以对自己发布的内容进行评论，促使其对自己的信息进行反思和调整，从而进一步丰富了人内传播的内容。

其次，人际传播得到了前所未有的扩展和深化。微信、QQ、Facebook、Twitter 等平台不仅提供了即时通信的功能，还通过朋友圈、动态发布、私信等功能，使人际传播更加便捷和高效。同时，社交媒体圈子中的点赞、评论、转发等功能，也极大地增加了人际传播的互动性和反馈性，让信息可以在短时间内迅速扩散，形成链式反应，进一步扩大了人际传播的影响力。

再次，组织传播的模式由传统的单向依赖大众媒介转变为多通道传播模式。在组织内传播上，一些企业开始自行开发社交平台，实现组织内部扁平化的即时通信与信息共享，使得员工能够迅速响应、协同工作并共享资源，如快手的 Kim、字节跳动的飞书等。通过社交媒体平台，管理层能够直接听取基层声音，实现决策的透明化和民主化，而员工也能更清晰地理解组织战略和目标，增强归属感和执行力。此外，社交媒体还成为项目管理、任务追踪的重要工具，提高了工作效率和精确度。在组织外传播上，一方面，组织通过在社交媒体平台自建账号（如企业微信公众号、微博账号等）直接面向公众传播信息，实现了与受众的直接互动。这种模式不仅提高了信息传播的效率，还增强了组织的公信力和影响力。另一方面，组织还通过社交媒体平台与其他组织、个人进行跨界合作，共同传播信息，形成了更加广泛和深入的信息传播网络。

最后，大众传播的传统模式和地位受到了挑战，但其优势依然独特且不可替代。一方面，社交媒体平台使得大众传播更加多元化和个性化。传统的大众传播媒介如报纸、电视等，往往采用统一的传播内容和形式，难以满足受众的多样化需求。而社交媒体平台则通过用户画像、个性化推荐等技术手段，为受众提供更加精准和个性化的信息服务，提高信息的触达效率，也节省了用户获取信息的成本。另一方面，社交媒体平台作为大众传播的新阵地，其影响力与日俱增，为信息传播带来了前所未有的变革。除了传统媒体机构积极入驻并创新内容形式外，个人也能通过社交媒体实现一对多的信息传播。个人用户通过创作高质量的内容，如深度分析文章、创意短视频、生动直播等，迅速积累了大量粉丝，成为关键意见领袖（Key Opinion Leader，KOL）或网红，他们的观点和推荐能够迅速传播并影响广大受众。

综合来看，在社交媒体时代，信息的传播生态展现出前所未有的多元化与交融性，实现了人际传播、人内传播、组织传播与大众传播的深度融合。用户不仅能在多个平台上自由获取信息、表达见解，还能即时参与互动，使得信息传播更加灵活多变且高效。同时，社交媒体模糊了不同传播类型的界限，用户身份在接收者与传播者之间自由切换，促进了信息的广泛传播与深度交流。然而，伴随而来的信息过载与碎片化挑战也要求用户提升信息筛选与整合能力，以适应这一快速变化的信息环境。

二、信息传播的对话性、交互性增强

自互联网诞生至今，信息的呈现形式已历经从最初的纯文本逐步演进为图片、音频、视频、AR、VR等多元化手段融合的变迁。

《中国网络视听发展研究报告（2023）》显示，截至2022年12月，我国网络视听用户规模达10.40亿，超过即时通信（10.38亿），成为第一大互联网应用。网络视听网民使用率为97.4%，同比增长1.4个百分点，保持了在高位的稳定增长。①该报告还显示，获取信息资讯及学习相关知识成为用户收看短视频的重要原因。短视频平台已经成为网民获取信息资讯的首要渠道。

根据 HubSpot 和 Brandwatch 对全球 1283 名社交媒体营销人员以及 600 多名消费者进行的调查，在最受欢迎的内容格式中，三分之一的营销人员计划在短视频上投入最多。Instagram Reels、抖音和 YouTube Shorts 是最常用的短视频内容平台，并产生了最高的投资回报率。品牌营销人员正在加倍投资于短视频，并计划 2023 年在抖音、Instagram 和 YouTube 上进行更多投资。可以见得，短视频作为一种结合视觉和听觉的呈现形式，正在社交媒体传播领域成为主流趋势，越来越受到内容创作者和社交媒体营销人员的青睐。

BuzzFeed News 前主编、资深媒体人本·史密斯断言，基于文本形式并主要在（第一代）社交媒体上分发的信息思维方式"已经过时"了。基于文本形式的信息内容通常是极具逻辑性的线性思维，这不仅要求受众具备一定的阅读能力和知识储备，也要求其在阅读时保持较长的专注力。而在短视频流行的时代中，这种信息内容往往不具备进行病毒式传播的基因，即便使用"标题党"等方式，依然难以在受众注意力争夺层面与娱乐性或软性内容抗衡。

感官与情感之间存在天然联系，信息具有多重感官刺激，能够更好地实现对用户情绪的唤起。在数字技术的推动下，感官化信息日益成为数字信息的发展趋势。加之感官内容形式在社交媒体平台具有传播优势，现有平台要么是围绕此形态建立的（如 Instagram、抖音等），要么在算法分发上更偏好此类内容（如 Facebook、小红书等），感官要素的重要性进一步

---

① 顾涵.我国网络视听用户规模达 10.74 亿人 短视频应用的用户黏性最高［EB/OL］.（2024-03-27）［2024-10-21］. https://news.cnr.cn/native/gd/20240327/t20240327_526641845.shtml.

凸显。

除了短视频信息，有些社交媒体时代的信息在形式上充分融合了互联网数字技术，衍生出了数据信息、VR信息、AR信息等新信息类型。三维立体、虚拟现实（Virtual Reality，VR）及增强现实（Augmented Reality，AR）等技术的蓬勃发展，将引领沉浸式体验环境的兴起，实现视听感受从二维向三维的跨越式创新。这一转变将激发包括触觉、嗅觉在内的全新身体感知体验，如采用虚拟全景技术制作的360度全景照片，通过增加对平面图像观看方向的选择性，借助用户交互操作制造空间感；三维立体技术、VR或AR等技术则为平面图像增加纵深维度，其空间效果更贴近现实世界。

多重感官的信息体验要求用户身心的更多投入，因而极大地提升了用户的参与感，塑造了更具积极性的用户心理。① 媒体不再是高高在上、为用户分发权威信息的垄断性信源，而是庞大信息网络中的一分子，邀请用户共同参与对社会的观察和信息网络的编织过程才是社交媒体时代信息的题中必有之义。信息的意义来源于文本与用户的协商，这有助于帮助用户形成公共思维，促进其履行公民职责，也能够帮助媒体在互动中完成与用户的连接。

三、信息分发呈现个性化、定制化

在传统媒体时代，信息分发方式是一种线性渠道，即信息内容从传播者到受众进行无差别的统一覆盖，并由传播者决定信息内容，受众个体之间则是彼此分离。

如今，平台作为新的信息分发者取代了这一"渠道"，用户和媒体化为传播场域当中的原子，以社交等多重关系相互连接，构建起如蛛网一般的

---

① 王晓培.声色的厚度：数字新闻的感官化实践趋势探析［J］.新闻界，2023（7）：13-22.

内容分发网络。因此，具备互联网基因的平台不仅是内容到达受众的多元路径，更是汇聚作为内容生产者的用户力量的重要集结地。同时，互联网上的内容生产者往往也是内容消费者，即受众。

Web 2.0 发展到现在，作为信息内容分发通道的平台不断进行演变，从博客平台到短视频平台的跨越，信息分发方式也实现了从分享推送向智能推送的转变。

在信息博客时期，信息博客一方面沿袭了信息门户网站的传播方式——用户可以直接进入博客网站搜索并浏览相关内容，博主可以通过对不同信息内容进行排版来显示信息的重要程度。另一方面，博客主之间可以通过互相引用、评论彼此信息等方式，促进信息在不同博客之间的流动，使其有被不同博客受众所看见的可能。

在移动社交媒体平台上，分发机制为人际网络与大众传播相结合。在个性化推荐成为主流之前，社交媒体平台的信息传播能力取决于其间个体的行为。个体传播网络的广度直接影响其信息传播能力，广泛的网络能增强传播效果，而狭窄的网络则减弱之。用户转发量、评论量大的内容容易成为头条信息。然而，这一机制也易受操控，如通过炒作、水军和僵尸号等手段制造虚假信息环境。在大众传播层面，平台如推特的"趋势榜"和新浪微博的"热搜榜"通过分析内容互动数据，以榜单形式快速呈现最新热门信息，帮助受众迅速掌握时事热点。

2013 年，今日头条率先涉足以算法驱动的内容个性化推荐领域。随后，抖音短视频平台凭借成熟的算法推荐机制应运而生，再次推动了内容分发机制的革新。个性化推荐服务的核心在于算法对用户独特性的精准捕捉，持续强化并固化用户的个性化偏好。

与此同时，移动互联网不仅能为处于移动状态的用户提供信息与服务，还能借助诸如基于位置服务（Location Based Services，LBS）等技术，为身处不同地理位置的用户提供定制化的信息与服务。它有能力追踪用户

105

的行动轨迹，洞悉用户在不同位置的具体需求，并将地理位置视为提供个性化服务的关键考量因素，故而，其关注焦点在于用户不断变化的场景需求。[1]例如，抖音会根据用户的实时位置推送本地化的相关信息。

由此，社交媒体平台的分发机制由人际网络与大众传播相结合转向场景推荐、算法推荐、人际网络与大众传播四者相结合。

四、信息传播时空呈现流动化、私人化

传统媒体时代，人们的信息接触很大程度取决于物质媒介所规定的时间及其物质形态所限定的空间，即看报纸的人只能在获得报纸这一物质形态后，在较为固定的场所阅读，看电视的人也只能在固定频道的信息栏目播出后，在电视机前观看。

在媒介空间进行内容呈现时，会建构一种基于媒介内容而形成的时间轴，这种人为安排的时间日程影响着人们的日常生活节奏、信息交往、社会行动。

主流媒体还掌握着控制媒介中的时间的权力。媒体基于信息的重要程度来完成对内容时长的设置、在展示多个内容时的时间顺序安排，并通过内容选择、呈现方式与时间安排等要素的组合，向受众构成完整的拟态环境。[2]

这种固定的、统一的信息传播时空随着移动设备和社交媒体的出现而被解构。社交媒体的不断发展，使用户可以在自己的账号里建立私人的时

---

[1] 彭兰.新媒体技术下传播可供性的变化及其影响[J].现代出版，2022（6）：60-73.

[2] 彭兰.分化与交叠：移动时代的时间[J].西北师大学报（社会科学版），2020，57（5）：21-28.

间轴，这也是一种媒介化的时间。①人们既可以在社交媒体上转发公共信息，也可以在上面记录自己的活动与状态，用户的主观能动性得到极大的前所未有的提升。

此外，用户还可以在社交媒体上设置内容的播放速度。在微信公众号、微博等以文字为主的平台，人们可以通过滑动页面来快速浏览文字内容，调整阅读顺序；在抖音、快手等以视频为主的平台上，人们在观看视频时，可以选择通过视频功能界面的播放速度设置慢速或加速收看，视频播放速度设置一般从0.5倍到3倍速。

《新京报》的调查显示，在214位18—40岁年龄段的受访观众群里，平时使用倍速观看视频的接近七成（67.38%）。这进一步表明，在社交媒体生态中，过去几乎隐身的受众则开启了对个人媒介时间与媒介内容的自由掌控。

同时，与这种私人的时间轴相伴的是不断变换的接触场景，各种移动设备的普及让所有的连接终端都汇聚于一体，使得多道任务的并发处理成为可能。人们可以在任何地点在不同平台浏览不同内容，发表自己的看法意见，转发和分享其他优质的内容或自行创作内容上传平台。因此，人们常常处于多线程模式，如在地铁上的人们，可以通过新浪微博热搜榜确认今天发生的"大事"，并在微博上浏览主流媒体和自媒体的相关信息报道，再前往抖音平台查看是否有相关短视频，以便了解更多内容。在此过程中，人们还可以将信息或视频的链接在公共平台或私人渠道进行转发、分享。

可以说，在社交媒体时代，信息传播时空是流动的，用户能够感受到公共信息与私人信息交织，也能在不同形式的社交媒体平台中跳跃，找到自己感兴趣的信息。

---

① 彭兰.新媒体技术下传播可供性的变化及其影响［J］.现代出版，2022（6）：60-73.

第三节 个人自媒体信息传播渠道与方式对信息业态的影响

一、社交驱动：传播、生产与运营的全面升级

社交化驱动作为变革的核心力量，正引领着信息传播模式全面升级，重塑了信息业的生态结构。彭兰认为，媒体的社交化有三个层面，即社交化传播、社交化生产、社交化运营，其核心都是用户角色的升级，社交化意味着用户成为媒体的渠道、生产力和可沉淀资源。[1]

首先，社交化传播的核心目标是利用多样化的社交平台来拓宽内容的辐射力与影响力。这一过程的核心策略在于激活用户，使之成为内容传播的渠道。为实现这一目标，构建内容与用户的双重社交驱动力显得尤为关键。

第一，就内容层面而言，传播动力不仅源自满足用户获取信息的需求，更在于内容能够助力用户在社交网络中塑造独特形象，增强其"社交可见度"，进而促进社交互动的活跃性，提升用户在其社交圈中的影响力与地位。在传播过程中，用户的心理动机和情感需求成为关键因素。用户转发内容往往出于自我表达、社会认同、情感共鸣等深层次需求，而非简单的信息获取。因此，有效的社交化传播需要深入理解并精准把握用户的心理和情感需求，通过情感化营销策略和个性化推荐算法，激发用户的传播动力，实现信息的精准传播和高效覆盖。

---

[1] 彭兰.移动化、社交化、智能化：传统媒体转型的三大路径[J].新闻界，2018（1）：35-41.

第三章　社交媒体时代信息传播的渠道与方式

第二，从用户参与的角度审视，媒体平台应精心设计参与机制，旨在触动用户的情感共鸣，使参与行为具备高度的感染力与传播性。同时，确保参与路径的便捷性，实现一键直达的社交分享功能，降低传播门槛，促使用户乐于并易于将内容传播至更广泛的社交网络中。

可以看到，在整个社交媒体生态中，"转发"这个功能已经不再限于某一单个平台内部的用户分享，而是实现了跨平台分享，大大延伸了以"社交"为逻辑的信息传播链。以微博为例，其内置的"一键分享"功能不仅允许用户将内容快速转发至微博平台内的关注者，还实现了与微信、QQ、抖音等社交平台的无缝对接。用户只需简单操作，即可将感兴趣的文章、视频或观点跨平台分享给不同社交圈层的亲友。这种跨平台分享机制极大地拓宽了信息传播的范围，使得原本局限于微博生态内的内容能够迅速触达更广泛的受众群体。同时，由于不同平台用户群体的差异性和互补性，跨平台分享还促进了信息的多元化传播，增强了信息的影响力和覆盖面。

其次，社交化生产模式将用户从被动的消费者转变为内容创造的积极参与者。UGC 以其多样性、实时性和贴近性，成为媒体内容生态的重要组成部分。这些内容不仅丰富了媒体的内容库，还为媒体提供了宝贵的数据资源和创意灵感。通过对用户生成内容的深度挖掘和智能分析，媒体可以快速捕捉市场趋势，优化内容策略，提升内容生产效率和质量。

此外，用户的行为数据、情感倾向等也成为社交化生产的重要资源。通过数据分析技术，媒体可以精准把握用户的兴趣偏好和消费习惯，为内容生产和精准营销提供有力支持。同时，用户还可以作为内容产品的优化者和社群文化的共创者，通过参与内容筛选、测试及社群经济活动，为媒体的内容创新和社群建设贡献智慧和力量。[①]

B 站的 UP 主文化展现了社交化生产模式的强大力量。UP 主们作为用

---

① 彭兰. 移动化、社交化、智能化：传统媒体转型的三大路径［J］. 新闻界，2018（1）：35-41.

户，积极创作视频内容，覆盖了学习、娱乐、科技、生活等多个领域，极大地丰富了B站的内容生态。这些UGC不仅吸引了大量观众，还通过弹幕、评论等互动方式，形成了独特的社群文化。B站通过分析用户行为数据，如观看时长、点赞、投币等，精准推送用户感兴趣的内容，优化内容策略。同时，UP主与观众之间的紧密互动，也为内容产品的优化提供了宝贵反馈。此外，B站还通过举办"创作激励计划"等活动，激励UP主创作优质内容，并鼓励观众参与社群经济活动，共同构建了一个充满活力的内容生产和社群建设生态。

社交化运营的核心策略聚焦于深度挖掘并长期维护那些对组织具备战略价值的用户群体及其资源。这一过程旨在通过精细化用户管理，巩固品牌影响力，并且积极探索多元化的赢利途径。社群社会资本的多维度特性，深刻影响着社群内部的稳定性与凝聚力。社会资本涵盖了结构维度、关系维度与认知维度三大支柱。[1] 结构维度强调社群成员间网络结构的稳固与紧密连接；关系维度则侧重于成员间情感纽带的强度与性质，具体表现为深厚的承诺与无间的信任；而认知维度作为社群文化的基石，涵盖了共享的知识框架、独特的语言体系及共同的愿景，它不仅是社群成员沟通的基础，也是社群文化的重要组成部分。

社群文化作为认知资本的集中展现，不仅涵盖了群体共有的知识背景与交流符号，还通过一系列群体规范指导成员行为，促进价值共识。这种文化不仅映射出成员间共有的价值观、审美偏好，更在互动交流中不断碰撞、融合，形成独具特色的新文化生态。在这样的社群中，成员间的联系超越了简单的利益交换，转而基于共同的文化认同与归属感，构建了一种更为深刻、持久的情感联结。这种文化基础不仅稳固了社群结构，还激发

---

[1] NAHAPIET J, GHOSHAL S. Social capital, intellectual capital, and the organizational advantage [J]. Academy of management review, 1998, 23 (2): 242-266.

了成员对社群的深层依赖与贡献意愿,为社交化运营奠定了坚实的基础。

在社群经济中,粉丝经济、社群营销、内容付费等概念应运而生。通过打造独特的社群文化和品牌形象,吸引并留住忠实粉丝和活跃用户,进而实现商业价值的转化和增值。同时,社群经济还促进了资源的共享和协同合作,为成员提供了更多的发展机会和增值服务。

其中,小米社区的成功就是最好的例子。小米通过社交化运营成功构建了庞大的用户社群。小米社区不仅提供产品交流、技术支持等服务,还通过线上线下活动增强用户之间的联系,形成紧密的社群关系。这种关系资本的积累使得小米与用户之间建立了高度的信任,促进了产品的口碑传播和品牌忠诚度的提升。同时,小米社区还开发了粉丝经济模式,如推出"米粉节"、发起众筹项目等,通过独特的社群文化和品牌形象吸引忠实粉丝参与,实现商业价值的转化。此外,小米还利用社群资源开展社群营销和内容付费业务,进一步挖掘用户价值,实现了品牌影响力和商业价值的双重提升。

综上所述,社交驱动下的传播、生产与运营全面升级,不仅提升了信息传播的效率和质量,丰富了内容生产的模式和手段,还促进了商业运营的创新和发展。未来,随着社交媒体的不断发展和用户需求的不断变化,社交驱动的力量将更加凸显,为数字时代的传播、生产与运营注入新的活力和动力。

二、媒介融合:新闻业转型的必然选择

面对信息传播渠道的变革,新闻业不得不寻求转型以适应新的传播环境。媒介融合作为新闻业转型的必然选择,正成为推动新闻业创新发展的重要力量。这一进程不仅重塑了新闻的形态与属性,还深刻影响了其传播渠道、业务模式乃至机构结构,为新闻业带来了前所未有的机遇与挑战。

在媒介融合的浪潮中，形态与属性的深度融合为新闻内容带来了前所未有的活力与多样性。新闻的表现形式在社交媒体时代实现了质的飞跃。以 BBC News 为例，其通过推出专门的视频新闻频道及直播服务，不仅将全球重大事件即时传递给观众，还通过高质量的视频制作和现场直播，让观众仿佛身临其境，这种沉浸式体验极大地提升了新闻内容的生动性和直观性。

与此同时，新闻的属性也在媒介融合中不断拓展。传统的新闻信息传递功能被赋予了新的内涵，娱乐化、社交化、服务化等多元化属性日益凸显。以央视新闻为例，其在保持权威性和专业性的同时，积极拥抱媒介融合，推出了多个社交媒体官方账号，通过短视频、直播等形式，将新闻内容以更加亲民、生动、直观的方式呈现给受众。

此外，新闻的服务化属性也日益凸显。个性化的新闻推送和定制化服务在社交媒体平台已经不是新鲜事。通过分析并刻画用户画像，平台可以为每位用户打造专属的新闻界面，实现从"人找信息"到"信息找人"的转变，进一步增强了新闻内容的吸引力和传播力。

在媒介融合的大潮中，媒体行业正逐步迈入一个全面覆盖、高度竞争的全媒体业务环境。值得注意的是，全媒体的推进并不意味着所有媒体都须盲目追求全业态覆盖，亦非倡导对传统业务形态的简单放弃或削弱。相反，媒体应立足自身特色，强化核心竞争力，在融合中保持并凸显其独特性。融媒体产品的开发应视为手段而非目的，旨在通过技术融合与创新，丰富传播形态，提升用户体验，而非全盘取代既有业务模式。

在机构融合方面，实现从"物理性"结合向"化学性"融合的转变是关键。这一过程要求机构间的融合不仅限于形式上的联合，更须基于市场导向，构建稳固的"利益共同体"。外力强制下的机械捆绑难以维系长久的合作关系，唯有共同的利益驱动，才能促使各方深度融合，形成真正的协同效应。

此外，在机构融合过程中不可避免地会遇到文化差异带来的挑战。不同机构间的管理风格、工作理念、价值认同等方面的差异，须通过积极的沟通与协调逐步消除。这要求各机构具备开放包容的心态，尊重彼此差异，寻求文化融合的最佳路径，确保机构融合不会停留在表面，而是能够深入组织的每一个细胞，实现真正的"化学性"融合。

在媒介融合的深度演进中，技术革新与文化交融相辅相成，共同驱动着传媒生态的深刻变革。在这一过程中，新旧媒体文化并非简单替代，而是呈现出冲突与融合并存的复杂态势。传统媒体须在坚守自身核心价值的基础上，积极吸纳新媒体所倡导的开放性、互动性等文化元素，从而实现文化的创造性转化与发展。

然而，媒介融合并非一帆风顺，它也给整个传媒行业带来了诸多挑战。其中最为突出的便是传媒伦理与法规的问题。在社交媒体时代，虚假信息、谣言等不良内容泛滥成灾，严重损害了新闻业的公信力和社会形象。同时，一些新闻机构为了追求点击率和流量而过度娱乐化、低俗化报道，也引发了社会的广泛关注和批评。因此，加强媒介伦理与法规建设成为传媒业亟待解决的问题之一。传媒机构应加强自律和监管力度，确保内容的真实性和客观性，同时政府和社会各界也应共同努力为传媒业营造一个健康、有序的发展环境。

三、万众皆媒：公共信息传播大繁荣

在当今这个被"万众皆媒、万物皆媒"深刻烙印的社交媒体环境中，信息生产的面貌正经历着前所未有的变革。这一变革的核心在于信息生产主体的"破壁"，它打破了传统媒体的界限，让全民参与成为可能，构建起一个多元化、互动性强的信息传播生态。

首先，全民参与信息生产展现出两种典型情境：一种是偶然且非制度化的参与，如个人在社交媒体上分享的突发事件视频或文字，这些瞬间捕捉的真实片段往往能迅速成为公众关注的焦点；另一种则是以自媒体形式进行的更为持续和系统的参与，如博主、公众号运营者等，他们通过专业的视角和深度的分析，为公众提供更为丰富的新闻内容和观点。① 用户不仅是新闻事实的提供者，更是新闻评论的积极参与者，他们的声音构成了对专业媒体报道的重要补充和延伸，有时甚至能激发专业媒体深入挖掘事件背后的真相。

与此同时，政府机构、企业及其他各类组织也纷纷加入信息生产与传播的行列。虽然以企业或各类组织为代表的内容生产往往带有公关和营销的色彩，但不可否认的是，它们也产出了一系列具有公共价值或引发广泛关注的信息内容。然而，值得注意的是，组织自身的利益诉求和立场可能会对内容的真实性和客观性造成一定干扰。公众在接收这些信息时需要具备辨识能力，以免被误导。②

此外，社交媒体环境的复杂性还导致了新闻含义与价值坐标的漂移。在这个信息爆炸的时代，对于同一事件，不同的人可能有不同的理解和解读，真相变得相对多元且充满争议。尽管如此，专业的新闻生产者仍须在这复杂的环境中坚持传统新闻价值观念，如客观、公正、真实等，以确保新闻内容的可信度和自身的社会责任感。新闻价值的评判，也不应仅仅基于用户流量或单一视角，而应在公共、群体、私人等多重价值坐标中寻找平衡与交汇点，以满足不同受众的需求和期待。

在"万众皆媒"的时代，职业媒体人作为信息传播的核心力量，其专业精神的坚守显得尤为关键。这不仅包括对独立、客观、公正、追求真相等传统新闻原则的坚持，更须深化对新闻道德与伦理的理解与实践，特别是强化人文关怀，使每一次报道都成为对人性与价值的深刻体现。同时，面对新

---

① 彭兰. 数字时代新闻生态的"破壁"与重构[J]. 现代出版，2021（3）：17-25.
② 彭兰. 数字时代新闻生态的"破壁"与重构[J]. 青年记者，2021（14）：4-5.

媒体环境的挑战，媒体人须掌握跨媒体协作、社交媒体运营、内容生产优化、数据挖掘分析及人机协同等新型专业能力，以适应开放、多元的网络生态。

作为从信息消费者向信息生产传播者转变的公众，其媒介素养的内涵须从传统的信息消费素养扩展到信息生产与传播素养、社会交往素养及公共参与素养等多个维度，以培养个体在复杂信息环境中的辨识力、交往理性及社会责任感，为构建健康的媒介生态奠定坚实的基础。

如今，社交媒体时代信息传播出现的一系列变化促使新闻传播学不得不重新审视其学科体系。越来越多的研究者提出，应以"公共传播"为核心概念[1][2]，重构新闻传播学的教学与研究框架。这一转变强调了社会交往、沟通、传播在新闻传播中的基础性地位，并鼓励将"技术""思想""表达"等关键词融入教学与研究之中，以应对日益复杂多变的网络环境和信息传播需求。在"万众皆媒、万物皆媒"的时代背景下，新闻传播学正朝着更加开放、包容、多元的方向发展，努力构建一个更加健康、有序、繁荣的新闻生态环境。

第四节 个人自媒体信息传播渠道与方式对社会的影响

一、集权到分权：信息传播权力中心的流动

在大众传播时代，信息生产和传播权力集中在媒体手里，媒体是当之

---

[1] 胡百精，杨奕.公共传播研究的基本问题与传播学范式创新[J].国际新闻界，2016，38（3）：61-80.
[2] 张志安.从新闻传播到公共传播：关于新闻传播教育范式转型的思考[J].暨南学报（哲学社会科学版），2016，38（3）：77-84，131.

无愧的信息权力中心。Web 2.0 时代，社交媒体的普及使得新闻不再是职业记者的专属工作，而是成为一种全民参与行为。路透社新闻研究所的报告认为，"参与"作为 Web 2.0 的决定性特征之一，不仅打破了"我们出版你阅读"的信息主客关系，还是促进一些抗议运动的关键因素。

在博客阶段，少数几个大型博客网站或综合大型博客聚合平台是最受关注的，如"德拉吉报道"或新浪微博等。博主们通过在博客网站上进行内容创作，分走了主流媒体机构的部分用户，成为最具影响力的非官方信息传播中心，在信息分发方面的权力也更为突出。即使到 2011 年，"德拉吉报道"仍旧以 20 世纪 90 年代的版面风格成为全美信息网站的第二大推荐流量来源，流量甚至达到脸书的两倍。这足以说明信息博客作为信息传播中心在互联网传播场域中所拥有的权力。

进入移动互联网时代后，各类社交媒体平台开始成为公共信息传播的主要渠道。皮尤研究中心在 2016 年和 2017 年发布的社交媒体平台信息使用报告显示，2016 年，大多数美国成年人（62%）在社交媒体上获取信息，其中 18% 的人经常这样做，到了 2017 年，这一数据上升到了 67%。以脸书为例，脸书信息推送（News Feed）功能诞生的 2006 年至今仅有短短十余年，但这个功能不仅使得脸书在内的社交平台成为网络世界中最大的信息传播渠道，也大大改变了欧美主流信息媒体的运作、盈利模式，甚至影响着整个媒介生态。[①]

从信息生产主体来看，社交媒体向普通用户下放了表达权，低门槛的内容创作手段让自媒体如雨后春笋般出现在传播场域中，成就了"人人拥有麦克风"的时代；从生产流程来看，用户生产内容的繁荣导致信息把关的后置，而平台作为信息的聚合地，理所应当由算法取代编辑，掌握信息的把关权、权重赋予权；从传播链条来看，平台拥有了信息内容和用户的

[①] 陈昌凤，霍婕. 权力迁移与关系重构：新闻媒体与社交平台的合作转型[J]. 新闻与写作，2018（4）：52-56.

双重支配权，不仅通过算法推荐掌控着人们选择信息的权利，甚至在一定程度上可以通过流量限制等决定信息的传播范围。

因此，宏观上说，信息传播的权力中心已经由传统主流媒体向社交媒体平台转变，信息传播权也在社交媒体的崛起过程中不断分散给用户。从信息博客时期的长篇评论到移动社交信息的碎片化传播，再到短视频平台的视觉化信息，社交媒体不断降低受众的信息生产门槛，让更多知识水平较低的用户得以加入这场信息盛宴。现在，用户只需要拿出手机，点开抖音，拍摄一段发生在身边的新鲜事，就可以进入信息传播领域，通过平台算法的推荐将视频传播出去。

值得注意的是，当一个平台形成中心地位时，由于马太效应，其他同类型应用越来越难以对它构成挑战，中心性平台会越来越强势。但当技术应用走到新的阶段时，这种权力格局会被打破，新的技术会带来新一代的平台，用户也会随之向这些新的平台迁移，新平台可以较快地瓦解旧一代平台的中心地位。[1]比如雅虎作为全球排名靠前的门户网站，因无法跟上移动互联网发展的步伐，而被新形态媒体所替代。如今抖音作为新兴社交媒体，也对脸书等"传统"社交媒体构成了极大的威胁。因此，随着传播技术的不断发展，传播权利中心的流动不再局限于由传统媒体转向社交媒体平台，而且社交媒体平台之间也存在较为明显的新旧迭代。

在社交媒体发展早期，人们因获得生产传播权而忽视了平台背后的规训与审查。随着平台中心地位的形成，倘若长期没有竞争对手或没有新技术应用打破权力格局，久而久之，平台将会形成"垄断"，从而产生"再中心化"的结果。

二、脱部落化到再部落化：信息传播回归原始社交属性

在人类传播史的长河中，信息传播的方式与社交属性的变迁紧密相连，

---

[1] 彭兰.数字新闻业中的人—机关系[J].新闻界，2022（1）：5-14，84.

这一过程深刻映射了从部落化到脱部落化，到再部落化的转变轨迹。

"部落化"是麦克卢汉理论体系中一个不可忽视的理论，"部落化"的三个阶段与麦克卢汉强调的感官比例是一致的。[①]

在人类社会的早期发展阶段，信息传播主要依赖于面对面的交流，这种交流模式深刻体现了部落化的特征。在部落内，信息传播往往通过口头传统、仪式、舞蹈、图腾等多种形式进行，这些方式不仅传递了具体的信息内容，还蕴含了部落的价值观、信仰体系和社会规范。因此，信息传播在部落化时代不仅是事实的传递，更是社会认同与凝聚力的强化过程。"部落"成员通过共同的信息体系，形成了强烈的归属感和集体意识，这种基于社交属性的信息传播模式，为社会的稳定与发展提供了坚实的基础。

随着工业化、城市化的进程加速，以及印刷术、广播、电视等现代传媒技术的兴起，人类社会进入了商业化大众传播时代。这一时代的显著标志是信息传播权力的集中化，少数垄断媒介组织掌握了信息传播的渠道和话语权，使得信息传播从过去的部落化、小众化转变为全球化、大众化。

商业化大众传播的出现，极大地扩展了人们交往与交流的范围，信息传播从一对一的私密交流转变为一对多的公开传播。这种转变虽然提高了信息传播的效率与覆盖面，但也带来了社交属性的淡化。在商业化大众传媒的框架下，信息传播更多地成为一种自上而下的、可复制的商业行为，而非基于人与人之间直接社交联系的自然流动。信息的生产、加工、分发都遵循着商业逻辑，追求的是受众的注意力、广告收入和市场占有率，而非信息本身的社交价值。可以说，以商业化大众传媒为主导逻辑的信息传播进入了"脱部落化"时代。

[①] 刘凯.部落化生存：新媒体对社会关系的影响[M].上海：上海三联书店，2016.

第三章 社交媒体时代信息传播的渠道与方式

到了社交媒体时代，论坛、博客、微博客、短视频等多样化的信息载体，为个体提供了自由表达与分享的空间。人们不再仅仅是被动的信息接收者，而是成了信息的生产者、传播者和消费者。这种身份的转变，极大地激发了人们的参与热情，促进了信息的多元化和个性化传播。

更重要的是，社交媒体通过构建虚拟的社交网络，使得人们能够跨越地理界限，与志同道合的人建立联系，形成新的"部落"。这些基于共同兴趣、价值观或需求的虚拟"部落"，虽然不同于传统意义上的物理部落，但同样具有强大的凝聚力和归属感。在社交媒体上，人们通过点赞、评论、转发等互动行为，不仅传递了信息内容，还传递了情感、态度和价值观，实现了信息的社交化传播。

再部落化时代的信息传播，不仅恢复了信息传播中的社交属性，还赋予了其新的内涵和形式。社交媒体平台上的信息传播不再是单向的、线性的，而是多向的、循环的。信息在人与人之间不断传递、反馈、修正和补充，形成了一个动态的信息生态系统。在这个系统中，信息的价值不仅在于其本身的真实性、准确性和实用性，更在于它如何促进人与人之间的交流与理解，如何构建和维护社会关系网络。

此外，社交媒体还通过算法推荐、兴趣分组等技术手段，实现了信息的个性化推送和精准传播。这种传播方式不仅提高了信息传播的效率和针对性，还进一步强化了信息传播的社交属性。人们可以根据自己的兴趣和需求，选择关注特定的人或话题，从而构建一个属于自己的信息世界。

在麦克卢汉的视角下，电子媒介之所以被视为再部落化进程的关键标志，根源在于其双重效应：一方面，它极大地缩短了人与人之间的时空距离，使得全球性的即时沟通成为可能；另一方面，电子媒介的普及深刻地改变了人们感知世界及进行传播实践的方式。麦克卢汉强调，距离的缩短是再部落化现象的前提条件，它促使人类社会经历了一场更为深刻的沉浸式回归。

麦克卢汉所指的"回归"并非简单回到原始的部落状态,而是一种基于现代媒介技术基础的社交关系的再构。这种再构强调了人与人之间的互动与连接,即使在全球化背景下,也依然能够保持深层次的社交关系与情感纽带。因此,再部落化的落点依然是人与人之间的社交,它代表了信息时代人类对于更加紧密、和谐社交关系的追求与实现。

三、单向到泛向:社会信息的全面流动

社交媒体的出现使得受众个体获得了前所未有的表达空间,一个网络虚拟公共领域逐渐构建并日益壮大。社交媒体的重要特征之一,在于"去中心化":个人代替大型媒介机构成为信息传播的核心,人与人的关系网络则构成了传播的路径,而人们之间的社交与分享则成为推动信息传播的重要动力。从媒介的形态与传播模式来分析,社交媒体展现了虚拟公共领域所具备的公开性、交互性、对话性及原创性等特质。[1]

社交媒体的公共性体现在其对社会意义的承担层面。以社交2.0时代的微博客架构平台为例,首先,微博客作为社会公共信息平台,是用户在移动终端上了解公共信息的主要渠道,具有大量信息资源的供给能力。其次,随着大量公共及个人信息的融入,微博承担起促进不同社会群体间对话与互动的责任,赋予每个人表达自我观点的权利,任何个体的言论都有可能吸引社交媒体上广大用户的关注,进而演变成热议话题。最后,微博信息的特性主要体现在信息容量精简、内容细微以及传播方式的碎片化上,这些特点加速了信息的广泛且快速扩散,常常能够引发"病毒式"的传播

---

[1] 邱月.社交媒体虚拟公共领域的建构、缺失与媒介技术路径[J].现代传播(中国传媒大学学报),2023,45(8):153-160.

效应。①

在社交媒体场域中，既有传统媒体传达政府信息和信息内容的声音，也能听见用户就这些信息所发表的意见、观点以及这些意见和观点所汇聚而成的舆论，社交媒体在这一过程中扮演着推动者、发酵池的角色，促进舆论的形成、发酵，进而对一些社会事件的走向产生影响。在社交媒体上，任何人的言论都有成为"热点"的可能性，这种公开、平等的"对话"机制充分体现了以微博客为代表的社交媒体的公共性。

尽管在社交媒体时代，人人都有表达自身观点和意见的权利。然而，拥有"话语权力"并不等同于掌握了"话语权力"，这两者之间存在着本质区别。

此外，社交媒体并非完全"去中心化"的场域，平台本身对用户的内容生产传播过程及其传播效果有极大的管制权，如抖音平台会对用户的信息内容进行审核、限流等，因而社交媒体只能构建一定意义上的"类公共领域"，而非绝对的公共领域。

四、寻求到回避：信息过载下的社交媒体倦怠

在信息传播的演变历程中，受众从传统媒体时代被动的信息接收者，逐渐转变为信息博客订阅的定时推送接收者，再到移动社交媒体时代的主动搜索者和分享内容的参与者，最终进入短视频信息时代，由算法主导的信息推荐成为主流。这一过程极大地满足了用户的信息、认知与情感需求，但同时也带来了过度连接、信息过载及信任危机等问题，导致社交媒体倦怠现象（Social Media Fatigue）日益显著，并正在成为普遍现象。

诺瓦·斯比法科早在2011年就断言，人类社会已正式迈入社会化媒体

---

① 邱月. 社交媒体虚拟公共领域的建构、缺失与媒介技术路径[J]. 现代传播（中国传媒大学学报），2023，45（8）：153-160.

信息过载的新纪元,并称此现象为"Sharepocalypse"。Shuwei Zhang 等研究者的分析进一步强化了这一观点,指出信息过载对社交媒体倦怠现象的解释力高达 64.4%。①在大数据浪潮的推动下,在社交媒体平台上获取信息的门槛极低。然而,这些信息往往未经有效过滤与筛选,直接导致了信息过载的严峻问题。

社交媒体的兴起为用户开辟了前所未有的自我表达空间,然而,这一平台的深度参与要求用户不断监控其社交平台动态,并应对日益增长的社会信息需求,进而诱发了用户的使用疲劳感。Gartner 的调研数据显示,高达 31% 的受访者表示对社交媒体感到厌倦,而 24% 的用户则因疲惫不堪而缩减了其在社交媒体上的活动。

此外,社交媒体的商业化进程显著加剧了这一现象,企业竞相在社交媒体上投放大量广告,其数量与投入金额均呈爆炸式增长。大量广告信息如潮水般涌入社交媒体,进一步加剧了信息冗余。许多用户原本将社交媒体视为获取信息的主要途径,但面对海量且繁杂的信息洪流,他们逐渐感到迷茫与挫败。筛选并获取真正有价值的信息变得日益艰难,社交媒体在满足用户信息需求方面的效率与效果均大打折扣。

社交媒体倦怠现象②还揭示了用户行为的一种转变趋势:从大型社交媒体平台的疏离,向小型社交网络的回归。这一趋势与 Robin D. 所倡导的"150 人定律"③不谋而合,即人类大脑的认知能力倾向于维护大约 150 个稳定的社交联系,一旦超出此范围,社交互动便趋向于表面化。而在大型社

---

① ZHANG S W, ZHAO L, LU Y B, et al. Do you get tired of socializing? an empirical explanation of discontinuous usage behavior in social network services [J]. Information & management, 2016, 53(7):904-914.
② 李宏,李微. 社交媒体倦怠研究述评与展望[J]. 情报科学, 2017, 35(9):172-176.
③ DUNBAR R. How many friends does one person need?: dunbar's number and other evolutionary quirks [J]. Evolutionary psychology, 2010(4):500-504.

交媒体平台上，用户的"好友"数量往往远超此限，用户初期可能感到疲惫，随后会逐步放弃如脸书、推特等庞大平台。但与此同时，人们对于社交互动的基本需求并未消减，促使他们转向小型社交媒体平台，以更加高效且贴近的方式维持与重要联系人的沟通，从而在避免大型平台带来的过载感的同时，依旧保持社交的活力与深度。

同样地，这一现象也延伸到数字新闻业中。路透社2023年的相关报告显示，在全世界46个国家及地区中，对新闻丧失兴趣、进行选择性新闻回避的用户数量急剧上升，93000名受访者中采取"有时/经常回避新闻"行为的用户比例由2017年的29%上升至2022年的38%，到2023年又下降至36%，其中女性进行新闻回避的可能性要大于男性，高达39%。

早在2001年，美国新闻与大众传播教育协会的年度会议就"互联网信息回避者：他们是谁，他们为什么避开电视新闻和报刊网站"进行了专题讨论，开启了对新闻回避的研究。[①] 由此说明新闻回避并非数字时代的"新鲜事"，但随着数字技术介入信息生产传播，社交媒体平台颠覆整个信息生态，受众对新闻信息进行回避的情况愈演愈烈。

社交媒体时代，主流媒体机构的传统新闻生产流程被解构，信息生产主体泛化，且相关内容的把关流程后置，海量未经验证和筛选的信息进入社交媒体传播场域中，一定程度上加剧了平台中虚假信息的泛滥以及信息内容的情绪化。其中，"黄色新闻"获得越来越多的流量与受众，严肃新闻的生存空间进一步受到挤压。受众长期接触复杂、真假难辨的信息，会产生疲惫、焦虑等情绪，从而驱使自己选择回避行为，进而引发"社交媒体倦怠"心理。

从受众的角度来看，有学者认为，回避由认知、情感和心理3个因素

---

① 强月新，孔钰钦.后真相时代下的回避新闻及其现实影响：基于一种辩证视角[J].编辑之友，2022（1）：38-43.

驱动[1]。在认知方面表现为人们认为某些主题或事件报道同质化，阅读这些信息会导致疲惫感，且难以获得信息增量，进而产生信息回避行为；在情感方面则表现为人们会主动回避那些引发负面情绪的信息，如关于暴力事件和自然灾害的报道；在心理方面的表现与人们对政治的兴趣水平有关，一般来说，对政治的兴趣水平高，会更倾向于积极阅读信息。

---

[1] 仇筠茜.再造信任：数字新闻生态下新闻回避的路径与应对策略［J］.新闻与写作，2023（7）：16-25.

第四章　社交媒体时代个人自媒体信息传播的受众

互联网"去中心化"的特点反映出两个方面的变化：一是媒体呼吁更加开放和自由的传播环境；二是受众想要得到更多自由表达的权利，包括"话语权""知情权""参与权"等。社交媒体等平台的兴起，不仅顺应了这种需求，也进一步促进了个人信息传播的发展。

相较于大众传播中层层审批、严格控制的模式，个人传播显得更为灵活与自由，传播者在此过程中既是信息的接收者，又是信息的传播者，这种双重身份使得信息传播更加即时、个性且富有生命力。这种传播语境也对受众的活动产生了深刻影响。

第一节　个人自媒体受众的类型及特征

在当下的媒介语境中，受众不再是一个统一的概念，而是呈现出了前所未有的多样性、变动性和不确定性。受众正在随着时代的变迁经历着巨大的变迁与分化，依靠新技术的力量来建立属于自己的媒介"食谱"。[1] 置身

---

[1] 麦奎尔.受众分析[J].刘燕南，译.北京：中国人民大学出版社，2006：110.

于复杂的信息系统中，受众的类型与特征也不同于传统媒体时代，必须以全新的视角和更加细致入微的态度来重新审视受众，理解他们在信息接收、处理、传播及反馈过程中的差异化需求和行为模式，以便更有效地进行信息传播和社会互动。

随着用户群体的多元化和个性化需求日益凸显，深入了解不同受众群体的偏好、行为习惯、信息接收方式及心理特征，能够帮助企业、品牌及内容创作者更好地规划内容创作、提升互动效率、增强用户黏性，并在激烈的市场竞争中脱颖而出。此外，这种认识还能促进社交媒体平台本身的算法优化与功能迭代，以更加智能、人性化的方式服务于广大用户，推动整个社交媒体生态的健康发展。

一、个人自媒体受众的类型

（一）基于人口统计学特征划分

1. 年龄

青少年受众（12—18岁）是社交媒体最活跃的用户群体之一，他们关注的内容广泛且多变，涵盖了娱乐八卦、流行文化、科技产品等多个领域。青少年对新鲜事物充满好奇与热情，追求个性化和独特性的表达。同时，他们极易受到同龄人和网络意见领袖的影响，这些影响塑造了他们的价值观和行为模式。在群体思维的支配下，群体长期处于非理性化的思维状态，容易缺乏判断力，被意见领袖引导，进而形成极化现象，产生社会负效应。[1]在社交媒体上，青少年不仅消费信息，也积极创造和传播信息，是推动网络文化和潮流的重要力量。

---

[1] 董玉芝.新媒体视域下网络群体极化的成因及对策[J].新闻大学，2014（3）：113-119.

第四章　社交媒体时代个人自媒体信息传播的受众

青年受众（19—35岁）是社交媒体上的绝对主力军，他们拥有较高的文化素养和广泛的知识背景，关注的内容更加全面和深入，涵盖了政治、经济、社会、文化等各个层面。这一群体具备强大的信息获取能力和传播能力，能够迅速捕捉并分享新闻热点，是社交媒体上新闻传播和舆论引导的关键力量。他们不仅关注信息的时效性，更追求信息的深度和广度，并且积极参与社会公共事务的讨论，展现出强烈的责任感和使命感。在媒介全球化和社交网络化的时代背景下，多样化、个性化的青年圈群丰富了社会文化实践的形式和内涵。自媒体因为拥有平民化、个性化、交互强、传播快等特点，使其在个体化的时代成为人们之间互相交流、沟通的主要方式，这样的圈群不再有现实的等级和限制，每个个体都能充分展现自我。[①]
中年受众（36—55岁）在社交媒体上的活跃度可能相对较低，但他们对于社交媒体的使用更加理性和务实。他们关注的内容往往与职业发展、家庭健康、投资理财等紧密相关，这些话题直接关联到他们的生活和未来规划。中年受众更倾向于获取有价值、有深度的新闻信息，他们善于分析和判断，对于社交媒体上的信息保持审慎态度。在社交媒体上，他们不仅是信息的接收者，也是信息的分享者和传播者，通过分享自己的经验和见解，为年轻一代提供指导和建议。

老年受众（56岁以上）在社交媒体上的使用习惯较为特殊，他们可能更关注与养老、健康、医疗等相关的新闻内容。这些话题直接关系到他们的生活质量和健康状况，因此他们更加关注并愿意投入时间和精力去了解和掌握相关信息。虽然老年受众在社交媒体上的活跃度不如其他年龄段，但他们在社交媒体上的声音同样重要。同时，老年受众也通过社交媒体与家人、朋友保持联系，获取情绪价值。比如，老年网红异军突起，迅速在抖音等短视频平台上获得一席之位。在这种情况下，越来越多的老年群体

---

① 王阳，张攀.个体化存在与圈群化生活：青年群体的网络社交与圈群现象研究[J].中国青年研究，2018（2）：83-88.

加入抖音平台通过视频表达自我,在互动中体现自我获得、自我需求。这样通过视听语言和行为打造的数字化虚拟空间为老年人创造了一个开放的网络社交场景,从而填补了我国互联网生态中老年群体的空白。中老年群体通过拍摄、上传短视频和点赞、转发、评论等互动方式,产生新的社会连接,并通过社会参与重新激发自我认同和生活热情,媒介的"精神抚慰"功能得以实现。①

2. 职业

学生群体在社交媒体上的活跃度一直居高不下,他们不仅利用社交媒体进行社交互动,还将其作为获取信息和资源的重要渠道。他们关注的内容广泛且多变,与学习和生活密切相关。考试信息、校园文化、就业动态是他们日常关注的重点,这些话题不仅关乎他们的学业和职业发展,也是他们校园生活的重要组成部分。此外,娱乐新闻、流行文化也是学生群体热衷讨论的话题,这些轻松有趣的内容为他们紧张的学习生活增添了一抹亮色。

在社交媒体上,学生群体不仅消费信息,还积极参与信息的传播,成为推动校园文化和社会潮流的重要力量。但学生群体由于年龄小、价值观尚处于发展阶段,也是网络暴力、群体极化等现象的主要参与者。

职场人士在社交媒体上的关注点则更加聚焦于职业发展和行业动态。他们通过社交媒体了解最新的行业趋势、职业发展路径、职场经验分享等内容,这些信息不仅有助于他们提升职业素养和技能水平,还能为他们的职业规划提供有益的参考。同时,职场人士也利用社交媒体拓展人脉资源,寻找合作伙伴和潜在客户,助力职业生涯的发展。

自由职业者在社交媒体上的关注点则更加灵活多样。他们不仅关注与自己职业领域相关的新闻内容,如行业动态、技术革新等,还对创业、投

---

① 张淑华,徐婷婷. 乡村老年群体的"抖音社交"与"媒介养老"现象:以豫中某乡村为例[J]. 现代传播(中国传媒大学学报),2024,46(2):129-137.

资等方面的信息表现出浓厚的兴趣。这些话题不仅关乎他们的职业发展，也为他们提供了更多的商业机会和合作可能。自由职业者利用社交媒体展示自己的专业技能和作品成果，吸引潜在客户的关注和认可。同时，他们也积极参与社交媒体上的讨论和交流，分享自己的经验和见解，为行业的发展和进步贡献自己的力量。

3. 地域

城市受众由于生活环境和信息获取渠道的多样性，他们的新闻关注点往往更加广泛和多元。他们不仅关注国内外政治、经济、文化等领域的重大事件，还热衷于探讨社会热点话题、时尚潮流、科技创新等。城市受众拥有较高的文化素养和较强的信息处理能力，能够迅速捕捉社交媒体上的热点话题和舆论动态，并积极参与讨论和分享。他们善于利用社交媒体平台获取最新资讯，表达个人观点，参与社会公共事务的讨论，是推动社会进步和发展的重要力量。

同时，城市受众也更容易受到社交媒体上热点话题和舆论的影响。社交媒体上的信息传播速度快、覆盖面广，城市受众在接收信息的过程中，往往会受到舆论氛围、网络意见领袖等因素的影响，形成特定的观点和态度。这种影响既可能促进社会的正向发展，也可能带来一些负面效应，如网络暴力、谣言传播等。因此，城市受众在享受社交媒体带来的便利的同时，也需要提高媒介素养，学会理性思考和判断。

农村受众在社交媒体上的关注度相对较低，他们关注的内容与农业生产、农村发展、农民生活等密切相关。他们通过社交媒体了解农业政策、市场信息、种植养殖技术等，以便更好地指导农业生产实践。同时，农村受众也关注农村基础设施建设、教育医疗等公共服务方面的信息，希望通过社交媒体反映问题、提出建议，推动农村地区的全面发展。

随着互联网和智能手机的普及，农村受众在社交媒体上的活跃度也在逐渐提高。他们开始尝试使用社交媒体平台发布信息、分享经验、交流感情，与外界保持更加紧密的联系。这种变化不仅丰富了农村受众的信息获取渠道，也促进了农村地区的文化传承和社会进步。然而，农村受众在使用社交媒体时仍然面临一些挑战，如网络基础设施不足、信息处理能力有限等。

4. 受教育程度

高学历受众（本科及以上学历）在社交媒体上的信息偏好往往倾向于具有深度和广度的新闻内容，如国际政治动态、全球经济形势、科技前沿进展等。他们拥有较强的信息筛选和评判能力，能够迅速从海量信息中甄别出有价值的内容，并对信息进行深入分析和理性判断。高学历受众通常具备较高的文化素养和专业知识背景，他们在社交媒体上不仅关注信息的时效性，更追求信息的深度和广度，乐于参与高质量的讨论和交流，在社交媒体上积极分享个人观点。

一般学历受众（本科以下学历）在社交媒体上可能更关注与生活紧密相关的新闻内容，如娱乐八卦、社会新闻、生活小贴士等。这些信息能够迎合他们的兴趣，满足他们的信息需求和娱乐需求。尽管一般学历受众的信息获取能力相对较弱，但社交媒体作为信息获取和分享的重要平台，仍然在他们的生活中扮演着不可或缺的角色。通过社交媒体，他们能够快速了解社会动态，获取实用信息。同时，一般学历受众在社交媒体上也表现出较强的参与意愿和表达能力，他们愿意分享自己的经历和见解，为社交媒体上的多元交流和互动增添活力。

（二）基于行为特征划分

1. 固定受众

固定受众是社交媒体平台上新闻信息消费的稳定力量。他们不仅经常性地使用社交媒体平台获取新闻信息，而且具有较高的忠诚度和使用频率，是新闻机构和社交媒体平台的重要用户群体。这类受众可能关注多个新闻账号或订阅了新闻推送服务，以确保自己能够第一时间获取重要新闻。他们通常对新闻有着较高的兴趣和需求，不仅关注国内外时事政治、经济发展等宏观议题，也关注社会民生、文化娱乐等贴近生活的微观话题。

固定受众在信息获取方面表现出较强的主动性和选择性。他们善于利用社交媒体平台的搜索、推荐等功能，快速找到自己感兴趣的新闻内容。同时，他们也愿意参与新闻的讨论和分享，通过评论、转发等方式表达自己的观点和看法，与其他受众进行互动交流。对于新闻机构和社交媒体平台而言，固定受众是宝贵资源。他们不仅为平台提供了稳定的流量和关注度，还通过积极的互动和参与，为新闻的传播和扩散提供了有力的支持。因此，新闻机构和社交媒体平台应该重视固定受众的需求和反馈，不断优化内容和服务，提升用户体验和满意度，以吸引和留住更多的固定受众。

2. 流动受众

这里的"流动"有两方面含义：一方面受众在形态上是移动的；另一方面在心理上是流动的。[①] 人类学家艾伦·汉森将这样的状态称为能动的流动性（Fluidity of Agency）。喻国明教授指出，"流动的受众"可以理解为不断切换多元身份的用户，在不同的终端上以 ID 为核心游走在海量信息中，通过调整信息源和社群身份不断消费信息，并逐渐寻求其中的秩序。[②]

流动受众这一概念揭示了当代社交媒体环境下用户行为的复杂性和动态性。这里的"流动"具有双重含义：一方面，受众在物理空间上是移动的，他们可以在不同的地理位置、不同的时间段接入社交媒体平台；另一方面，在心理层面上，受众的兴趣、需求、情感状态等也是流动变化的，他们可能因某一事件、某一话题或某一情绪而迅速聚集，也可能在短时间内消散无踪。

---

① 喻国明，曲慧. 网络新媒体导论［M］. 北京：人民邮电出版社，2021.
② 喻国明，曲慧. 网络新媒体导论［M］. 北京：人民邮电出版社，2021.

在这个过程中，流动受众享受着以事件和情绪为触发点的短暂聚集与解散。他们可能因某一突发事件而迅速聚集在社交媒体平台上，共同关注、讨论和分享相关信息；也可能因某一话题的结束或情绪的消散而迅速解散，转而加入其他话题或活动。这种聚集与解散是瞬息万变的，为受众提供了在消费信息中不断寻求满足感和归属感的机会。

（三）基于信息需求划分

1. 一般受众

一般受众指的是广泛存在于社交媒体平台上，对各类信息具有普遍兴趣和需求的用户群体。

一方面，他们不限定于某一领域或话题，而是根据自己的兴趣、需求以及社交媒体算法精准推送的内容进行广泛的浏览和多样化的互动。他们涉猎广泛，不拘泥于某一专业领域或单一话题，可能同时关注国内外时事政治、娱乐八卦、科技创新、文化艺术、生活健康等多种类型的新闻资讯，展现出多元化的信息消费习惯。

另一方面，一般受众在接收信息的过程中，往往容易受到社交媒体平台算法个性化推荐、热门话题排行榜以及KOL观点的影响。这种信息接收方式有时会促使他们产生一定的从众心理，倾向于跟随大多数人的观点和选择，形成群体效应。同时，由于信息过载和快速消费的特点，一般受众在筛选和判断信息真伪、价值时会面临一定的困难，需要不断提升自身的信息素养和批判性思维能力，以更加理性和自主地获取所需信息。

2. 特殊受众

特殊受众指的是对某一特定领域或话题具有浓厚兴趣、专业知识和强烈需求的用户群体。他们不仅限于在社交媒体上主动搜索、关注和参与该领域或话题相关的内容，如财经新闻的深度分析、体育赛事的专业解读、科技前沿的最新突破等，还会通过专业论坛、学术期刊、行业会议等多种渠道深化自己的知识体系。

首先，这类受众由于长期关注并深入研究某一领域或话题，已经积累了丰富的经验和独到的见解，他们通常能够迅速识别并准确判断信息的真伪、质量及价值，对信息有着极高的敏感度与辨识力。

其次，特殊受众对与某一领域或话题相关的信息需求极为迫切且具体，他们不仅追求最新资讯，更渴望获得那些经过深度挖掘，具有独到视角和高度专业性的内容，以满足自身不断学习、研究乃至实践的需求。他们可能会积极参与线上线下的讨论，与同行交流心得，共同推动该领域或话题的知识边界拓展。

再次，由于特殊受众在某一领域或话题上的深厚造诣和专业性，他们的观点、评论及建议往往具有高度的权威性和影响力，能够引导公众舆论，促进业界共识。因此，他们不仅是内容消费的主力军，也是内容创造和传播的重要力量，经常成为话题的意见领袖，通过个人的影响力推动整个社群的发展。

此外，特殊受众对于定制化、高质量的内容服务有着更高的期待，他们愿意为能够满足其专业需求、激发其思考的内容付费，这为内容创作者和平台提供了明确的市场定位和盈利空间。总之，特殊受众是特定领域或话题生态系统中不可或缺的一部分，他们的存在和发展对于促进知识共享、行业进步和社会创新具有不可估量的价值。

（四）基于传播对象明确性划分

1. 核心受众

核心受众是指对特定信息或内容表现出高度兴趣、积极参与并可能产生深度互动的用户群体。他们不仅是信息的主要消费者和传播者，对信息的广泛传播和产生深远影响起着决定性作用，还是推动内容创新性发展的重要力量。这些受众对于特定领域的信息拥有浓厚的兴趣，且有着深厚的专业知识，他们不仅主动寻求和获取信息，还热衷于参与相关讨论，积极分享个人见解，并在社交媒体平台上保持高度活跃，成为引领话题和趋势的关键角色。

此外，他们的反馈、意见和建议对信息提供者而言具有极高的参考价值，能够直接反映目标受众的需求与偏好，有助于信息提供者精准定位内容方向、优化用户体验，并持续提升内容质量和服务水平。

2.边缘受众

边缘受众是指对特定信息或内容有一定了解但兴趣不高、参与度较低的用户群体。他们可能偶尔关注相关信息，对信息的兴趣往往随着时间和环境的变化而呈现出不稳定的波动。这部分用户虽然不像核心受众那样频繁互动，但在信息传播过程中扮演着不可或缺的角色。他们可能作为信息的被动接收者，偶尔转发或提及某些内容，从而在不经意间帮助信息跨越原有的受众边界，渗透到更广泛的群体中。

此外，边缘受众的反馈和态度变化也是衡量信息扩散效果及市场潜力的重要指标之一，因为他们的转化可能预示着信息对更广泛受众的潜在吸引力。

二、个人自媒体受众的特征

（一）受众的多样性与细分性

自媒体平台数量众多，不同平台能吸引不同类型的受众。这种多样性不仅体现在年龄和性别上，还包括地理位置、教育背景和职业等方面。

社交媒体用户年龄跨度大，不同年龄段用户的使用习惯和需求存在差异。例如，18—25岁年龄段的用户是社交媒体使用最广泛的群体之一，他们更关注即时通信、分享生活、追踪明星动态等功能。随着年龄增长，用户对于社交媒体的使用逐渐转向关注时事、行业动态、职业发展等内容。相关研究发现，中生代网民关注更多的是公共议题，而新生代则更多关注个体生活。① 对中生代来说，网络关注是其事业工作的现实迁移，而对新生代来说，网络关注则是日常生活中的陪伴成长。②

社交媒体平台的用户地理分布呈现出明显的差异。不同社交媒体平台在不同地区的用户数量和活跃度各不相同，这与当地的互联网普及率、经济发展水平以及用户的使用习惯密切相关。社交媒体用户来自不同的文化背景和社会阶层，他们的兴趣爱好、价值观念和生活方式等都有所不同，这种多元性使得社交媒体平台上的内容也呈现出多样化的特点。例如，东部沿海地区的受众可能更关注国际新闻、经济动态等，而中西部地区的受众则可能更关注地方新闻、民俗文化等。

下面以我国三大社交媒体平台为例，从年龄、性别、地域等方面来分析不同社交媒体平台受众的特征。

1. 微博

作为中国最具影响力的社交媒体平台之一，微博的受众群体在年龄、性别和地域分布上展现出独特的特点。在年龄方面，微博的受众群体主要集中在25—34岁，这一年龄段的人群正处于职业生涯的黄金期，他们与整个社会的关联度较高，对于社会热点信息、行业动态以及各类新鲜资讯有着极高的兴趣与关注度。他们通过微博获取最新的新闻资讯，参与热点话题的讨论，表达自己的观点与看法，是推动社会舆论的重要力量。

在性别比例上，微博平台上的男女用户基本持平，这种均衡的性别分布使得微博的话题讨论更加多元化，无论是科技、体育，还是时尚、娱乐等领域，都能吸引到大量用户的关注与参与。这种性别平衡也促进了不同

---

① 彭兰.网络社会的层级化：现实阶层与虚拟层级的交织［J］.现代传播（中国传媒大学学报），2020，42（3）：9-15.

② 方师师，李博璠，李秀玫.中生代与新生代网络关注的代际差异［J］.新闻记者，2014（12）：16-23.

性别用户之间的交流与理解，为构建和谐的社交媒体环境提供了有利条件。

从地域分布来看，微博的用户更集中在一、二线城市，这些地区的经济发展水平较高，用户群体更加年轻、活跃且具备较高的消费能力。他们不仅关注本地新闻和民生话题，还积极关注国内外重大事件，通过微博了解全球动态，拓宽视野。同时，一、二线城市的用户对于新技术、新应用有着更高的接受度，这也使得微博在推动新技术传播、促进数字化转型等方面发挥着重要作用。

2. 抖音

在年龄方面，抖音的用户主要集中在年轻一代，特别是15—35岁的人群，他们是抖音的核心用户群体。这个年龄段的用户对新鲜事物充满好奇，追求时尚和潮流，乐于接受和分享最新的娱乐、生活方式以及创意内容。他们不仅是内容的消费者，更是内容的创造者和传播者，通过短视频的形式展现个性，表达自我。

抖音的受众群体在性别分布上相对均衡，男性用户占比略高于女性用户，但差距并不显著，这反映了抖音平台内容的多样性和包容性，能够吸引不同性别的用户群体。无论是娱乐搞笑、才艺展示，还是知识分享、生活记录，抖音都能满足不同性别用户的观看需求。

在地域上，抖音的用户遍布全国各地，无论是大城市还是小乡镇，都能看到抖音用户的身影。

3. 微信

在年龄层面，微信的用户群显著集中在40岁以上的中老年群体，尤其是51岁及以上的人群，这部分用户群体构成了微信使用的主力军。他们热衷于利用微信这一平台与亲朋好友等熟人圈保持紧密联络，无论是日常的闲聊，还是通过朋友圈分享生活的点滴，都是他们情感交流的重要方式。微信公众号也成了他们获取信息、娱乐消遣的重要渠道，用户喜欢在上面阅读各类文章、观看丰富多样的视频内容，以满足自身的知识需求和精神享受。

微信用户群体的性别分布基本持平，男性用户占比略高于女性用户。在地域上，微信的用户群体聚焦在一线与新一线城市，这类群体收入较高，会在微信公众号上关注健康资讯、运动教程等，也会使用各种生活服务应用，如外卖、打车、家政等。

此外，微信已成为微时代信息的"集散地"、舆论的"三角地"和情绪的"发泄地"。基于微信公众号的信息共享，微信朋友圈的信息共鸣，以及微信群的信息共情，微信赋予了网民信息传播和情感表达的多种权利。

（二）热衷于互动与分享

尼葛洛庞帝曾对网络作过形象的描绘："数字化会改变大众传播媒体的本质，推（pushing）送比特给人们的过程将改变为允许大家（或他们的电脑）拉（pulling）出想要的比特的过程。"[1] Web 2.0 是一个互动与共享的网络新时代，其核心精髓在于用户生成内容，它高度重视用户间的互动、资源共享以及协同合作。这一阶段的互联网不再仅仅是获取信息的渠道，而是变成了一个充满活力的平台，用户可以在这里创造、交流和分享自己的思想、创意和经验。

社交化媒介使得"社会联系""社交功能"成为大众化的选择，这些社交平台也广泛地将人们连接在了一起。传媒与受众之间的信息双向沟通和传输，反映着受众对社会生活的关注度和参与度。社交媒体使得信息传受双方的互动交流成为现实。

首先，社交媒体上的内容高度集成化，这一特性促进了受众间交流网络的形成，使用户能够在平台上自由、广泛地分享见解与互动。它能够推

---

[1] 尼葛洛庞帝.数字化生存[M].胡泳，范海燕，译.北京：电子工业出版社，2017：79.

动形成有共同认知的群体，从而使受众展现自我价值并获得情感上的满足。以今日头条为例，作为中国最大的新闻媒体之一，以其聚合文章、批量采集的方式，成为新时代信息传播的中流砥柱。今日头条没有采编人员，不生产内容，没有立场和价值观。[1]通过与5000多家网站合作，今日头条能够在第一时间整合海量信息，为用户提供最全面的新闻内容。

其次，社交媒体受众呈现出年轻化、高学历、城市化的特征。这些受众群体通常具有更强的信息获取和传播能力，对新鲜事物和热点事件有着更高的参与度，他们通过社交媒体获取新闻、学习知识、交流思想，同时也通过社交媒体表达自己的观点，展示自己的生活和兴趣爱好。此外，这部分积极参与互动与分享的受众群体通过参与信息的生产、流通和消费，为社交媒体平台创造价值。这些受众在浏览评论、分享等行为中不断为平台贡献流量和热度，吸引更多广告商投放广告，从而为平台创造更大的经济效益。

相关数据显示，社交媒体的用户主力军为"Z世代"人群，他们一出生便与电子产品打交道，是典型的"数字原住民"。最初提出这个概念的是教育家马克·普伦斯基，他在2001年发表在《地平线》杂志上的文章中将伴随着计算机、电子游戏、音乐播放器、手机等新媒体技术而成长起来的一代叫作"数字原住民"。

相较于单向的信息传输，数字原住民更青睐于双向互动的信息传播。他们的生活方式、信息获取方式和社交方式都深受新媒体技术的影响。一方面，受众通过分享获取和传递信息，这不仅是他们获取新知识、新观点的重要途径，也是他们参与社会讨论、表达立场的方式。另一方面，分享行为有助于受众积累社交资本，如点赞、评论和转发等互动行为可以增加用户的曝光度和影响力，从而扩大社交圈子。

---

[1] 王茜.打开算法分发的"黑箱"：基于今日头条新闻推送的量化研究[J].新闻记者，2017（9）：7-14.

（三）流动性强

人与技术相结合的"新主体"既是具体实在的，也是变动不居的，人类学家艾伦·汉森将这样的状态称为"流动的现代性"。[①] 在传统媒体时代，受众接收信息的时间和地点都是固定的，一家人围着看电视，所有人接收到的信息都是一样的。而现在，受众通过移动手机获取信息，每个人看到的信息都是不一样的。同理，每个平台聚集的受众是具有特定性的，比如年轻人更喜欢 B 站或者淘宝，而中年人则更喜欢抖音或者新闻客户端。不同平台形成了不同年龄层、构成特征不同的用户群落。社交媒体打破了地域和时间的限制，让人们可以结识来自不同地区、不同背景的人，通过关注感兴趣的话题、加入各种社交群组，人们无限延展自己的社交版图，结交志同道合的朋友。这种广泛的社交连接为人们提供了更多的交流机会和合作渠道。

1. 主体身份上的流动

麻省理工学院的社会学教授雪莉·特克尔认为，"人们为查看曾经的好友、配偶、同事的信息支付了心理代价，他们不该再关注这些，这有害情绪健康"。永久在线确保了信息能够无阻碍地直达目标受众，与此同时，关于信息的选择权和消费权已悄然转移，信息生产者更像是利用多样化技术来不断满足受众需求，然而，真正完成点击、转发等操作的行为，依然受到个体思维模式的制约。

2. 时间与空间上的流动

正如鲍曼所说的，时空压缩是流动的现代性的主要原因。从时间角度看，社交媒体让时间的流逝变得更加灵活多变，人们可以随时随地发布信息、接收反馈。同时，社交媒体上的内容也形成了一种积累效应，历史的

[①] HANSON F A. The new superorganic [J]. Current anthropology, 2004, 45（4）: 467-482.

片段被保存下来，人们可以永久保存过去的帖子、视频，感受时间的流转与变迁。从空间角度看，社交媒体打破了地域的局限，让世界各地的人们仿佛置身于同一个虚拟的广场。无论身处繁华都市还是偏远乡村，只须轻轻一点，就能与全球各地的朋友交流互动，分享生活点滴，探讨共同的兴趣。这种即时的连接，使得原本遥不可及的地域变得触手可及，促进了文化的交流与融合，也让个人的社交圈子跨越了地理的界限，实现了前所未有的多元化。

3. 关系上的流动

鲍曼将流动现代性人群的特征概括为"衣帽间式的共同体"。鲍曼认为"衣帽间式的共同体"具有3个典型的特征：因事件而短时间聚集起来、缺乏身份认同、感情投入脆弱。这个共同体因为正在观看同一部戏，而暂时拥有了共同的愤怒、喜悦、悲伤、焦虑。[①] 反观当下的互联网社会，几乎每一条信息或社会事件都能推动一个共同体的出现，例如为某条社会热点新闻而震惊喧哗的网友、对娱乐八卦评头论足的受众、对一个自媒体博主共同喜爱的粉丝团……这些迅速聚集到一起，情感短暂又强烈的群体，是"衣帽间式的共同体"在社交媒体时代的真实写照。任何一个社交媒体用户都不可能只属于一个社群，他们每天穿梭在不同的"共同体"之间，和无数个不同的个体产生连接。

因此，在自媒体传播语境下的受众，其行为特征会受到年龄、地域等因素的影响。在此过程中，受众通过不断切换信息源和社群身份来获取信息。个体因为事件和情绪聚集在一起，又随着时间的流逝而解散，并不断获得信息和情绪满足。

（四）呈群落性聚集

与互联网共生长的"Z世代"在网络社群中圈层的构建并不局限于血

---

① 鲍曼.流动的现代性[M].欧阳景根，译.上海：上海三联书店，2002.

第四章 社交媒体时代个人自媒体信息传播的受众

缘和地域关系。兴趣与文化成为划分圈层的依据，交流亦更倾向于与个体具有更多信息共同点的"圈子"成员进行，个体愿意将较为隐私、不为人知的个人行为，与基于趣缘、价值观相近的网络成员共享，传统的家庭信息共享功能被逐渐弱化与瓦解。①

是什么让社交平台上的受众被有序且紧密地组织成为一个个具有鲜明特征和共同目标的群落呢？这一现象的出现无疑与当下受众之间复杂而多样的连接方式息息相关。

首先，是强关系到弱关系的转变。原本只有面对面口头交流的亲缘群体，因为社交媒体的出现而有了跨越时空的弱连接，形成了自组织的受众群体。在社交媒体时代，每个个体都不可避免地受到这种"弱连接"的影响，即使是亲朋好友转发的信息，也能轻松进入你的视野，成为你的信息源。由于这种弱关系的大量存在，社交网络上个人所见内容基本由媒介框架和个人关系共同构成——媒介组织发布海量内容、弱连接的选择决定部分进入用户视线的"媒介菜单"。②

相比之下，个人关系框架正逐渐凸显其日益关键的作用。社交媒体的广泛普及和获取新闻信息的常态化，使得信息消费者之间的网络关系紧密融合。一个以人际关系为桥梁、以多元化社群为标志的社交传播新纪元已经开启。在这个时代，即便是最细微的兴趣点、事件或讨论话题，都能迅速凝聚成稳固或临时的社群，"志同道合者自然聚集"的现象，在规模与形成速度上都是前所未有的。因此，人们更倾向于在抖音、微博和微信等社交媒体平台上，关注那些与自己兴趣一致、价值观相符的个体，过滤自己不喜欢或不擅长的领域。这种选择性关注的行为，实际上是一种对信息的自我过滤，它帮助人们屏蔽掉那些自己不喜欢或不擅长的领域，从而更加

---

① 何志武，吴瑶. 媒介情境论视角下新媒体对家庭互动的影响 [J]. 编辑之友，2015（9）：9-14.
② 喻国明，曲慧. 网络新媒体导论 [M]. 北京：人民邮电出版社，2021.

专注于自己感兴趣的内容。

其次，从地缘连接到趣缘连接的转变，揭示了社交媒体时代人际关系发展的底层逻辑。社会本身便是一个错综复杂的关系网络，而新媒体的兴起则进一步织密了这张网络。人类社会首次迎来了能够跨越空间限制的社群，这些社群内的成员能够进行大量且多向的互动，这是以往通过电话、电视等媒介所无法实现的超越面对面交流的新形态。

在新媒体环境下，人们不再仅仅因为地理位置的接近而建立联系，更多的是基于共同的兴趣爱好、价值观或目标而聚集在一起。这种趣缘连接不仅增强了人际关系的多样性，也促进了信息的快速传播和共享，为人类社会带来了前所未有的互动体验和社群归属感。

社会学家费舍尔在其专著《社会网络与场所：城市环境中的社会关系》中深入剖析了社会网络对于城市居民日常生活的重要性。他强调，即便人们并不居住在相邻的城市，他们仍然能够通过一系列特定的纽带，如共同的兴趣爱好、一致的价值观等，紧密地联结在一起，构成一个群体。这种基于非地理邻近性而形成的群体，实际上构建了现代人的社会网络，这些网络在城市环境中扮演着至关重要的角色。

于是，新的连接方式促进了受众群落的出现与划分。首先，形成了基于兴趣的社群。在社交媒体上，用户可以基于共同的兴趣爱好建立社群，如音乐社群、电影社群、摄影社群等，这种高凝聚力的特定领域群体对于内容质量和专业度有较高要求。受众往往通过订阅、点赞等方式选择他们感兴趣的特定领域的自媒体账号并逐渐形成社群。这些社群中的用户会分享相关资源、讨论共同话题，进一步形成独特的社群文化。其次，形成了基于话题的社群。围绕某个特定话题或事件，社交媒体上会形成临时的或长期的社群。这些社群中的用户会就话题展开深入讨论，达成共识或产生分歧，并可能产生进一步的社会影响。最后，形成了基于身份的社群。社交媒体也为具有特定身份的用户提供了聚集的平台，如学生社群、职场人士社群、家长社群等。

可见，在算法推荐等技术的加持下，以具有相似度的兴趣爱好标签为隐性连接线索聚集受众。这些受众因此拥有了共同的目标与特性[1]，形成了一个基于共同兴趣爱好、特殊身份与职业的趣缘社群，他们也因算法推荐的标签而成为一个有着共同兴趣的群体。

第二节 个人自媒体受众信息接受过程剖析

社交媒体平台为受众提供了一个虚拟社交空间，让受众可以通过创建个人资料、发布内容、评论和分享信息等行为与其他用户建立联系。自媒体的横空出世，更为我国社会信息的传播领域注入了一股全新的活力，颠覆了人们传统的信息获取方式、交流模式以及社交形态，引领信息传播的新风尚。自媒体传播不仅催生了个性化内容的蓬勃发展，让每个人都能成为信息的发布者与传播者，更极大地增强了信息的互动性，使受众不再是被动的信息接收者，而是能够积极参与其中，与信息的发布者、其他受众进行实时互动，共同塑造信息的传播轨迹。

一、受众信息接受方式的变化

（一）从固定到移动

在传统媒体时代，受众主要依赖于报纸、电视及广播等传统媒体作为信息窗口，获取信息资讯的途径显得颇为局限与统一。一个典型的场景

---

[1] 喻国明，曲慧. 网络新媒体导论［M］. 北京：人民邮电出版社，2021.

便是家人朋友围坐一堂，在某一时段内，共同聚焦于电视屏幕，如通过收看《新闻联播》等权威的电视节目，来同步掌握国内外最新动态与时事要闻。另一种常见的习惯则是，在晨光初照的上班途中，人们驻足于街角的报刊亭，挑选一份当天的报纸，以此作为了解国内外大事的便捷途径。

互联网的广泛普及、信息传递的高效性以及其多样化的表现形式，让手机成为大众接收和传播信息的工具，并促使以手机为视听终端的手机媒体成为继报刊、广播、出版和影视之后的"第五媒体"。与此同时，基于移动互联网的社交媒体也应运而生，这对受众接收信息的方式产生了巨大的影响，移动社交化成为新的趋势。

手机媒体的基本特征是数字化，最显著的优势是携带和使用方便。手机媒体还具有高度的移动性，以及信息传播的即时性、互动性等特点，受众资源极其丰富，加之多媒体传播将私密性、整合性、同步和异步传播有机统一，使传播者和受众高度融合。

从传播角度看，手机媒体具有很多优势：便携、打破地域限制、无须依赖电脑终端，可以全天候接收信息；接收方式由静态转向动态，受众的自主权大幅提升；使信息的即时互动或暂时搁置得以自主实现，将人际传播与大众传播完美结合。具体而言，无论是时间上还是空间上，受众的信息接收方式都被彻底改变。

第一，时间局限被打破。在PC时代，受众的信息浏览时间点一般比较固定，但到了移动互联网时代，移动社交媒体的信息互动方式更加轻松快捷，各种信息随时随地更新，受众的注意力开始转移，受众的线上阅读时间更加碎片化。具体而言，受众会利用诸如等人、排队、乘车、上洗手间，以及起床后与睡觉前等日常的碎片化时间，通过社交平台获取各种资讯和新闻。面对浩瀚的信息海洋，受众常因兴趣广泛与信息处理时间有限之间的矛盾而感到困扰，进而采取有选择性的快速浏览信息的方式。这时，媒体平台也会针对受众阅读习惯的变化，对信息生产与传播的模式进行调整，从而提高受众的信息阅读体验。

第二，空间局限被打破。第 54 次《中国互联网络发展状况统计报告》公开数据显示，截至 2024 年 6 月，我国手机网民规模达 10.96 亿人，较 2023 年 12 月增长 528 万人，网民中使用手机上网的比例为 99.7%。

无线移动技术的飞跃赋予了社交媒体前所未有的移动性，并与移动互联网技术深度融合，让信息浏览摆脱了地域与设备的束缚，实现了动态化、即时化的信息获取。这种便捷性极大地提升了受众信息获取的效率和体验。如今，用户仅凭一部智能手机，借助抖音、微博等热门社交 APP，便能轻松浏览社会热点事件、检索热搜榜单、点击阅读相关资讯，快速且免费地掌握自己关注的或时下的热点信息。手机媒体已是集众多媒体之精华于一身，实现了随时、随地、随身的全方位、多向度信息传播，极大地拉近了传播者与接收者之间的距离。

这样的信息接收环境为受众构建了一个史无前例的自由、开放、互动且多向的广阔舞台，毋庸置疑地让有限的"受众"转变为无限的"受众"。

（二）从被动到主动

新媒体打破了传统媒体单一线性的传播模式，充分借助碎片化、偶发性的非线性排列组织形式，构建起内容信息随机触发式的"网状—链式传播新系统"。在互联网全球开放环境下，可以自组织面向大众实施自下而上、大规模的信息传播机制。[①] 正如上文所提到的，社交媒体完全打破了时空的局限，用户既能看书读报，又可以观看视频和高清图片，而且完全不受时间和地域的限制，既可以横向跨平台阅读，又可以纵向追踪了解事件

---

① 方兴东，严峰，钟祥铭.大众传播的终结与数字传播的崛起：从大教堂到大集市的传播范式转变历程考察［J］.现代传播（中国传媒大学学报），2020，42（7）：132-146.

报道，实现了受众与媒体的零距离接触。

　　移动社交媒体的蓬勃发展，使其具备沟通、互动、阅读、分享等功能。移动社交平台已成为人们获取热门资讯、深化专业知识及分享关键信息的新渠道。微博、微信等移动社交传播平台，凭借其庞大的用户基础，通过用户间的点赞、评论、转发及私信交流，构建起了高效的信息传播网络。受众只要积极参与、广泛互动，就是在实现自我赋权，就能换取"受众制造"对"传者生产"的传播优势。①这一模式极大地提升了受众的信息参与度和社会交往热情，颠覆了传统信息传播方式。加之精准的内容定位策略，移动社交自媒体的信息传播速度与覆盖面实现了几何级飞跃。

　　首先，社交媒体时代的受众已经具备了一定的信息筛选能力，能够主动将信息为我所用。社交媒体时代带来了信息过载，人们每天都能在各类社交APP上接收海量的信息。在这样的接收语境下，人们已经具备了一定的信息筛选能力。带着目的性，在最短的时间内接收到自己感兴趣、有价值的新闻内容，不仅节省时间，还提高了信息接收的效率，成为当下受众接收信息最为有效的方式。媒介技术的变革带来了社会关系的转变，在新的传播语境下，新闻生产与传播的权力关系发生根本性变革。

　　其次，社交媒体平台以其独特的互动性、即时性和个性化推荐等特点，赋予了受众前所未有的主动权。现在，人们不再满足于作为信息的接收者，而是积极参与到信息的传播和讨论中来。他们可以通过各种社交媒体APP，如微博、抖音、今日头条等，主动搜索自己感兴趣的话题，浏览个性化的内容，甚至参与到评论、转发和分享的过程中，成为信息传播链条中的重要一环。此外，社交媒体还通过算法推荐等技术手段，根据用户的兴趣和行为习惯，为他们量身定制信息内容，进一步提升了信息接收的主动性和个性化。这种基于用户兴趣的精准推送，不仅提高了信息的传播效率，也

---

① 蔡骐，黄瑶瑛. 新媒体传播与受众参与式文化的发展[J]. 新闻记者，2011（8）：28-33.

增强了用户的阅读体验和满意度。

可以说在社交媒体时代,受众的接受模式已经从被动转变为主动。他们不再是被动的信息接收者,而是积极的信息搜寻者、传播者和参与者。这种转变不仅改变了信息传播的生态格局,也对媒体的内容生产、传播策略以及受众关系管理等方面提出了新的要求和挑战。

(三)从单纯的信息接收到多重信息互动

传统媒体如报纸、电视主要以单向传播为主,带有比较浓厚的宣传意味。网络社交平台作为重要的信息传播渠道,引发了受众间的多重互动,受众与新闻信息的互动达到了前所未有的高度。这些互动行为包括评论、点赞、转发、分享、关注、私信等,这种互动不仅改变了信息传播的方式,也深刻影响了受众获取、理解和传播信息的行为。

1. 评论

评论是社交媒体中最为常见的一种互动形式,受众可以在每条信息的下方写下评论,表达自己的观点、看法和心情。在新媒体时代,短小精悍、言简意赅的短评论如微评、快评等的兴起,将会取代传统媒体时代长篇大论式新闻评论。[1] 评论不仅是信息传播的一种反馈机制,还为其他用户提供了多视角的观点,促进了话题的深度讨论。评论是受众参与信息的可行性表现形式,不仅满足了人们的表达需求,还有助于传播更多的信息,促进信息的多元化,为开启民智、助推事件发展发挥积极作用。在新媒体时代,精英人士对话语权的垄断被打破,新闻评论的主体更加多元化。[2] 然而,由于自媒体群体组成复杂,并且享有较大的话语权,其裂变式的传播效果使得网络社交平台成为某些非理性言论肆意传播的温床,部分评论易产生煽

---

[1] 钱晓文. 新闻评论"微博化"探析 [J]. 新闻记者,2012(2):71-74.
[2] 涂光晋,吴惠凡. 表达·交流·争论·整合:新媒体时代新闻评论的变化与反思 [J]. 国际新闻界,2011,33(5):16-23.

动性影响，带偏舆论并诱发群体极化现象。

2. 点赞

点赞是一种直观的互动行为，受众可以通过点赞来表达对信息支持或积极的态度。一方面，点赞能影响受众的情感和态度。点赞行为本身传递了一种正面、支持的情感，这有助于塑造受众对信息的积极印象。当受众看到一条信息获得大量点赞时，他们可能会受到群体心理的影响，认为这条信息值得关注和信赖。这种情感共鸣和态度转变会促使受众更加积极地参与信息的讨论和分享，进一步推动信息的传播。另一方面，点赞本身具有一定的社交属性，通过点赞，受众可以表达自己对朋友的关注和支持，同时也能够展示自己的兴趣爱好和价值观。

3. 分享和转发

分享和转发是影响信息传播最为关键的行为。当受众认为某条信息有价值时，他们会倾向于在网络平台上将信息分享给自己的社交圈，这种行为扩大了信息内容的影响范围。首先，每个人的社交圈都是独特的，包含不同的朋友、家人和同事。当一个人分享信息时，这条信息会暴露给新的受众群体，从而扩大信息的潜在影响范围。同时，多次分享和转发也会增加信息在平台上的曝光度，使其更容易被其他人看到。当受众看到多条不同来源的相同或类似信息时，他们往往会认为这条信息更加可信。

4. 关注

关注是受众关系建立的重要方式，关注行为的核心价值在于其"订阅"性质。受众可以根据自己的兴趣和偏好，主动选择并订阅那些能够提供高质量、有价值内容的账号。这种选择权不仅增强了受众在使用社交媒体平台时的主动性，还使得信息的传递更加精准和高效。当关注的账号发布新内容时，受众会在第一时间收到通知，从而确保他们不会错过任何重要的信息更新。

在自媒体的传播语境下，受众可以深度参与信息的传播，信息的传播模式变得更加复杂和多元。这种改变使得信息在传播过程中更加难以管理，但同时也为受众提供了更多的选择和参与机会。此外，社会舆论的形成与引导也变得更加复杂和敏感。媒体和政府机构需要更加关注受众的反馈和意见，及时回应社会关切问题，以维护社会的稳定和谐。

二、受众信息认知特征

（一）基于个人偏好和效用的选择性注意

个人偏好主要是指受众对于特定信息的关注以及个人的兴趣与爱好。效用则是指信息本身的价值以及其带给受众的心理满足。社交媒体的多样性和信息碎片化使得受众置身于一个信息繁杂的环境中，导致信息过载。并非所有信息都能获得个体的关注，在多数情况下，受众注意力的聚焦特性是与选择性相关联的，即通常将注意力聚焦在一个特定的位置、客体或者信息上。

社交媒体借助互联网的力量，极大地拓宽了受众信息选择的范围。然而，受众所做出的选择往往倾向于满足个人偏好和价值观，追求一种愉悦的信息体验。根据皮尤研究中心 2013 年发布的一项调查，脸书用户最关注的 3 种信息类型依次是：娱乐信息（73%）、社区新闻报道（65%）以及体育资讯（57%）。

个体利用社交媒体能够建立起个人的信息传播中心。这既表明个体能通过自身的社交网络对信息进行筛选，也表明个体能按需探索、搜集并整合信息，从而构建出对社会的个人认知框架。这种状态属于注意分配中的控制性加工，需要保持注意力高度集中，并且耗费大量认知资源。[1] 而多数

---

[1] 戈尔茨坦.认知心理学：心智、研究与生活［M］.5 版.张明，等译.北京：中国轻工业出版社，2020：102.

人使用社交媒体获取信息的日常是浏览、伴随性使用的状态，大多数时间处于信息的无意识处理、自动化加工的状态，不需要投入大量认知资源，因此，脸书用户关注最多的是娱乐信息这一现象就不难理解了。由此可见，受众的选择性注意及其后续的信息处理过程在很大程度上受到个人偏好的影响，兴趣导向实际上限制了他们的选择范围。

路透社新闻研究所发布的《2024数字新闻报告》显示，全球用户的3个最重要的需求是保持最新状态（"更新我"）、了解更多信息（"教育我"）和获得不同的观点（"给我观点"）。与年长的群体相比，年轻人对鼓舞人心、建立联系和娱乐性的故事更感兴趣。例如，在美国，超过一半（52%）的35岁以下的人认为，提供让他们对世界感觉更好的故事非常重要或极其重要，而在35岁以上的人中，这一项的占比约为43%。

此外，在个性化的信息定制下，算法机制过滤掉受众不感兴趣的内容，使得受众不容易接触到与自己意见相左的信息，从而形成"信息茧房"。路透社新闻研究所发布的《2019数字新闻报告》中关于荷兰大选的研究表明，YouTube对于政党竞选有"铺路"作用，促进了政治观念的极化。当受众观看"某一党派"的视频更多时，算法推荐系统也会更加极端化。社交媒体赋予个人的自主选择权，使得受众的兴趣点被不断放大和凸显，进而使得推荐内容也趋于极端。受众身处这种"过滤泡"之中，容易形成固定的思维模式，难以接受与之相悖的信息和观点，最终可能导致观念的极端化。

（二）基于社交关系的信息处理

无疑，自媒体的影响力与传播效果显著。在社交媒体时代，越来越多的人选择成为自媒体从业者，并在社交媒体平台发布各类内容。自媒体以其独特的创造方式和广泛的传播渠道，迅速积累了大量的粉丝群体，产生广泛的影响力。

第四章　社交媒体时代个人自媒体信息传播的受众

一方面，在社交媒体上信息的传播几乎是实时的。一旦某个事件或话题引起关注，相关的内容就会迅速在平台上扩散，形成所谓的"病毒式传播"。这种速度不仅让信息的时效性得到了极大提升，也使得事件的发展态势能够迅速被公众所知晓。一篇优质的自媒体文章或一条有趣的短视频有可能在短时间内被几百万人点击观看，并引发社会议题，产生社会影响。另一方面，社交媒体平台拥有庞大的用户基数和高度连接的社交网络，这使得信息一旦在某个节点上发布，就能迅速通过用户的社交关系链传播开来。这种多对多的传播模式，极大地拓宽了信息的传播渠道，使得信息能够触达更广泛的受众。显然，社交媒体平台提供了更加广泛的传播渠道，使得信息快速传播并得到更多用户的参与。

另外，用户可以通过一些互动行为，例如对信息的转发、点赞和评论等，对感兴趣的信息进行二次传播，甚至可以根据自己的理解和观点进行再创作。这种用户生成的内容不仅丰富了信息的形式和内容，也进一步推动了信息的传播和扩散。正如戈夫曼所认为的，社会与人生是一个大舞台，社会成员在这个大舞台上尽力地表演各种角色，通过表演来塑造形象，也非常关心自己所塑造的形象是否为众多观众所接受。[①] 社交媒体还激发了用户建立与维系社交关系的强烈动机，这种动机超越了单纯的信息内容导向，促使用户通过转发、点赞或评论等互动行为，来表达对他人的尊重与认同，加强彼此之间的联系，或是共同塑造某种社群氛围。

综上，在社交媒体上，受众的每一次互动都蕴含着丰富的社会意义与心理动因。特别是像微信这样的社交平台，它侧重于构建强关系网络，进一步增强了受众关系的信任基础。关注对象或好友分享的信息，是他们经过筛选与过滤后的内容，而这种分享基于彼此间早已建立的认同感。用户

---

① 戈夫曼.日常生活的自我呈现[M].黄爱华，冯钢，译.杭州：浙江人民出版社，1989：209.

在阅读这些信息时，很可能已经预设了某种立场或角度，从而影响其对信息内容的理解和判断。

（三）基于主观情绪的信息判断

全媒体时代，信息传递的速度显著提升，众多真假混杂的信息在官方权威机构核实之前就已在社交媒体平台上如洪水般迅速扩散。对于非专业人士而言，他们的甄别能力较弱，难以在海量的信息中做出准确判断。在社交媒体平台上，人人都是受众，同时也是信息的传播者。由于缺乏专业训练，受众在信息传递过程中往往难以从第三方视角全面审视事件。相反，他们更容易将个人情感融入所认为的事实之中。有的自媒体从业者为了流量，为了做出爆款，获取商业利益，抓住受众的痛点大做文章，刻意制造悬念，放大矛盾，煽动受众的情绪，引导舆论走向。新闻事实本身反而让位于受众的价值立场和个人情绪，进而导致新闻的客观真实性被消解，受众获得事实真相的成本增加。[①]

网络情绪分为积极网络情绪和消极网络情绪。积极网络情绪表现为行为人内心对网络舆论事件持肯定态度并在行为上表现出接纳，而消极网络情绪则表现为对网络舆论事件持否定态度和排斥行为。学术研究普遍认为，消极情绪对舆论导向的影响力更大，需要高度重视。在热点事件中，网络负面情绪主要呈现出以下五种类型。

1. 愤怒和厌恶

愤怒是消极情绪中认知和行为驱动力最强的基本情绪之一。相较于个人情绪，互联网上的"公众愤怒"情绪爆发，主要体现在网民对违背道德、规则及触碰法律底线的极端行为的强烈谴责上，他们视此为对现有群体共同价值观的挑战。在司法实践中，因个人合法权益受损及公共权力滥用所

[①] 邱立楠. 后真相时代西方媒体新闻事实核查的转向与困境［J］. 中国编辑，2020（9）：92-96.

引发的网络愤怒情绪屡见不鲜。近年来，频繁曝光的家庭暴力、性侵、未成年人恶性犯罪、暴力执法、官员腐败等案件，均在公众舆论领域激起了强烈的愤慨与批判，呼吁严惩违法犯罪行为已成为社会共识。

2. 担心与恐慌

在重大突发事件、公共安全、自然灾害等社会事件中，由于事件的突发性，在信息量迅速增长时，普通人的理性思维能力大大降低。在趋利避害的心理驱使下，受众极易受到不实或耸人听闻的信息影响，进而形成社会恐慌情绪。近年来的许多热点事件中，网络恐慌往往是谣言传播的强大助推器。

2021年7月22日，"郑州海洋馆的鲨鱼跑出来了"的相关视频在网上流传，还流传着"鳄鱼也从海洋馆出来了"的说法，甚至配了一条视频，画面中一条鳄鱼正撕咬着一具女性遗体。经核实，该说法不实，网传视频实际发生地点在国外。此类不实谣言对受害者家属及广大新闻受众造成了极大的情绪困扰，引发了不必要的恐慌。

3. 紧张和焦虑

网络焦虑是近年来网络中的一种特殊情绪状态，它表现为"行为个体因自我期望与现实状况不匹配而产生的痛苦情感体验"。当下社会竞争日益激烈，工作和生活压力的持续增大，导致焦虑情绪在热点事件中愈发普遍。

4. 悲伤与恐惧

近年来，随着社交媒体的普及，公众对公共事务的关注度显著提升，越来越多的网民对公共事件展现出较大的兴趣，表现出强烈的共情能力。每当突发舆论事件曝光后，网民会自发地将焦点转向探究悲剧的根源及预防措施，推动舆论向更深层次发展，进一步加剧了舆论的发酵程度。

结合自媒体信息传播特点来看，造成受众"情绪先行"的原因主要有以下三点。首先，层次不一的信源在低成本生产环境下采用多样化的策略来吸引受众目光并扩大其影响范围，它们往往倾向于挑选具有高度刺激性的主题，例如犯罪案件、暴力事件、自然灾害及意外等，以此激发受众强烈的情感反应。这些信源还运用情绪化的叙述手法、夸大事实的语言等非理性表达方式来获取公众的同情或煽动情绪。其次，由于信息的碎片化传播，受众对于新闻事件全貌的认知受限。在信息传递过程中，若遗漏或改变了关键细节，可能导致受众形成截然不同的认知与情绪反应。再次，社交媒体上的圈层结构加剧了群体压力和趋同心理，容易引发情绪感染，使得受众基于情感共鸣而盲目跟从或站队。

第三节　个人自媒体信息传播中的受众参与

丹·吉尔默先后在2002—2003年对自媒体现象进行了比较全面的论述，他针对网络论坛、社交网络及博客等新兴网络媒介的特点进行了对比分析，并得出结论：这些新媒介最为突出的特性在于，它们在传递信息的同时，还能够促进传播者与接收者之间的即时互动与交流，使得所有参与传播活动的人都能获得即时表达个人观点与见解的机会。他认为这种新媒体不同于以往所有传统媒体的传播模式，将会引发传播领域的变革。

2003年7月，美国新闻学会媒体中心正式发布了由肖恩·鲍曼和克里斯·威尔斯两位学者共同撰写的全球首份自媒体专题研究报告《自媒体：受众如何塑造新闻与信息的未来》(*We Media: How Audiences are Shaping the Future of News and Information*)，首次对自媒体的基本概念进行了界定。该报告指出，自媒体是大众借助数字化、信息化技术，与全球信息及知识系统连接后所展现出来的大众提供、分享信息、新闻的渠道和方式。

社交媒体时代，自媒体传播彻底改变了原有的信息传播格局。自媒体的传播结构呈现出一种点对点的社交网络式传播方式，信息参与者既可以是媒体组织，也可以是普通的受众个体。这一传播模式消解了传统媒体时代传播者与受众之间的明确界限,促进了信息传播的多元化。自媒体传播更关心信息传播的过程,注重与粉丝的互动,看重参与传播与分享过程中人际关系的平等。这些特征使得自媒体在信息传播中具有独特的优势。自媒体能够迅速获取并传播信息,受众也可以通过自媒体平台发表自己的观点和看法,与他人进行交流和讨论。这种双向或多向的信息流动使得信息传播更加高效和广泛。

一、受众参与信息传播的方式

(一)信息生产阶段

当下,受众只须打开社交 APP,就能以个人名义发布视频或图文,每个人都可以成为"记者"。自媒体传播语境下受众能够参与信息生产,一个典型的例子就是参与式新闻的出现。关于参与式新闻,肖恩·鲍曼和克里斯·威尔斯认为:"参与式新闻是指公民个体或群体自主搜集、分析、报道和传播新闻信息的过程。参与的目的是提供民主所需要的独立、可靠、精准、相关联和全方位的信息。"参与式新闻包含着强大的传播功能,主要有评论(Commentary)、过滤和编辑信息(Filtering and editing)、真相校验(Fact-checking)、草根报道(Grassroots reporting)、开源报道和同行评审(Open-source reporting and peer review)、音视频广播(Audio/Video broadcasting)、销售与广告(Buying, selling and advertising)以及知识管理(Knowledge management)等,这些功能既有传播新闻信息的多媒体功能,也有媒体的商业功能,还具备一定的社会功能。[①]

在微博时代,每遇突发性、重大性事件,作为参与者或目击者的受众,

---

① 陈宪奎,陈泽龙.从大众传播到自媒体:当代美国社会传播简论[M].北京:中国社会科学出版社,2019:105.

往往会通过无数条微博"直播"同一事件现场情景、事件发展乃至事件的细节。[①]这种公众参与报道的方式,有效地弥补了专业媒体记者因无法即刻抵达现场而留下的信息空白。事件曝光后,专业媒体记者可进一步展开深度报道或连续追踪,为新闻内容提供必要的补充与深化。凭借受众参与新闻生产的力量,能够提高新闻生产的时效性与新闻内容的在场感,使受众对新闻事件的了解更加迅速、全面。

(二)信息传播阶段

在如今自媒体传播语境下,媒体更需关注二次传播,即受众接收信息后是否分享转发,进行更大范围的传递,这才是决定信息最终普及率的关键。信息不再是过去的"传播",而是一种"互播"。从传播向互播转变,这是自媒体时代的显著特征。[②]信息互播的核心特征在于所有参与者均以个人身份参加,并且随时可以更换角色,新闻或信息不经过中间人且未经过滤就直接传播给受众。这种方式实现了信息从下而上的传播,即先发布信息,然后集中选择,受众自主地参与了信息的发布与传递。

显然,社交媒体时代的信息传播,已经扩展到了二次传播甚至多级传播,在这个过程中,信息的传播力和影响力不断升级。社交媒体时代的用户只需要点击分享、转发键就能实现新闻内容的快速传播。媒介融合技术的不断革新,消除了不同终端之间的界限,极大地促进了新闻传播的便利性。

如今,绝大多数 APP 都进行了优化,不仅支持在本平台内转发信息,还能实现跨平台的分享功能,例如微博、微信等社交平台均配备了"分享"按钮。对于媒体而言,这意味着它们能够吸引更广泛的关注和产生更大的

---

① 钟剑茜.媒介融合时代新闻生产中的受众参与[J].当代传播,2012(1):95-97.

② 周晓虹.自媒体时代:从传播到互播的转变[J].新闻界,2011(4):20-22.

影响力；而对于受众来说，则使他们能够更有效地利用自己作为信息传播者的角色，将信息传递给分布在各个社交平台上的社交圈。然而，受众与受众之间参与信息传播的程度也是不一致的，可以分为以下3种类型。

1. 绝对沉默者

此类网民在热点事件或感兴趣事件中的多种行为频率均很低，是网络空间信息传播中的"边缘者"。

2. 相对沉默者

此类网民在热点事件或感兴趣事件中以浏览、搜索居多，偶尔点赞、转发或留言评论，是网络空间信息传播中的"观望者"。这类网民始终占据多数地位，体现了"沉默的螺旋"效应在网络传播中的持续存在。

3. 显著活跃者

此类网民在热点事件或感兴趣事件中发言的频率很高，是网络空间信息传播中的"活跃者"。他们积极参与信息传播和讨论，对网络舆论的形成和发展具有重要影响。

社交媒体时代，受众的力量是不可忽视的。但各个社交平台有着不同的受众圈层，不同的受众圈层对于同一信息内容的传播效果是否存在差异呢？2020年一篇名为《外卖骑手，困在系统里》的文章产生了病毒式的传播效应。该文章是《人物》杂志在其公众号上发布的，短短几小时内被无数网友转发至朋友圈，随后又在多个社交APP上产生多元话题，引发网友的热烈讨论，掀起波澜。

从整体上来看，对于外卖骑手的遭遇，大众舆论是抱以同情心态的。但是如果具体到不同圈层和群体中，则对同一事件会产生不同反应。例如在问答类社区知乎，由于其用户普遍为接受过高等教育的群体，因此对于外卖骑手多抱以同情的态度，并从阶级矛盾、算法弊病等角度予以强烈的批判；到了微博，由于用户群体的低龄化，以及相较于知乎而言，微博用户的受教育程度相对较低，也就产生了一些对于现行外卖制度的维护或反思不足等情况；而在快手等平台，类似的话题甚至可能不会引起在这一平台中的用户群体的重视。

由此可见，外卖事件在不同的互联网平台上所获得的社会反响也是不尽相同的。现实世界中的社会事件在虚拟世界中掀起了波澜，而虚拟的互联网世界最终又影响了现实世界的走向。

因此，在信息传播阶段，不能简单地去夸大受众作为信息传播主力军的二次传播的影响力。显然，在不同的社交 APP 中，不同的社会热点所产生的讨论热度是存在差异的。但不可否定的是，受众的力量是强大的，其传播力足以做到让人人皆有所耳闻，但在传播完成后的反馈阶段，其效果又受到信息自身周期、受众文化程度、偏好等多重因素的影响。

（三）信息反馈阶段

当下，专业媒体机构正积极拥抱社交媒体带来的变革，将用户参与反馈的量化指标，如点击量、点赞数与分享次数视为衡量信息影响力的重要标尺。这一转变标志着社交媒体时代信息内容传播的深刻变革，它不仅让网络信息融入受众的日常生活，还展现出前所未有的开放与互动。受众的反馈不再局限于简单的评论，而是深入对新闻内容的补充、丰富乃至质疑，体现了受众知识水平和主体参与意识的提升。

社交媒体平台的互动特性，构建了一个开放、包容的信息交流空间，网络意见表达的形式得到了极大的丰富，从信息转发、微信朋友圈点赞、表情包、弹幕到互联网信息回帖等。由此，个人和组织频繁地使用数字化媒体表达意见，从而构建了一个以互联网为核心的新型意见交流空间，促进了受众之间的意见交流和协商讨论。这种双向乃至多向的交流模式，构建了一个更加丰富、立体且充满活力的信息生态系统。在评论区，受众的言论及情绪可以得到表达和释放，信息生产者和其他受众都能够阅读。知乎、豆瓣等平台也为信息反馈提供了空间。

通过上述分析可以看到，一方面，随着媒介融合的加速推进，信息海洋日益浩瀚，受众不再是被动的信息接收者，而是主动筛选、自我补充并反思媒体报道内容的积极参与者。他们不仅会对社会事件发表见解，还会通过个人经验和视角进行内容的再创造，这种深度介入不仅改变了信息传播的单向链条，也丰富了信息内容的内在层次。尤其是在关乎社会福利与公共事务的议题上，公众的参与热情被极大激发，展现出强烈的主人翁意识，有利于推动社会进步与问题解决。

另一方面，受众行为、情绪、态度等数据的积累与分析，为媒体提供了宝贵的洞察资源，有助于媒体更深刻地理解社交化传播的动力机制，从而优化内容生产策略，提升报道的吸引力和影响力。在这个过程中，用户不仅是信息的消费者，更是信息生产的合作伙伴，共同推动着信息传播向更加智能化、人性化的方向发展。

二、受众参与信息传播的影响

（一）重建个体交往与互动

互联网消解了时间和空间的界限，使得现代受众之间的互动变得更为频繁且快捷。然而，传统网络空间中的匿名性和虚拟化特征，给人际交往增添了不确定性因素，由此导致网络上的个体互动虽然范围广，但在建立信任和提升交流效率上存在不足。移动互联网时代的到来，将社交媒体带入新时空，互联网从网页超链接转变成人际关系的网络，基于社交媒体建构的以人为节点的关系网络越来越明显。[1] 社交媒体对虚拟社区和真实人际关系链的利用和强化正好弥补了传统网络的不足，增强了个体在虚拟和现

---

① 谭天，张子俊.我国社交媒体的现状、发展与趋势[J].编辑之友，2017（1）：20-25.

实双重世界的交往与互动。

首先,社交媒体能够大大拓宽受众的社交圈。社交媒体平台通过兴趣、地理位置、职业等多种方式将个体连接起来,形成了庞大的社交网络。个体可以轻松地结识来自不同地区、不同背景的人,拓展自己的社交圈子。同时,社交媒体平台还提供了丰富多彩的社交互动方式,如点赞、评论、转发、私信等,使得社交体验更加丰富和有趣。

其次,社交媒体还在一定程度上重塑了社交关系。通过社交媒体,个体可以更加便捷地分享生活点滴、情感状态等,从而加深与朋友、家人之间的情感联系。此外,社交媒体还为人们提供了情感支持的平台,使得个体在遇到困难或挫折时能够得到及时的关心和帮助。通过这种回归真实的虚拟交往,人们可以放心地认识朋友,扩充现实社会的社交圈,积极打造和管理自己的人脉资源库,同时还可以找到特定的人际圈子,从中获取所需的专业知识。[1]

(二)推动共享性信息传播

自媒体是互联网飞速发展的产物,显然,在自媒体平台上,每个人都能成为内容的创作者和分享者,这极大地促进了文化的共享和传播。自媒体平台如微博、微信、抖音等,具有极高的信息传播速度,使得文化内容能够迅速扩散到各个角落。与此同时,自媒体平台上的用户可以通过点赞、评论、转发等方式进行互动,这种互动性增强了文化传播的参与感和效果。

在社交媒体时代,信息内容呈现出多样化的特点,从美食、旅行到文学、艺术,各种形式的信息内容通过自媒体平台得以广泛传播。自媒体平台打破了地域限制,通过自媒体平台了解并知晓有关其他国家和地区的信

---

[1] 蔡骐,黄瑶瑛.新媒体传播与受众参与式文化的发展[J].新闻记者,2011(8):28-33.

息变得容易。

此外，传统媒体、新媒体、个人媒体共存的传播主体多元化结构，为社会提供了新的机遇，创造了新的内容，传播内容也渐趋多样化。

（三）健全信息过滤和纠错机制

自媒体传播的预设前提是不同的受众可以从无数个视角查看和评价事情本来的面貌。在这样的编辑机制下，自媒体给予所有参与传播的人平等补充信息的权利，提供了充分参与信息生产和评论的机会，并把信息传播参与者的意见同时发布出来。在自媒体传播时代，受众可以参与信息过滤的过程中，参与对信息的编辑和评论。这样的过程体验实际上是了解别人怎么看待信息及评论信息，以及还原真实信息的过程。

（四）形成互动互训共谋的互信型传受关系

新媒体的涌现彻底改变了传统信息传播模式的单向度格局，社交媒体的蓬勃发展极大地增强了受众的表达能力和自主选择权。一种互动互训共谋的互信型传受关系正在形成。

1. 互动

互动是为了建立跨屏和跨媒体、线上和线下之间的媒介信任。[1]互动首先是媒体之间的互联，以此共同搭建传播的平台。马妍妍博士认为，"大众传媒机构之间互联，共同搭建传播平台"。喻国明教授等人认为，平台型媒体是未来媒介发展的主流模式，可以"在不同领域，以人的社会关系和社会关联作为半径来构造传播的生态型平台"，自媒体平台为传播者和受众提供了一个相对平等的交流空间。

大众传媒机构之间的相互连接，将推动与加深人与人之间的联系。在

---

[1] 马妍妍.信息时代媒介、受众与社会的关系研究[M].北京：中国社会科学出版社，2019.

社会热点事件中，当事人和其他受众通过多样化的信息渠道，在心理和情感层面达成了共识，形成了对伦理问题的集体认知和态度；微信和微博等社交媒体平台，利用对话、群聊、朋友圈等交流沟通方式，构建涵盖陌生人、半熟人和熟人的圈子，圈子之间还会互相交叠和重构。

这种新型的传受关系，以媒介互联互通和人际互动为桥梁，以开放和透明的信息共享为表现特征，尤其强调让受众参与到信息传播的全过程中。

2. 互训

互训是指构建透明、共享、参与型的信息传播环境。无论是专业媒体机构还是普通个人用户，都可以通过自媒体平台分享个人的观点、经验和信息。在这样的传播格局下，个体可以为大众传播媒体提供信息线索、新的报道角度、专业的分析和公众舆论。[①] 在参与式文化传播体系下，受众可以在信息传播过程中获得更多的尊重和话语权，可以与传播者进行平等的对话和交流。

信息传播从最初的私人行为到社会职业，受众从偶尔暂时接受媒体信息到固定、频繁地接受大众传媒信息，参与式的信息传播格局正在不断形成。

3. 共谋

共谋使得传播者、受众及其所处的媒介生态共赢共构。在构建"平台型媒体"生态圈的过程中，需要人与人之间通过媒介和信息产生广泛互联。在这种联系中，传播链条上的每一个环节都显得尤为重要，需要不断加强合作。

一方面，大众传媒机构不仅为个人和社会提供所需的信息产品，还融合用户创造的内容，以更全面、丰富的方式满足受众的知识、娱乐及情感需求。另一方面，身处大众传播时代的个人，应致力于提升自身的媒介素

---

① 马妍妍. 信息时代媒介、受众与社会的关系研究 [M]. 北京：中国社会科学出版社，2019.

养，这包括增进对信息传播行业的认识，以及深入理解传播的内在本质与伦理准则。当个人成为信息传播链的一环时，能以更加理性、客观、公正的态度对待并传递信息。

此外，技术的飞跃与市场的繁荣共同推动了媒体生态的深刻变革，形成了"万物皆媒"的新格局。主流媒体、商业媒体与自媒体等多元形态竞相绽放，为信息的生产与传播开辟了前所未有的广阔空间。传播模式亦由单一向多级、由线性向双向深刻转变，搜索引擎与评论区成为连接信息供需双方的重要桥梁，极大地促进了信息的交流与反馈。受众拥有了更多的话语权与参与权，不仅能够即时反馈对一些信息的看法，甚至能够参与到信息的制作与传播中来，身份界限日益模糊。技术的革新赋予了受众前所未有的力量，使得传播者与受众之间的界限被打破，双方得以在更加平等、互动的基础上进行交流与对话。

（五）推动社会公共议题的解决

受众能参与议题的发现与扩散。受众通过自媒体平台发布信息，利用网络空间信息传播的高效性与普及性进行个人信息发布和意见表达，从而吸引他人的围观与讨论，在小范围内形成传播热点。这些热点议题经过意见领袖和媒体的介入，被进一步公共化传播，从而进入更多人的视野，激发更广泛的讨论与意见碰撞，并最终推动社会公共议题的解决。

第四节　个人自媒体信息传播的受众媒介素养

2007年安东尼·梅菲尔德在《什么是社会化媒体》一书中提出，社会化媒体（Social Media）为众多用户构建了在线信息分享空间，具有参与、公开、对话、社区化、连通性和即时交流的特点。2009年，新浪网推出的新浪微博革新了信息的创造与接收方式，极大地促进了用户之间的互动体验。微博为社会个体发布信息、表达自我、参政议政提供了新空间：传播权力开始在中国社会不同阶层之间流动，人人都可能成为舆论的焦点，"围观改变中国"已成为不争的事实。①

媒介是媒介素养考察的起点，媒介的内在本质、表现形态、运行逻辑深刻影响着媒介素养的内涵特征和培育机制。②社交媒体的日常化使用改变了中国的传媒生态。个人自媒体时代，技术发展重塑传播格局，具体表现为算法介入新闻运作全流程、视频跃升为信息传播主载体、受众参与改变单一传播方向，这些共同影响着人们在媒介空间的生存状态。社交媒体的快速发展为受众生产信息内容提供了广泛的平台，受众同时扮演着信息接收者（信宿）和信息发布者（信源）的双重角色。传统的人际交往方式正逐渐从实体空间转移到虚拟空间，人们越来越倾向于借助社交媒体平台来建立和维持他们的人际关系网络。在这种半私密又半公开的社交媒体环境中，各类信息如野火燎原般迅速传播开来，实现了信息的快速流通。媒介环境的变化带来了受众角色的变化，受众角色的变化显然对于受众媒介素养也提出了全新的要求。

1992年，美国媒介素养研究中心给出了媒介素养的定义：人们面对媒介各种信息时的选择能力、理解能力、质疑能力、评估能力、创造和生产能力以及思辨的反应能力。

当前，传统的信息生产方式已经历深刻变革，技术环境的演进使得社会化媒体用户拥有了更多的信息主导权。他们不仅能够自主创造信息，成为信息的生产者，还能通过转发他人的信息，积极参与信息传播。社交媒

---

① 刘君荣，信莉丽.社会化媒体环境下受众应对信息风险的路径：基于媒介素养教育的研究视角［J］.现代传播（中国传媒大学学报），2015，37（3）：58-62.
② 梁钦，张颖.智媒时代媒介素养培育的再适应与新发展［J］.中国编辑，2024（2）：71-76.

体用户对信息的解读能力，直接影响他们能否接近并理解事实真相。因此，提升媒介素养对于增强用户的判断力、优化其信息消费习惯至关重要，有助于减少因缺乏理性判断而引发的社会风险。

一、个人自媒体信息传播的受众媒介素养构成

在社交媒体时代，受众的角色发生了深刻转变。这一转变赋予了受众前所未有的主动性和影响力。

受众的媒介素养水平与参与方式是构建健康、有序的媒介生态的关键变量。博伊德提出的"语境崩溃"揭示了在数字生成的语境下，生活中的明确概念会变得模糊，这可能带来了受众之间的误解与矛盾。因此，在错综复杂的虚拟网络世界里，受众都应更加注重提升网络话语表述的精准度和责任感，以此减少因话语歧义而引发的舆论纷扰。

根据媒介环境理论，网络媒介所形成的虚拟环境会对人们的精神世界产生冲击。在自由多元且碎片化的网络语境下，个体自身正经历着"分化"过程，逐渐构建出与技术离散特性相契合的碎片文化形态，在自己制造出来的信息洪流中迷失方向，具体表现为受碎片化、偏激化的传播内容影响，盲目跟风发表非理性、片面化意见，引发舆论与争议。

社交媒体时代受众媒介素养的内涵也相应得到了丰富和拓展，并主要体现在以下 5 个方面：媒介使用素养、信息消费素养、信息生产素养、社会交往素养、社会参与素养。

（一）媒介使用素养

媒介使用素养是指受众掌握媒介技术并将信息为我所用。个人自媒体时代信息的极易接触和传播的即时性，赋予了受众信息参与的共场性，然而这也加剧了信息传播的无序性。一些缺乏自律意识的自媒体从流量逻辑

出发，无视事实真相，恶意拼接、编撰故事，制造信息迷雾，从而操纵话题节奏。①

一方面，受众要学会如何使用自媒体平台。首先，受众应了解不同自媒体平台的特性。例如，微信公众号平台适合深度阅读和学习，而抖音、快手更适合了解实时热点、娱乐等信息。其次，需学会注册账号、编辑个人资料、发布内容等基本操作。最后，还需要了解平台的搜索、推荐、互动等功能，以便更有效地获取和分享信息。

另一方面，优质的内容是吸引粉丝和保持其活跃度的关键。受众应学会如何创作出有吸引力、有意义、有深度的内容，这都需要通过学习写作、摄影、视频剪辑等来实现。受众应积极寻求权威机构发布的信息，尽量以客观、中立的立场来表达观点，避免情绪化，从而在保障充分讨论的前提下，促进信息的有序传播与社会的和谐交流。

（二）信息消费素养

信息消费素养是指受众在信息处理过程中需要具备的能力与素养，涵盖了受众接收、理解、分析和应用信息的各个方面。当下，信息的生产和消费更加趋于民主化和平等化，信息内容生产的完成由过去的专业人士逐渐转向普通个人，信息消费的无形等级也被彻底消融。②信息的海量化、信源的多样化，使得受众面临的信息消费环境日益复杂，因此受众应具备更高的自主选择、判断、识别真假的能力。显然，作为信息消费者的受众，应具备良好的信息消费素养。

第一，受众应具备在海量信息中筛选出有效信息的能力。这意味着受众能够快速、准确地获取自己所需要的信息，并能够根据信息的质量进行

---

① 梁钦，张颖. 智媒时代媒介素养培育的再适应与新发展［J］. 中国编辑，2024（2）：71-76.
② 段勃，谢华. 大规模在线开放课程与公众媒介素养的建构［J］. 中国编辑，2019（11）：82-86.

第四章　社交媒体时代个人自媒体信息传播的受众

评估。受众需要学会辨别信息的真实性和客观性，对信息的来源、证据以及背后的意图有所思考和关注，主动接触更多的权威消息，学会辨别常见的网络虚假信息、网络谣言、观点偏见以及其他具有误导性的内容。

第二，受众应具备良好的信息辨识能力。个人自媒体时代，信息传播主体多元化、渠道多样化、内容碎片化，更加强调个体的自我把关。受众应具备对信息的真伪、来源以及价值进行辨识的能力，能够判断信息的可信度和准确性。这要求受众具备批判性思维，能够分析信息的内在逻辑和合理性。

第三，受众也应尽可能获得全面、真实的信息。面对"回音室""过滤气泡"等媒介信息壁垒时，受众应保持警惕，判断信息可信度，反思同质化内容推荐的真实目的。在消费信息时坚持多元、开放的原则，有意识地接触不同信息载体，用媒介制衡媒介，降低隐蔽偏向的负面影响。[①] 同时，受众应当细致审视各类观点内容的价值导向，积极投身于公共事务的讨论与参与中，认真倾听主流媒体的权威声音。在此基础上，努力增强自身识别和抵制极端思想的能力，防止思想极端化。

第四，受众应具备对信息进行深入分析的能力，挖掘信息背后的深层含义和潜在价值，从而更全面地理解信息所传达的内容。例如，在观看新闻报道时，受众不应仅仅停留在了解事件的基本事实层面，而应通过深入分析事件的背景、原因、各方立场以及可能产生的影响，来形成更为全面和客观的认识。

第五，受众应能有效地利用信息，将所获取的信息转化为实际行动或决策依据。这要求受众具备将信息与自身需求相结合的能力，以及将信息应用于实际场景中的技能。同时，深入分析信息还能帮助受众发现信息之间的关联性和规律性，从而更好地预测未来的趋势和变化，这对于塑造个

---

① 梁钦，张颖.智媒时代媒介素养培育的再适应与新发展［J］.中国编辑，2024（2）：71-76.

人的价值观、提升受众的思维方式、优化受众的职业发展路径，甚至推动社会进步都具有重要意义。

（三）信息生产素养

信息生产素养是指受众在发布信息的过程中，能够遵守相关法律法规，树立正确的信息发布、传播与互动观念，对自己在网络上发布的言论和做出的行为负责。个人自媒体时代，受众不仅可以发布信息，也能通过留言、评论、转发等方式发表个人言论。因此，信息生产素养可以分为以下两个方面。

第一，受众在网络空间应谨慎发布信息和个人言论。个人自媒体创造了更多的公共话语空间，受众自我表达、主动选择、传播信息的权利有所提升。在这个意义上，受众应对自己发布的信息、言论负责。一方面，受众发布的信息应注明来源，结合图片、视频等进行佐证，确保信息的真实性；另一方面，在发布相关言论时也应注意用词，避免对其他个人或社会造成负面影响。

第二，受众应负责任地参与信息再传播。社会化传播的一个重要特性是复杂的再传播过程。在信息的社会化传播中，原始信息经过多个受众的转发、评论、分享等动作，会形成一个复杂的信息传播网络。这个网络中的每个节点（每个受众）都可能成为信息的再次传播者，从而大大延长信息的传播链条，并增加传播的复杂性。

在信息的再传播过程中，受众可能会根据自己的理解、立场或兴趣对原始信息进行加工、解读或再创作，从而导致信息内容的变异和多样性。这种变异可能是对原始信息的补充、深化或批判，也可能是对信息的误解或歪曲。因此，再传播作为一种非原创的传播，由于网络传播的加入，转载传播中的侵权对侵权对象造成的损害可能呈几何级放大。[1]

---

[1] 罗斌，宋素红.再传播侵权责任形态及份额：转载与转播侵权责任的分配[J].中国出版，2018（10）：57-60.

信息生产的日益复杂化，无疑对受众的媒介素养提出了更为严苛的要求。受众不仅需要提高信息获取技能，在信息发布过程中还应主动核实信息真实性、尊重原始信息版权、理性客观表达观点、承担传播后果。

（四）社会交往素养

社会交往素养是指受众运用个人自媒体平台进行社会交往。个人自媒体为受众提供了巨大的社交网络空间。从真实世界延伸到虚拟网络空间，受众个人的社交关系网从广度和深度上都得到了扩大与加深。因此，个人自媒体时代，媒介素养的出发点建立在对虚拟世界与现实社会融合的深刻认识上。[①] 能否将这种网络上的"连接"转化为现实性，取决于受众个人的网络空间社会交往能力。

首先，个人自媒体环境下的社会交往素养体现在对相关技术的掌握上。这包括了解并熟练使用各种自媒体平台的功能和操作，如发布内容、管理账号、分析数据等。技术的熟练程度直接影响到个人在自媒体环境中的表现力和影响力。然而，仅有技术是远远不够的，技术只是实现社交目的的工具和手段。

其次，社会交往素养的核心维度包括互动对象识别、社交关系维护等方面。在自媒体环境中，个人需要不断建立和巩固与他人的联系，包括粉丝、互联网好友、合作伙伴等。通过积极的互动、有价值的内容分享以及及时的反馈和回应，个人可以建立起稳定而持久的社交关系网络。这种关系的维护不仅有助于提升个人的影响力和知名度，还能够为个人提供更多的资源和机会。

最后，受众在进行社会交往时应坚守个人道德底线和原则。在自媒体环境中，个人的言行举止往往会对他人产生影响。因此，个人需要时刻保持清醒的头脑和高度的道德自觉，避免发布虚假信息、恶意攻击或传播不良内容。

[①] 李岭涛，张祎. 数字时代媒介素养的演进与升维[J]. 当代传播，2022（2）：107-109.

同时，个人还需要承担起维护网络空间健康和秩序的责任，积极举报和抵制不良行为，为营造一个文明、和谐、良性的自媒体环境贡献自己的力量。

社会交往素养要求个体不仅能够熟练使用各种媒介工具，还能够对媒介信息进行批判性思考，避免被虚假信息误导，同时保护自己与他人的隐私和安全。

（五）社会参与素养

社会参与素养是个人在网络空间中参与信息生产、传播等活动需要具备的素养，包括创造和分享有价值内容的能力、理性客观地传递信息的能力、积极参与社会讨论并尊重他人观点的能力等多个方面。社会化媒体环境下，媒介使用者不仅能接收、处理信息，还能参与到内容和信息生产、发布、传播的过程中，社会参与素养无疑成为个人自媒体时代最值得关注的维度。[1]

自媒体平台确实在一定程度上为受众提供了自主表达观点与意见的渠道，使得信息传播更加多元化。这种自主表达的权利赋予了受众更多的话语权，促进了社会舆论的多样性和包容性。

然而，尽管个人自媒体为受众提供了自我表达的平台，但这并不意味着受众的社会参与素养得到了普遍提升。社会参与素养不仅包括表达意见的能力，还涵盖了批判性思维、信息甄别、公共议题理解以及参与社会公共事务的能力等多个方面。

诸如微博、抖音等个人自媒体平台，想要真正成为有序、良好的公共空间，可将哈贝马斯提出的"理想交谈环境"视为参照目标。其原则包括：（1）每一能言谈和行动的主体都可以参加商谈讨论；（2）每人都可以使每一主张成为问题，每人都可以将每一主张引入商谈讨论，每人都可以表达他的态度、愿望和需要；（3）没有一个谈话者因为商谈讨论内或商谈讨论外支

---

[1] 金兼斌，李晨晖.社会化媒体时代的"公民编辑"：概念与形态[J].编辑之友，2018（1）：69-74，80.

配性强制，被妨碍体验到自己由（1）和（2）确定的权利。尽管这一原则具有理想化的特征，但为我们共建良好的自媒体传播空间提供了理论价值，也为个体指明了努力的方向。

进入智能传播时代，随着人工智能、大数据等技术的成熟，受众媒介素养将朝着更高层面发展升级，内涵也将不断丰富。

以算法素养为例。算法素养是受众认识到算法的存在并积极利用、驯化算法的能力。技术能够以方便有效的方式过滤信息，但这一过程也有产生"信息茧房"的风险，可能会威胁到健康社会的完整性。正如一些学者所警告的那样，算法是一种新型的行动者，它会干预沟通过程并重塑个人生活。此外，由于算法机制的先天缺陷和社会治理的不足等，传播内容生态出现谣言肆意传播、个人隐私泄露、窄化信息渠道等乱象。[1] 媒介使用者应充分理解社交平台在日常生活中的强大作用及其功能。新闻用户按照自己的方式理解、感受算法驱动的媒体，并与之互动。这种互动不仅涉及他们的直觉反应，还包含情感共鸣和基于个人经验的知识运用。当然，认识算法、掌控算法的能力是在长期的实践中逐渐培养并提升的。

未来随着技术的发展，还会对受众的媒介素养提出更高要求。我们如何在技术狂潮下坚守人的能动性与主动性，延续人类自身所具备的价值与特性，是我们需要持续思考的问题。

二、个人自媒体受众媒介素养的提升路径

（一）具备信息"选择性接触"的筛选素养

当下，信息内容的多元与繁杂使得各种类型信息之间的竞争也越来越

---

[1] 许加彪，付可欣.智媒体时代网络内容生态治理：用户算法素养的视角[J].中国编辑，2022（5）：23-27.

激烈。"选择性接触"新闻信息成为当下受众应该具备的新型素养。

在比尔·科瓦奇与汤姆·罗森斯蒂尔合著的《真相：信息超载时代如何知道该相信什么》一书中，两位作者认为随着新证据的出现，真相会经历一个逐步发展的过程，而在公共生活领域，随着时间的推移，真相会变得更加清晰明确。此外，两位学者提出了"怀疑性认知方法"，即通过（1）我碰到的是什么内容？（2）信息完整吗？（3）信源是谁？（4）提供了什么证据？（5）其他可能性解释或理解是什么？（6）我有必要知道这些信息吗？这六步从媒体内容出发，清晰地阐释了受众在信息认知过程中甄别信息的可行性方式。在此基础上，以下是关键性步骤和策略。

首先，学会质疑信息的来源、目的和背后的动机。不盲目接受或拒绝信息，而是通过逻辑分析和证据评估来判断其真实性和可靠性。

其次，熟悉不同媒体和平台的特点，包括它们的报道倾向、受众群体以及信息传播的规律。这有助于更准确地识别信息的来源和可能的偏见。

再次，在浏览网页、社交媒体时，学会快速识别并过滤掉那些明显带有偏见、夸大其词或缺乏证据支持的信息。同时，对于重要或敏感的信息，要养成查证核实的习惯。

最后，在筛选信息时，优先关注那些有良好声誉、专业性强且长期保持客观公正的主流媒体和专家。他们的观点和报道往往更具权威性和可信度。

（二）养成识图和辨别视频真伪的视觉素养

在网络生活中，人们常说"有图有真相"，而鲍德里亚则提出，图片实际上呈现出了一种"超现实"的状态。图片或视频从情感层面影响观众对事实的感知和判断，在社交媒体语境下，受众应批判性地解读图片，树立"有图不等于有真相"的观念。[1]2023年3月，Reddit网友上传了一组

---

[1] 刘君荣，信莉丽. 社会化媒体环境下受众应对信息风险的路径：基于媒介素养教育的研究视角[J]. 现代传播（中国传媒大学学报），2015，37（3）：58-62.

第四章 社交媒体时代个人自媒体信息传播的受众

记录2001年北美西海岸发生的9.1级地震和海啸事件的信息内容,但事实上整组照片都是用AI工具Midjourney生成的,这组图片也被认定为假图片。

随着媒介技术的不断进步,PS、摆拍、恶搞以及视频合成等手段已经能够轻松地创造出极具视觉震撼力的内容,进而在社会上掀起广泛的舆论浪潮。缺乏公信力或是由个人随意发布的图片和视频,往往隐藏着被人为篡改或合成的风险。

相较于声音和文字,视频和图片以其"全景式"的视觉展现方式更能激发人们的好奇心和窥探心理。这种视觉体验让信息传递变得更为直接、生动、易懂。然而,由于网络监管的不足,虚假消息和伪造图片的传播有了可乘之机。这既是对信息发布者道德标准的一次考验,也是对受众媒介素养水平的衡量。因此,受众在接收这些信息时,应当结合信息的标题或文本内容,进行综合判断,以便准确地识别图片的真实性。

我们可以从以下几方面对视觉信息的真伪进行核查。

(1)反向图像搜索:使用反向图像搜索引擎,可以确定一张图片是否已经在其他平台发布过。如果发现同一张图片被广泛用于不同的背景故事或宣传中,那么可能存在虚假信息的风险。

(2)视频来源验证:对于可疑的视频内容,尝试查找其来源渠道和发布者的可靠性。检查是否有其他独立的新闻机构或官方组织也报道了相同的视频。

(3)查找多方报道:如果一个事件或消息只有单一来源,而其他主流媒体或消息机构并没有报道相同的信息,那么需要谨慎对待。多方报道和消息验证可以提供更全面和可靠的信息。

(4)质疑和独立调查:不要盲目相信并转发未经验证的信息。在遇到可疑内容时,保持质疑态度,进行独立调查和验证,尽量寻找多个可靠来源来确认信息的准确性。最后,要学会寻求专业支持。

(三)发展批判性思考社会化媒体信源的甄别素养

社会化媒体的信息生产者以广大受众为主,信息通常在未经权威部门验证前就已被广泛传播,一些失真的原始信息在传播过程中极具社会风险。[1] 由于社交平台信息把关的缺失、信息发布者身份的隐匿性、受众信息消费高度自由以及平台的开放性等种种因素,信息往往陷入先传播后核实的尴尬状态。

因此,受众可分别从信源的独立性、信源的多样性和信源的社会公信力这三个维度出发去辨识信源。[2] 首先,受众应当审视所接触到的信息是否是独立信源。信源在生产和发布信息的过程中,可能会受到经济、情感、政治以及环境因素等多种外部影响,这些因素都可能削弱其独立性。通常,信源与受众之间的相似性会激发受众的情感共鸣,进而影响信息传播的效果。相较于个人账号,国内主流媒体、政府及社会权威机构的微博实名认证账户或微信公众号通常具有更高的公信力。在发生风险事件时,受众应优先考虑从这些权威信源获取信息。再次,受众对于来自熟人的信息也应保持批判性和理性的态度。以微信为例,朋友圈通常由关系密切的成员组成,彼此间信任度较高,加之微信私密的传播环境,使得谣言极易在此类环境中迅速传播。因此,受众应在众多信源中仔细筛选,优先选择公信力高的权威信源,以减少虚假信息的侵害。

不难发现,随着社交媒体的蓬勃发展,个人自媒体已成为信息传播领域的一支重要力量。他们借助微信、微博、抖音、快手等多元化的社交平台,以独特的视角、生动的内容、即时的互动,构建起与受众之间紧密而

---

[1] 刘君荣,信莉丽.社会化媒体环境下受众应对信息风险的路径:基于媒介素养教育的研究视角[J].现代传播(中国传媒大学学报),2015,37(3):58-62.
[2] 刘君荣,信莉丽.社会化媒体环境下受众应对信息风险的路径:基于媒介素养教育的研究视角[J].现代传播(中国传媒大学学报),2015,37(3):58-62.

直接的沟通桥梁。

受众作为这一信息传播链条的终端接收者,其角色与地位在社交媒体时代发生了深刻的变化。他们不再是被动的信息接收者,而成为主动参与信息筛选、评价、再传播的活跃分子。受众的个性化需求得到了前所未有的重视,个人自媒体通过精准的内容定位与个性化的推送策略,有效满足了不同受众群体的信息消费需求。

同时,社交媒体的开放性、互动性为受众提供了前所未有的表达空间。他们可以自由地发表观点、分享体验、提出建议,甚至参与到内容的创作中来,与自媒体人形成一种深度的互动与合作关系。这种双向的信息交流模式,不仅增强了受众的参与感与归属感,也促进了信息的多元化与深度传播。

然而,社交媒体时代的个人自媒体信息传播同样面临着诸多挑战。信息的真实性、准确性如何保障?受众的隐私权益如何维护?如何避免信息过载与同质化竞争带来的负面影响?这些问题都需要深入思考并寻求有效的解决方案。社交媒体时代个人自媒体信息传播的受众,既是信息传播的终点,也是信息再传播的起点。他们以独特的角色定位与行为特征,共同塑造了一个多元化、互动化、个性化的信息传播生态。未来,随着技术的不断进步与受众需求的持续变化,个人自媒体信息传播的方式与效果也将迎来更多的机遇与挑战。

第五章　社交媒体时代个人自媒体的信息传播责任

　　社交媒体时代，信息生产的速度显著提升，新兴媒体平台不断涌现，信息传播的方式也愈发多样化和复杂化。特别是人工智能和大数据等新技术的融入，为传播格局带来了革命性变化。然而，这场变革如同一把双刃剑，既展现出其积极的一面，也潜藏着不容忽视的负面影响。一方面，信息的快速流通和多样化传播极大地丰富了人们的信息获取渠道，为信息服务行业开辟了广阔的发展前景。另一方面，随着自媒体的兴起，传播责任出现大众化转向，个人自媒体成为传播责任新的承担者。传统的媒介道德规范遇到了一定的挑战：原有的规范面临失效或被忽视，而新的规范体系尚未完全建立，导致人们在面对复杂多变的传播环境时感到困惑和焦虑。

　　面对社交媒体实践探索带来的新情况和新问题，针对自媒体发展的种种转向，特别是信息传播责任的转向，媒介伦理和传播责任问题需要重新思考、界定与规范。

第五章　社交媒体时代个人自媒体的信息传播责任

第一节　个人自媒体信息传播的价值偏向与现实困境

一、信息传播主体的复杂性

互联网技术的飞速发展，特别是社交媒体的普及，带来了信息传播领域的多元化，促进了社会信息的流通与共享。网民可以通过社交媒体平台，随时随地分享自己的观点、见闻和感受，与其他用户进行互动交流。这种即时的、双向的、多向的信息传播方式，使得传播者和受传者之间的界限越来越模糊，受众从信息的被动接收者变成了信息的发布者，传播者和受传者的角色完成了互换。受众不再是被动的客体，而是成为驾驭信息的人，他们可以根据自己的兴趣和需求主动选择、创造和传播信息。

话语权在一定程度上被更广泛地分配给社会各个阶层和群体。社交媒体的普通用户甚至是非人类实体（AIGC）成为信息内容的生产主体，大量的社交用户和社交机器人参与了公共信息的生产环节。通过互联网平台创作和分享内容，大大释放了内容的生产力，但也带来了内容质量参差不齐的问题。

以普通用户为主体的内容生产，由于传播主体没有接受过专业教育，出于利益追求，忽视公共利益和社会责任，极易自产虚假信息，真实性被趣味性所取代，甚至出现劣币驱逐良币的现象。许多专业人员在制作内容时，也不免向用户需求低头，产生媚俗化倾向，客观性的理念与实践原则也正在面临着挑战。同时，社交媒体的匿名性为虚假信息提供了"保护面具"，这使得网络空间道德伦理的约束力骤降，用户主体责任感缺失。由此，在网络去抑制效应的作用下，社交媒体参与者一旦遇到社会热点事件，便很容易产生群聚、围观现象，为彰显个性，阐述失格意见。而把关意识的滞后，也使得一大部分社交媒体参与者成为谣言的"传声筒"。

以 AI 技术为主体的内容生产，在颠覆信息生产模式的同时，也带来了一些媒介道德方面的问题。AIGC 借助人工智能算法和训练的数据来创造性生成内容。从信息生产流程上来看，AIGC 可以配图、撰稿、互动、搜索，可以在短时间内掌握人文社会科学的资料，学习各大报社专业记者的写作风格，批量生成质量媲美人工的内容。目前，利用生成式人工智能或采取人机协同的方式生产内容，已经成为各大媒体机构及网络信息平台未来发展的方向。

在这种情况下，各大媒体平台纷纷推出写作机器人，如今日头条的"Xiaomingbot"、谷歌的"Genesis（开端）"等。这些创新技术的引入无疑极大地提升了信息内容的生产效率。这些日产几十篇甚至上千篇的写作机器人能够在短时间内产出大量稿件，极大地缓解了内容生产者的工作压力，也为社交媒体内容创作行业的快速发展提供了强大的技术支持。然而，写作机器人的内容产出方式也存在一些明显的问题。它们虽然可以快速生成文章，但这些文章往往缺乏人文关怀，无法展现媒体报道所蕴含的社会责任感。同时，借助人工智能算法和训练数据生产出来的信息内容可能出现低质量或错误的问题。如 2023 年 4 月，利用 ChatGPT 撰写的"今晨甘肃一火车撞上修路工人，致 9 人死亡"的虚假信息就导致了谣言的传播。AI 的人类面部识别技术和对人类语言系统的学习功能也为虚假信息的滋生提供了土壤。AI 换脸技术可以将名人面孔复制至具有争议的视频画面中，以假乱真，制造假视频。

无论是以普通用户为主体的内容生产，还是以 AI 技术为主体的内容生产，社交媒体时代多元化信息生产主体的不确定性使得公共信息生产的有效规范任重而道远。

二、信息内容的娱乐化与把关缺失

信息内容的娱乐化趋势与社交媒体平台把关缺失的问题相互交织，构成了当前信息传播领域的复杂图景。在信息生产层面，一个不容忽视的现象是，信息内容正逐渐向娱乐化方向倾斜。从新闻报道到社交媒体动态，再到多样化的媒体产品，它们越来越注重内容的趣味性、吸引力和易消费性。

社交媒体作为 Web 2.0 技术发展的产物，用户入场更多的是将其当作一种联络工具和休闲场所。然而，随着人的聚集和关系的积累，社交媒体的公共性开始凸显，大批网民自发贡献、提取、创造时事资讯等公共信息并传播。从用户入场的逻辑来看，社交媒体具有天然的娱乐性，由此产生的公共信息也不可避免地与娱乐挂钩。在这种情况下，自媒体从业者更倾向于呈现富有戏剧性、新颖和有争议的内容以回应用户的娱乐偏好。

然而，社交媒体作为现代信息传播的关键平台，承载着为公众提供信息服务及履行公共责任的重要使命。在这一框架下，过度的娱乐显然是不合适的，尤其是在涉及公众心理、利益及价值观念的严肃性、威胁性及紧迫性议题上。通过娱乐化手段对问题和事件进行包装，以吸引公众关注并追求轰动效应，往往会导致问题和事件本身所蕴含的深层意义和反思性议题被掩盖。[1]

尼尔·波兹曼在其著作《娱乐至死》中深刻指出，公众话语正逐渐以娱乐的形式呈现，并逐渐演变成一种文化精神。宗教、政治、新闻、体育以及教育等社会重要领域，均自愿地沦为了娱乐的从属，这种现象在无声

---

[1] 黄一玲，焦连志，程世勇. 网络文化"泛娱乐化"背景下的社会主义核心价值观认同培育[J]. 湖北社会科学，2016（11）：175-182.

无息中进行，最终导致我们成了一个娱乐至死的物种。①

公众情绪与信息消费模式的某种扭曲使得严肃议题被娱乐化，这一现象在新闻信息的生产与传播链条中尤为明显。社交媒体时代的普通用户受限于采访权限，主要通过整合编辑其他新闻源的内容来参与信息传播。为了吸引关注与流量，部分用户会修改原有的新闻标题，使其更具争议性和煽动性，以此作为提升影响力的手段。更为严重的是，在广告利益的驱动下，社交媒体时代的自媒体工作者往往对娱乐明星及上流社会八卦新闻投入更多资源，这不仅挤占了宝贵的公共资源，还导致对社会问题进行深度探讨的有价值的新闻信息被忽视。

今天，面临社交媒介内容生产的特点，媒体人所肩负的使命并不仅仅是去除娱乐化、抵制商业化或简单地重建道德标准那么直观和简单，而是涉及更深层次的问题，即如何重新界定"公共价值"，并重塑那些影响"社会现实"构建的叙事形态。

在信息传播领域，社交媒体平台作为关键的信息汇聚与分发节点，其信息审核与把关功能的缺失问题愈发显著。这些平台本应担当起维护信息真实性与准确性的重要角色，然而，其高度开放与即时的特性使得信息发布与传播几乎挣脱了时间与空间的束缚，导致大量未经验证的乃至虚假的信息得以迅速蔓延。这种把关机制的弱化不仅侵蚀了信息的整体品质，还可能加剧社会信任体系的瓦解，误导公众意见，甚至对社会的稳定构成潜在的挑战。

随着社交媒体参与者在实践中探索开拓，信息从发现到发布的时间不断缩短，完成了从"定时"、"及时"到"实时"，甚至"瞬时"的转变。社交媒体在信息发布的时效性上已经远远领先于传统媒体，许多在事发现场的网民利用网络将事情发生的前因后果以文字、照片和短视频的方式第一

---

① 波兹曼.娱乐至死[M].章艳，译.北京：中信出版社，2015：4.

第五章　社交媒体时代个人自媒体的信息传播责任

时间呈现给广大受众，瞬时引爆社交媒体，引起受众的巨大关注。推特、抖音等社交媒体上生成的海量信息在很大程度上已经成为第一手信息的重要来源。这些即时信息虽显嘈杂，却为传统媒体报道提供了宝贵的补充，乃至在某些情境下成为其替代品。

2001 年，9·11 事件震惊全球，新浪网在事件发生 8 分钟后便迅速发布了首条相关新闻，该事件标志着国内互联网媒体首次在新闻报道的速度上超越了传统媒体。2008 年 5 月 12 日 14 时 28 分，四川汶川遭遇了 8 级强烈地震。就在汶川地震发生 4 分钟后，一位来自云南的新浪博友"说来话长"便发表了题为《地震了！》的博文，成为首篇关于汶川地震的网络记录。[①] 随后的一个小时内，互联网上涌现了近千篇来自震区及其周边地区的网友博客和文章，他们纷纷描述着地震的现场情况。在社交媒体时代，许多类似汶川地震的突发事件，最初都是由在场或周边的网友通过社交网络曝出消息，并随着事态的发展，不断实时更新和跟进最新情况。

对时效性的不懈追求，固然满足了公众对即时信息的渴求，满足了其知晓最新事态的权利，但同时也将社交媒体中的信息传播推向了风险高发的境地。突发事件发生后，掌握原始资料的网络用户在揭露事件时，通常会融入其对事件的直接感受。在社交媒体的互动性影响下，更多的信息接收者在获取发布者的信息后，会形成自身的见解和观点，并在转发过程中加入个人的评论。亲临一线的网民拍到的图片、视频资料对事件的呈现是否全面、客观？对外传达的感受是否理性、清晰？阅读到信息的受众发表的意见和看法是否公正、科学？这些均是社交媒体信息实践中亟待审视的课题。遗憾的是，实际情境中，往往是事态发展尚未尘埃落定，相关信息已迅速占据舆论场，社交媒体时代对时效性的狂热追求极大地压缩了信息生产者深思熟虑与深入调查的时间和空间。

---

① 金进，洪瑾，郭抗抗.网络媒体在危机报道中的优势和问题研究［J］.北京理工大学学报（社会科学版），2009，11（3）：104-108.

为确保信息的真实性和公正性，传统媒体必须在纷繁复杂的信息中进行精挑细选、严格核实以及有效整合，并对其进行深入的分析。在这一过程中，信息核实环节尤为关键。若未经核实的信息被发布，可能会导致严重的后果。美国全国公共广播电台的实践经验强调，当媒体转载来自其他媒体平台或用户创作的内容时，须执行严格的审核流程，防范各类不实信息的传播。①

社交媒体时代的信息生产传播机制讲求对时效的盲目追逐，讲求对"独家"和"首家"的竞争，削弱了媒体对内容的把关能力。突发事件的现场记录者缺乏对事件始末的问询，媒体工作者没有对信源提供者进行事实核查，很多不实信息的传播就是在这种机制的推波助澜下才愈演愈烈，谣言与虚假信息频现，严重干扰了公众的认知与判断。

三、社群互动与网络暴力

互动的一个核心含义在于，某一直接行为能够迅速引发相应的结果，也就是实现即时的反馈。这种机制建立在交换的基础之上，意味着存在一种明确的传递与接收关系。当这种关系呈现出双向特征时，可以将其定义为"互动"。互动的一个基本流程是"输入—反馈—输出"。

在传统媒体时代，互动通常是有限的。电视、广播和报纸分发的信息是单向传播的，观众或读者只能被动地接收信息。尽管传统媒体也提供了一些互动方式，如电话热线、信件或电子邮件反馈等，但这些方式通常不够便捷和实时。

相比之下，互联网的出现满足了人类对于沟通互动几乎所有的想象，民众获得了空前的表达、交往机会，且这种交流更加便捷、实时和双向。

---

① 彭增军. 新闻业的救赎［M］. 北京：中国人民大学出版社，2018：110-111.

第五章　社交媒体时代个人自媒体的信息传播责任

社交媒体平台允许用户创建个人资料、发布内容、关注其他用户并与他们进行交流，这不仅提高了人们交流互动的密度与频率，而且这种互动模式是多元的，既涵盖了接收者与传播者之间的互动，也包含接收者彼此之间的互动。此外，社交媒体还允许用户通过创建群组、标签或话题等方式，形成具有共同兴趣或目标的社区，进一步深化互动。

此外，从理论上讲，便捷的交流手段和通畅的沟通渠道，有助于减少误解和偏见，促进不同群体之间的相互理解和宽容，进一步推动理性对话的形成。然而，在社交媒体实践的现实空间中，人类并没有因此在更高程度上达成共识，反而坠入群体极化的陷阱。[①]

网民在社交网络上聚集形成一个又一个网络圈群。这在一定程度上加剧了观点极化和社会分裂的风险。这种极化的形成，一方面源于圈内互动的局限性，某一观点在局限的互动中被持续加强和固化；另一方面，由于不同圈群之间缺乏有效的沟通和互动，使得难以达成共识，反而加剧了对抗和分裂。当群体极化从小群体蔓延到公众领域时，其影响更为深远。公共讨论和社会交往不再以理性、客观为基础，而是被无序混乱、虚假虚耗的网络喧嚣所主导。在这种氛围下，不同观点之间的交锋往往演变为无底线的对抗和混战，中间声音被淹没，理性讨论变得异常艰难。不确定、不可控的对抗与分歧进一步激发了网民在公众话题参与上的无序与暴力。各种极端的言论在网络上迅速传播，并吸引更多的人加入讨论，形成一种"群体的狂欢"。人们陷入一种非理性的状态，对事件或人物进行过度解读和评价，甚至对不同观点的人进行攻击和谩骂。这不仅影响了公众对于社会问题的认知和判断，也阻碍了社会共识的形成和公共政策的制定。长此以往，社会凝聚力和稳定性将受到严重挑战。

群体极化与网络暴力往往是相生相伴的。近年来，网络暴力现象在互

---

① 韦龙.重返对话：网络群体极化现象化解路径研究［J］.新闻大学，2021（10）：30-43，118.

联网平台上肆意蔓延，各类网络群体极化现象不断发生，社交媒体的匿名性、弱规范性等特点，使得社会公众参与网络公共事件的对话呈现出"情绪先于事实""暴力先于对话"的特点，造成了网络暴力事件。群体极化所引发的网络暴力问题已然成为社交媒体时代意见交流与互动过程中无法回避的道德困境。

四、智能推荐与信息茧房

随着社交媒体时代的到来，信息聚合平台的崛起，通过深度应用大数据分析技术，对用户群体进行精细化的区分，并依托先进的推荐算法，实现了信息的个性化推送，为用户群体量身打造了定制化的信息服务体验。这一模式不仅革新了信息传播的方式，更成为当代媒体生产与传播信息的主流趋势。易观数据于2017年6月发布的《中国移动互联网网民行为分析报告》显示，2016年成为算法推荐机制超越人工推送方式的关键转折点。在智能算法推荐技术日益成为信息筛选与分发核心环节的背景下，媒体内容能否有效触达并吸引其目标受众，已愈发依赖于机器算法的精准决策与动态优化。这一过程超越了传统意义上稿件内容质量与媒体品牌影响力的单一维度，亦非人工编辑仅凭个人经验或主观判断所能驾驭。[1]相反，它要求媒体机构与平台在内容创作与分发策略上，必须与算法机制深度融合，通过持续优化内容质量与提升用户体验，以适应算法对信息价值的评估与推荐逻辑。

社交媒体将受众需求作为内容产出的第一要素，力求精准地适应受众需求，确保用户的持续关注和高度黏性，例如今日头条、抖音等社交媒体平台，均以精准的算法推送获得了巨大的关注度。算法推送信息具有天然

---

[1] 匡文波，姜泽玮.智能媒体新质生产力：理论内涵、运作逻辑与实现路径[J].中国编辑，2024（7）：29-35.

第五章　社交媒体时代个人自媒体的信息传播责任

的优越性，能够对社交媒体海量的信息内容做出高效的分析推送。

以今日头条为例，该平台利用先进的算法技术，对用户的浏览历史、点击行为、分享记录等进行深入分析，从而构建精细的用户画像。基于这些画像，平台能够为用户推送高度个性化的资讯内容，确保用户每次打开应用都能看到自己感兴趣的信息。这种精准推送不仅提高了用户的使用体验，也增强了用户对平台的黏性。有学者曾对今日头条的算法推送机制进行调研，发现有66%的受众认为今日头条的个性化推荐功能很好，乐于接收与自己兴趣相投的新闻信息，仅有34%的受众认为自身获取信息的渠道受限。[1]

同样，抖音等平台也通过算法推荐技术，实现了短视频内容的个性化推送。用户在浏览视频的过程中，算法会根据其点赞、评论、分享等行为，不断调整推送策略，确保用户能够看到更多符合自己喜好的视频内容。这种推送方式不仅提升了用户的观看体验，也促进了平台内容的多样化发展。

当前，推荐系统采用的算法种类繁多，各具特色且适用于不同的场景。这些算法可以大致分为五类：基于流行度的算法、基于关系的协同过滤算法、基于内容的算法、基于模型的算法，以及融合多种策略的混合算法。[2] 其中，基于内容的算法和基于关系的协同过滤算法在我国尤为普及。[3]

基于内容的算法核心在于深入分析用户过往浏览、关注的信息内容，进而精准推荐与之相似或用户可能感兴趣的其他信息。这种算法主要依据信息本身的内容特征进行匹配，比如文本的关键词、图像的标签等。通过对比用户历史行为与当前内容特征，算法能够较为准确地找到用户可能感

---

[1] 刘悦坦，王学敏.算法推送机制下信息茧房效应的反思及规制：以今日头条为例［J］.传媒，2024（13）：38-40.

[2] 郝雨，李林霞.算法推送：信息私人定制的"个性化"圈套［J］.新闻记者，2017（2）：35-39.

[3] 周建明，马璇.个性化服务与圆形监狱：算法推荐的价值理念及伦理抗争［J］.社会科学战线，2018（10）：168-173.

兴趣的内容。

基于关系的协同过滤算法主要依赖于用户之间的相似性。具体而言，这种算法会深入庞大的用户群体中，精心挑选出与目标用户兴趣相投或行为相近的用户群体。随后，它会依据这些相似用户对其他信息的评价及兴趣倾向，来精确预测目标用户可能感兴趣的内容。随着用户与平台的互动加深，基于人工智能的算法推荐系统变得越来越智能化。这些系统能够根据用户的使用痕迹，如点击、浏览、评论等行为，构建出精细的用户画像。通过不断学习和分析用户的行为模式，算法推荐对用户的真实需求判断也会越来越详细和准确，符合用户兴趣的信息会被精准地推送到用户面前，用户每一次对信息的选择痕迹都在强化其在推荐系统中的个性化标签。这意味着，随着时间的推移，推荐系统对用户偏好和需求的理解将不断深化，从而可以为其提供更为精准和个性化的推荐服务。

基于算法推荐技术的信息分发，解决了数字化媒体时代用户在信息过载时的选择难题，满足了用户在快节奏时代以最少的时间成本获取个性化信息选择的诉求，在一定程度上解决了信息分发的效率问题。然而，当用户被基于个人兴趣定制的信息流所包围时，他们会逐渐丧失接触和了解不同事物的机会与能力。算法推荐技术的使用，表面上旨在协助个体缩减搜寻信息内容的成本。实质上，该技术依据预设程序对公众的阅读兴趣进行了定向引导。随着个性化算法技术的深度渗透，用户的世界逐渐以个体偏好为主导，且在不知不觉中，囚困于自我构建的"信息茧房"之中。在信息茧房内，个体与外部世界的沟通显著减少，进而促使个体与群体间的分化加剧，原本多维度的语言交流被简化为单一维度的表达。这个"信息茧房"不仅限制了用户对信息的全面认知，还束缚了他们的行为方式，同时也阻断了跨领域观点的交流与碰撞。①

---

① 骆正林.传媒技术赋权与人类传播理念的演变[J].现代传播（中国传媒大学学报），2020，42（2）：55-63.

第五章　社交媒体时代个人自媒体的信息传播责任

美国哈佛大学教授凯斯·桑斯坦在其著作《信息乌托邦：众人如何生产知识》中，首次提出了"信息茧房"（Information Cocoons）的概念，并形象地描绘了互联网用户在海量信息中依据个人兴趣构建自我封闭的信息环境的现象。用户在大量的网络信息中倾向于仅摄取与自身兴趣相符的信息，排斥或忽视其他内容，长此以往，便形成了"信息茧房"。这一效应进一步加剧了"回音室效应"（Echo Chamber Effect），即用户仅接收与自身观点相契合的信息，形成闭环的信息传播模式，并在此过程中不断受到正向反馈的强化，导致对外部世界的认知产生偏差，甚至走向极端化。

年轻且受教育程度较低的用户群体往往更少接触非个性化信息，其信息内容偏好趋于单一化。[①] 这不仅限制了用户的视野，还可能导致他们在面对某些观点时产生盲目自信和极端化的想法，进而削弱个人判断力，造成对现实世界的认知失衡。随着越来越多的个体或群体被信息茧房所束缚，公共领域逐渐遭受侵蚀。人们不再热衷于参与公共事件的讨论，而是倾向于安逸地留在"信息茧房"所构建的舒适区内。

算法推荐为个体制造"信息茧房"的同时，也为社会面的群体极化提供了温床。在算法推荐的环境下，用户只能接触到与自己意见相似的信息，并乐于与和自己抱有同样价值观的"同类人"交流。抱有相似或相同观点的用户惺惺相惜，自发地组成群体。群体成员长期处于一个相对封闭的信息环境中，他们往往被"信息茧房"所束缚，难以接触到外界的新鲜信息和观点，如图 5-1 所示。这种信息的单一性不仅限制了他们的视野，还使得他们在讨论中所依赖的理论基础变得非常有限。此外，群体成员在相互探讨问题时，由于缺乏多元化的视角和信息，他们的观点容易被误解和曲解，进一步加剧了这种局限性。这种现象不仅阻碍了群体之间的有效沟通，还容易导致群体内部的意见进一步固化和极化。不仅如此，网络上的匿名

---

① GAO W, LI P, DARWISH K. Joint topic modeling for event summarization across news and social media streams [J]. ACM, 2012: 1173-1182.

功能和不及时的监管更是强化了群体认同和极端化程度。

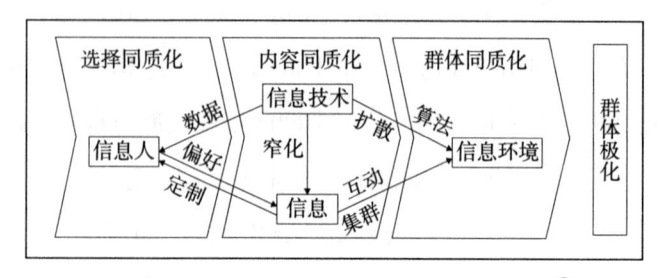

图5-1 信息茧房对群体极化演化的作用过程①

五、社交媒体时代信息传播的焦点问题——虚假信息的泛滥

社交媒体场域中，个体的每一次评论、事实陈述或意见表达均促进着信息流的扩散与传播。特别是在自然与社会风险事件中，多个参与主体的一致行动导致了信息量的急剧增加，呈现出指数级增长趋势。② 然而，一个不容忽视的现象是，社交媒体平台上的信息质量参差不齐，大量信息未经核实便迅速传播，其中错误信息与虚假信息占据显著比例。

同时，相较于真实信息的传播，虚假信息展现出更强的渗透力和更广泛的覆盖范围，真实信息的传播力度明显弱于虚假信息，难以在同等程度上获得公众的关注与认同。麻省理工学院 Vosoughi 等学者于 2018 年的研究为此提供了有力证据，该研究通过对推特上 2006 年 9 月至 2016 年 12 月期间 300 万用户发布的 12.6 万条消息进行深入分析，发现虚假信息在传播速度、范围和影响力上均显著优于真实信息。具体而言，当信息成功触达 1500 个独立个体时，虚假信息的传播速度是真实信息的 6 倍之多。此外，

---

① 张瀚予，丁怡宁，郭思琪.信息茧房效应下用户群体极化形成机理研究［J］.图书与情报，2024（3）：132-144.

② 徐锦江.流言：概念辨析、传播特性及其治理环境研究［J］.新闻大学，2023（8）：31-43，117-118.

该研究还指出，虚假信息被转发的概率相较于真实信息高出70%，进一步凸显了其在社交媒体环境中的传播优势。①

2024年1月，世界经济论坛携手苏黎世保险集团和威达信集团，基于近20年的原始风险感知数据，共同发布了《2024年全球风险报告》。该报告明确指出，信息错误与虚假信息的泛滥已成为当前全球面临的最大短期风险。

（一）社交媒体时代虚假信息的形态

在社交媒体上泛滥的虚假信息已经成为一个全球性问题。它影响着人们正常的信息消费，影响着社会共识的形成，阻碍了信息服务行业和互联网行业的健康发展。随着技术，尤其是人工智能的发展和传播环境的变化，虚假信息的形态也在发生变化。虚假信息的类型一般有如下几种。

1. 编造式信息

这类信息主要指经过无根据的杜撰，以及缺乏确凿的事实基础与实证支持而虚构出来的信息，其内在逻辑体系往往支离破碎，内容展现上也显得杂乱无章。传播者在散播此类信息时，常常以"不知真假"为借口，以此来达成传播目的，并试图在出现问题时推卸责任。

编造式信息创作者通常会巧妙地利用公众人物的广泛影响力，或是模拟知名媒体、组织、机构的视觉标识，乃至直接冒充名人、记者的身份，来创作并散布虚假或具有误导性的内容。它们通过假借媒体公信力与名人效应，以期达到广泛传播的效果。这类信息往往遵循一种预设的叙事框架，如："据××权威机构/知名人士报道……"，其中××被刻意设定为具有高信誉度的媒体平台或公众人物，以此作为提升信息可信度的幌子。其内容设计上则倾向于选择能够引发公众强烈情感反应或好奇心的题材，通

---

① VOSOUGHI S, ROY D, ARAL S. The spread of true and false news online [J]. Science, 2018, 359 (6380): 1146-1151.

过制造耸动的效果来吸引公众的注意力与情绪波动。

2. 篡改式信息

篡改式信息主要通过操纵图像、视频和文字来误导观众或欺骗他人。如使用图像或视频编辑软件来增加、减少或挪用图像及视频中的元素，以达到误导观众的目的。同时，这些信息的文字部分也可能经过巧妙地编写，使得逻辑看似合理，令人难以察觉其中的虚假成分。这种手法往往利用人们对信息快速接受和传播的特点，通过巧妙地编辑和拼接，使虚假信息看起来非常真实。在社交媒体时代，没有时间、地点特征的图片和视频尤其容易被用于制造和传播虚假信息。他们可能会通过篡改、剪辑或配音等手段，将原本与某个事件无关的图片或视频与某个重大事件联系起来，从而误导公众。篡改式信息在自然灾害或战争等重大事件发生后尤为常见。因为这些事件往往会引起广泛关注，人们迫切希望了解事件的进展和真相。这时，如果有人故意散布虚假信息，往往能够迅速传播开来，造成不良影响。

3. 误导式信息

误导式信息涵盖了多种具有迷惑性的情况，其中对统计数据、调查报告进行片面的解读是生成误导性内容的一种常见形式。这种解读往往只关注数据的某一方面，而忽略了其他重要的因素，从而得出片面甚至错误的结论。对图片进行裁剪以改变其本来含义也是生成误导式信息的一种手段。通过裁剪图片，可以去除或添加某些元素，从而改变图片所传达的信息。这种手法在社交媒体和网络平台上尤为常见，往往用于制造轰动效应或误导公众舆论。

标题党是一种常见的生产误导式信息的形式。这种标题通常以夸张、耸人听闻的方式吸引读者的注意力，但内容往往与标题不符或相去甚远。这种手法不仅误导了读者的预期，也损害了媒体的公信力和形象。此外，忽略前因后果、背景、上下文和语境也是误导式信息的一个重要特征。这种内容往往只关注事件的表面现象，而忽略了其背后的复杂因素和因果关系。这种片面的呈现方式不仅无法揭示事件的真相，还可能误导公众的判断和决策。

断章取义、以偏概全也是生成误导式信息的常见手法。这种信息通过选取某个片段或某个观点来代表整体，从而得出片面的结论。而结论往往缺乏全面性和客观性，容易误导公众的认知。

关于误导性信息，一个显著的例子便是自 21 世纪初以来直至今天仍在被广泛讨论的"富士山即将苏醒"及其相关预测，诸如"富士山可能即将爆发，日本已做好全面准备"以及"喷发后东京将陷入黑暗"等说法。然而，经过严谨考察后发现，这些断言与富士山近年来的火山活动实际情况大相径庭。事实上，富士山的火山活动记录显示其目前处于相对平稳的状态，并未展现出任何即将喷发的明确前兆。

追溯这些误导性信息的源头，部分原因可归结为对日本警方针对富士山可能喷发所采取的预防性措施及防灾预案更新的误解。值得注意的是，这些官方行动的初衷并非基于富士山即将喷发的直接预测，而是作为提升国家应对自然灾害能力的一项常规工作。换言之，防灾预案的更新属于风险管理的一部分，旨在增强社会对潜在灾害的抵御能力，而并非直接预示富士山即将喷发。

4. 讽刺、戏仿、恶搞、小说、影视或游戏内容被当真

在国际新闻领域，一些媒体制作的讽刺类内容，在层层传播中逐渐失去了其原有的讽刺和批判意味，被后来的接收者误认为是真实事件或报道。讽刺作为一种文学或艺术形式，其本质是通过夸张、对比等手法，对社会现象或个人行为进行批判和反思。然而，在社交媒体时代，信息的传播速度和范围都达到了前所未有的程度，这也导致了信息在传播过程中很容易被抽离原有的背景和语境。当讽刺内容脱离其原始环境后，接收者往往难以辨别其真实意图，从而将其误认作真实事件。

除此之外，影视或游戏内容被误当真的情况在社交媒体愈发普遍。影视和游戏作品常常采用高度逼真的特效和场景设计，使得虚构内容看起来非常真实。随着技术的发展，特别是计算机生成图像（Computer-Generated Imagery，CGI）技术的进步，许多影视和游戏作品已经达到了让人难以区分真实与虚构的程度。这使得一些观众和玩家在接收这些信息时，难以分辨其真实性质。一些影视和游戏作品基于现实世界的背景、人物和事件进行创作，使得画面与现实生活具有很高的相似性。当这些作品所呈现的情节、角色或现象与观众和玩家的现实经验相吻合时，他们会更容易将虚构内容当作真实事件来接受。一些用户在分享影视或游戏内容时，也可能会忽略其虚构性质，将其当作真实事件进行传播。当其他用户在接收到这些信息时，如果没有足够的辨识能力，就很容易被误导。1938年10月31日，美国哥伦比亚广播公司播出了一部充满神秘和惊悚元素并由科幻小说《火星人入侵地球》改编的广播剧，导致大量美国人误以为火星人真的入侵地球，甚至引发了东海岸的美国居民做出诸如逃离城市、向加拿大移民、对天空开枪、藏进地下室等种种极端行为。全美国有约170万人受到了这条谣言的影响，120万人感受到了恐惧。

5. 阴谋论信息

阴谋论是一种不科学的认知方式，通常指对历史或新闻作出特别解释的说法。阴谋论往往隐含着对事件公开解释的质疑，暗示存在故意的欺骗行为，并认为有特定集团在背后操控事件的进程与结果，旨在实现该集团的私利。阴谋论的主要特点包括缺乏可靠证据支持，完全以猜测和臆想为推论依据，并往往由少数人推广，具有很强的同谋性和排他性。阴谋论通常包含3个核心特点：首先是"损人利己"，即认为某个集团或个体通过操纵事件来获取利益，同时损害其他人的利益；其次是"故意欺骗"，即认为公开的解释是故意误导公众的，而不是基于事实或真相；最后是"合谋操纵"，即阴谋论通常假定有一系列人或组织在背后共同策划和实施这些阴谋。阴谋论的传播通常打着正义的旗号，发布看似与国家前途命运、个人利益密切相关的内容，以耸人听闻的外包装吸引公众关注。它们善于抓住事件中的某个细节进行渲染、夸大和妖魔化炒作，或将极端个案演绎为社会现象，通过贴标签等手段引导公众展开联想。阴谋论经常被用来应对政治不确定性。因此，为了维持阴谋论的保护功能，"事实"信息可能被评估为敌对信息，从而被忽视。[①]同时，受众可能会有选择地接近或避免信息，并参与有动机的推理，即以适合他们先前信念的方式处理信息，这也在很大程度上推动了虚假信息的生成与扩散。

（二）区分和应对虚假信息的方法

在传统媒体时代，虚假信息泛滥的问题已然成为世界性的职业规范难题，其根源深植于信息生产的复杂性之中。作为应对手段之一的事实核查是一种很好的减少虚假信息的方法。然而在社交媒体时代，由于社交媒体参与者往往没有接受过专业且系统的教育，自媒体从业人员也没有采访权与发布权，更没有公共机构的背书，所拥有的人力资源、组织资源和信息资源已不足以支持其完成对信息真实性进行维护，传统的信息核查方式已不适用于社交媒体时代。因此社交媒体时代的自媒体从业者在坚持信息真实性原则的同时，也要重构事实核查的方法。为了应对这一问题，欧洲新闻中心在2014年推出了核查手册，由中国首个独立的事实核查组织"有据核查"所有人魏星撰写的《事实核查手册》也于2023年6月面世。通过对比两部核查手册，可以总结出几种普通社交媒体参与者可以触及的确保信息真实与进行事实核查的方法和技能。

1. 甄别事实和观点

事实和观点是两个截然不同的概念。事实是客观存在的，可以通过观

---

① LEE S W, NANZ A, HEISS R. Platform-dependent effects of incidental exposure to political news on political knowledge and political participation [J]. Computers in human behavior, 2022, 127: 107048.

察、实验或验证来证实。它们不依赖于个人的看法或情感，而是基于证据和数据的。例如在标准大气压下，水在 0℃ 时结冰，在 100℃ 时沸腾；地球在自转的同时也在围绕太阳公转等都是事实。相比之下，观点则是主观的，基于个人的经验、信仰、价值观或立场。观点可能因人而异，并且没有绝对的正确或错误。在遍布意见的社交媒体环境中，要注意甄别事实和观点。

2. 善用常识

常识是个很笼统的概念，是人们在长期的生活、生产、文化传承中逐渐形成的一种普遍共识。它是一种基本的、普通的、不证自明的知识，是人类智慧的结晶，被广泛接受和应用。

需要注意的是，虽然常识被广泛接受和应用，但它并不意味着一定正确或无可争议。有时常识也可能会被挑战或更新，随着社会和科技的进步，人们对于某些事物的认识和理解也会发生变化。在具体的实践中，需要保持开放的心态和批判性思维并利用常识对待网络信息及其材料。

3. 求证国际组织和有公认权威性的信源机构

在传统媒体新闻报道实践中，媒体记者相对容易找到信源入口。在社交媒体时代，依然鼓励每一位社交媒体从业者和自媒体工作者根据媒体报道中提到的线索，追根溯源，在可能的情况下，找到更相关的直接来源——包括法律条文、报告、统计、直接引语、新闻发布会的原始记录、当事人社交媒体账号等。同时，也应当鼓励采用有公信力的国际组织作为核查真相的重要信源，这些组织一般被认为相对中立且拥有权威资源，比如联合国、联合国教科文组织、世界卫生组织、经济合作与发展组织、世界银行、国际货币基金组织的相关网站，在涉及全球政治、经济、社会、文化方面，有大量完备、公开、免费的材料。

4. 利用图片反向搜索及图片验证插件

在当前的社交网络环境中，相较于文字形式的信息，以图片和截图为载体的可疑信息呈现增长趋势。这种现象的出现，与社交媒体平台的传播特性密切相关。图片作为一种信息载体，因其极具视觉冲击力和易于理解的特点，在微信群、朋友圈、微博等社交平台上更易捕获公众眼球并激发其关注与兴趣。此外，"有图有真相"的观念已经深入人心，人们更加倾向于相信视觉上的证据，而图片往往能够更直观地呈现事实。因此，虚假信息的发布者为了增加内容的可信度，往往会附上图片。这些图片可能是真实的，也可能是经过篡改或伪造的，但无论如何，它们都在一定程度上增强了信息的传播力。很多图片在传播过程中被抽离了原有的背景和时间线，导致受众对于该图片产生完全不同的认识和理解。例如，一张原本只是在特定场合下拍摄的照片，可能被误传为某个事件的证据，从而引发误解和误导。此外，还有一些图片被软件加工篡改，完全改变了原有的意义，进一步加剧了虚假信息的传播。

为了应对这些情况，可以使用图片反向搜索（Reverse Image Search）工具追溯图片的来源，了解图片的原始背景和意义。同时，还可以检查图片是否被修改或挪用，从而判断其真实性和可信度。目前比较常用的图片反向搜索工具有谷歌、Yandex、Bing、TinEye、百度等。

5. 查询中立的事实核查机构

为了应对虚假信息，确保信息的真实性，中立的事实核查机构应运而生。事实核查机构最早出现于欧美国家。随着 PolitiFact、FactCheck.org 以及 The Fact Checker 这三大权威事实核查机构的出现，事实核查工作在全美乃至全球新闻领域内的重要地位得以正式确立。[1] 目前，国际事实核查网络建立了事实核查的实践共同体，制定了事实核查工作方式的规范标准，同时形成了超越国家边界的跨国组织网络和价值认同。[2] 伴随着全球事实核查

---

[1] 闫文捷，刘于思，周睿鸣.事实核查：专业新闻生产者可为的创新实践——一项在线实验的启示［J］.新闻记者，2023（2）：46-59.

[2] 向芬，杨肇祎.全球新闻创新共同体：基于事实核查工作方式的比较研究［J］.新闻记者，2023（2）：32-45.

运动的蓬勃发展，我国也涌现出了一批致力于事实核查的机构和项目。例如，腾讯较真、有据核查、NJU核真录、澎湃明查等栏目和机构纷纷依托媒体、社群、高等院校和科研机构的丰富资源，积极展开事实核查工作。它们通过严谨的调查和核实，努力揭示真相，打击虚假信息，为公众提供准确可靠的信息来源。这些努力不仅为我国的事实核查事业注入了新的活力，也为全球事实核查实践的浪潮贡献了力量。部分中国和国外事实核查机构和项目如表5-1、表5-2所示。

表5-1 部分中国事实核查机构和项目

项目名称	成立时间	事实核查行动者类型	项目网址
腾讯较真	2015年	平台媒体	https://vp.fact.qq.com/home
NJU核真录	2017年	高等院校与社群媒体	https://media.nju.edu.cn/wwwhzl/list.htm
有据核查	2020年	自媒体	https://chinafactcheck.com/
澎湃明查	2021年	专业媒体	https://www.thepapercheck.com/large

表5-2 部分国外事实核查机构和项目

项目名称	成立时间	所在地	项目网址
Snopes	1994年	美国	https://www.snopes.com/
FactCheck.org	2003年	美国	https://www.factcheck.org/
PolitiFact	2007年	美国	https://www.politifact.com/
The Fact Checker	2007年	美国	https://www.washingtonpost.com/news/fact-checker/
Désintox	2008年	法国	https://www.liberation.fr/
Full Fact	2009年	英国	https://fullfact.org/
Chequeado	2010年	阿根廷	https://chequeado.com/

续表

项目名称	成立时间	所在地	项目网址
Factually	2012 年	新加坡	https://www.gov.sg/factually
StopFake	2014 年	乌克兰	https://www.stopfake.org/en/main/
Détecteur de rumeurs	2016 年	加拿大	https://www.sciencepresse.qc.ca/detecteur-rumeurs
AFP Fact Check	2017 年	法国	https://factcheck.afp.com/
FactCheck.kz	2017 年	哈萨克斯坦	https://factcheck.kz/
RT FakeCheck	2017 年	俄罗斯	https://fakecheck.rt.com/fr/stories
Sebenamya.my	2017 年	马来西亚	https://sebenarnya.my/
VAFC（Vietnam Anti-Fake News Center）	2021 年	越南	https://tingia.gov.vn/
Verify		美国	https://www.verifythis.com
Reuters Fact Check		英国	https://www.reuters.com/fact-check

第二节　个人自媒体信息传播责任的逻辑起点

一、我国信息传播制度及规范

我国信息传播体系的构建与各项社会主义制度的确立同步进行，我国的信息传播事业作为充满活力的社会主义事业的关键组成部分，应该深深植根于社会主义传播制度及规范之中。

从历史的角度来看，社会主义新闻传播事业自诞生以来就始终坚持党性原则，服务于党和人民的利益。马克思和恩格斯作为无产阶级新闻事业的先驱，开创了无产阶级政党机关报的传统，强调了报纸与无产阶级革命事业的紧密联系。尽管他们没有直接使用"党性"这一概念，但他们的思想和实践为党性原则的形成奠定了坚实的基础。列宁在继承和发展马克思、恩格斯思想的基础上，明确提出并发展了"创办机关报"和"党报党刊是党的集体宣传者、鼓动者和组织者"等思想，进一步推动了党性原则的形成。

中国共产党在成立之初，高度重视新闻事业的建设，将党性原则作为新闻工作的基本原则。陈独秀将《新青年》改组为上海早期共产党组织的机关刊物，积极宣传马克思主义和共产主义思想，并主持创办了中共中央第一份政治机关报《向导》，及时传达党的路线方针政策，指导全国范围内的革命斗争实践。1923年6月15日，瞿秋白筹办了中共中央理论机关刊物《新青年》季刊，并开设"共产国际号""列宁号""世界革命号"，集中宣传马克思列宁主义。1923年7月1日，由瞿秋白主编的中国共产党机关刊物《前锋》月刊在上海创刊，宣传党的统一战线以促进国民运动，并开创了党刊注重研究实际问题的优良传统。毛泽东等领导人也将党报视为组织一切工作的武器、反映和指导政治的重要工具。在中国共产党中央机关报延安《解放日报》的改版过程中，毛泽东强调报刊的宣传必须完全符合党的政策，各级党委应加强对报刊的领导，务必使报刊宣传增强党性，克服宣传人员中闹独立性的错误倾向，并为其提出了成为"真正战斗的党的机关报"的目标和增强"党性、群众性、战斗性、组织性"等要求。①

新中国成立后，中国共产党基于国际与国内形势的演变以及新闻传播事业的发展需求，对党性原则进行了进一步的丰富和发展。一方面，形成了以《人民日报》为中心、党报党刊为主体的公营报刊网络，确立了党委机关报在报业结构中的主导地位，并完善了层级办机关报的体制；另一方面，

---

① 郑保卫，王青. 论中国共产党新闻事业百年发展的历史经验［J］. 现代传播（中国传媒大学学报），2021，43（7）：1-10，27.

第五章 社交媒体时代个人自媒体的信息传播责任

在新闻事业深化改革的进程中，中国共产党始终坚持党报的根本性质、主要功能和基本原则不动摇，同时对其经营模式进行了适当的优化。这些举措不仅巩固了党性原则在新闻事业中的地位，也推动了新闻事业的健康发展。

改革开放以来，伴随着社会主义市场经济体制的逐步建立与信息传播技术的日新月异，党性原则的内涵和外延也不断拓展。江泽民、胡锦涛等领导人分别提出了"二为"（为社会主义服务，为人民服务）方针、"三贴近"（贴近实际、贴近群众、贴近生活）原则以及"坚持正确舆论导向"等要求，进一步强调了党性原则在新闻工作中的重要性。同时，他们还注重将党性原则与新闻传播规律相结合，推动新闻事业在遵循党性原则的同时实现创新发展。

随着互联网技术的飞速进步，社交媒体已经演变成信息传播的关键渠道。社交媒体时代个人自媒体的信息传播活动作为公民参与新闻传播的重要形式和渠道，也必须坚持党性原则，在具体的信息传播实践中应做到"体现党的意志、反映党的主张，维护党中央权威、维护党的团结，做到爱党、护党、为党；都要增强看齐意识，在思想上政治上行动上同党中央保持高度一致；都要坚持党性和人民性相统一，把党的理论和路线方针政策变成人民群众的自觉行动，及时把人民群众创造的经验和面临的实际情况反映出来，丰富人民精神世界，增强人民精神力量"。[①]

社交媒体时代的自媒体工作者，作为社会政治、经济、文化、时事等多元化信息传播的核心力量，其角色与责任日益凸显，须全面肩负起报道事实、传递信息、引导舆论、提供娱乐等多维度的社会职能。

在快速变化的信息时代，自媒体工作者承担着及时、准确、全面报道国内外重大新闻事件的重任。他们利用社交媒体平台的即时性和广泛性，将第一手资讯迅速传递给公众，确保信息的时效性，满足公众的知情权。

---

① 习近平.坚持正确方向创新方法手段 提高新闻舆论传播力引导力[J].理论学习，2016（3）：1.

这一过程不仅是新闻价值的体现，更是提升社会透明度、加速民主化进程的关键环节。通过传递真实、客观的信息，自媒体工作者需要为公众构建一个全面认知世界的窗口，促进社会的理性思考与讨论。

在信息繁杂、观点多元的社交媒体环境中，自媒体工作者还需要扮演舆论引导者的角色，通过深度报道、专业分析、理性评论等方式，引导公众形成正确的价值判断，弘扬社会正气，传递正能量。面对网络谣言和负面信息，自媒体工作者须勇于发声，及时辟谣，维护网络空间的清朗与和谐。通过积极引导舆论，为社会的稳定与发展营造一个积极向上的舆论氛围。

在满足公众信息需求的同时，自媒体工作者也应创作出形式多样、内容丰富的娱乐节目与文化产品，满足广大人民群众的精神文化需求，丰富人们的业余生活，促进社会文化的繁荣与发展。

中国特色社会主义新闻传播制度在承载多方面社会职能的同时，也彰显出重要的经济功能。这一制度下的信息传播活动，不仅关乎国家意识形态的安全与稳定，更是社会主义市场经济体系中不可或缺的一环。自媒体作为这一体系中的新兴力量，作为社会主义市场经济的重要组成部分，同样也承担着推动经济发展的重要使命。

在社会主义市场经济条件下，自媒体不仅可以为广告商提供展示产品和服务的平台，还可以通过内容生产、技术服务、市场拓展等多种方式创造经济效益。在网络时代，信息和知识已经成为重要的生产要素之一。社交媒体时代的自媒体工作者作为信息和知识的主要传播者，不仅促进了信息和知识的流通与共享，还推动了信息和知识产业的快速发展。自媒体工作者通过创新内容和技术不断为社会的信息化和智能化进程提供了强大的动力和支持。通过报道经济领域的最新动态、分析经济形势、预测市场趋势等，为生产者、经营者和消费者提供有价值的经济信息，促进生产、流通和消费的有效衔接。这种信息沟通对于优化资源配置、提高经济运行效率具有重要意义。同时，自媒体工作者还可以通过电商、内容付费等多种盈利模式，实现自身经济效益与社会效益的双赢。

二、有序信息传播过程中涌现的道德观

（一）诚信求实观念

在人类对世界的认知体系中，客观世界与主观世界的二元对立自古以来便如影随形，构成了人类理解世界的基本框架。客观世界即独立于人的意识之外，实际存在并遵循自然法则的物质世界，它包括了自然界和人类社会中的一切客观实体与现象。而主观世界则是指人的意识、思想、情感等精神领域，它是个体对客观世界进行主观感知、理解和建构的产物。

随着信息传播技术的产生与发展，信息传播媒介作为一种物质性的中介，在勾连客观世界与主观世界时扮演了至关重要的角色。这些媒介，无论是早期的印刷品、广播，还是现代的网络、社交媒体，都以其独特的物质形态和传播方式，将客观世界中的事实、数据、观点等信息进行采集、加工、传播，从而在人们的主观世界中形成了一幅幅丰富多彩的信息图景。

在信息世界的构建过程中，诚信求实观念始终占据着举足轻重的地位。它不仅是信息传播的基本原则，也是公众对信息媒体最基本、最朴素的期待与要求。新闻作为信息的一个重要组成部分，其特殊性在于其更加强调事实的重要性。新闻以事实为本源，通过报道客观发生的事件，向公众传递真实、准确的信息。在新闻的世界里，事实不仅是新闻的根基，也是新闻价值的核心所在。徐宝璜认为"新闻者，乃多数阅者所注意之最近事实"[1]，王中认为"新闻是新近变动的事实的传布"[2]，陆定一更是提出了"新

---

[1] 徐宝璜.新闻学［M］.北京：中国人民大学出版社，1994：10.
[2] 王中.论新闻［J］.新闻大学，1981（1）：11-16.

闻就是新近发生事实的报道"[1]的论断。这些精辟论述无一不强调事实在新闻中的核心地位。

同时，在新闻史论研究中，"事实"始终占据重要地位，它不仅是新闻本体论、客观报道等核心议题的重要支撑，也直接影响到新闻传播效果与社会功能的发挥。

在中国信息传播的历史上，自古便有"事实"之说，并在"虚—实"对应的话语框架中被国人长期使用。在传统汉语中，"事实"指的是实际存在的事情，其对立面是"虚语"或"妄言"。例如，清代《康熙字典》对"实"字的解释就有"事迹也"，并在注解中引用《史记·庄周传》的"率皆虚语无事实"。这表明"事实"在古代主要用于表示真实、具体的事情。在传统文化的熏陶下，中国人对于"事实"的追求与尊重根深蒂固，它不仅是衡量信息真伪的标准，也是评判言论价值的重要依据。

随着近代中国与世界的接轨，英文"Fact"被译为"事实"并引入中国，被置于"事实（客观）—理论（主观）"二元对应的话语框架中。这一框架的引入，极大地影响了中国新闻界关于"事实"和"言论"关系的认识。清末时期，虽然"言论为事实之母"的观点一度盛行，但随着新闻实践的深入发展，人们逐渐认识到"事实"的基础性地位，开始强调"言论必于事实上负责任"。[2]这一转变促使新闻等信息的传播更加注重真实性、客观性和准确性，进而推动了信息传播中诚信求实观念的发展。

中国共产党人的新闻实践，更是将事实作为新闻工作的生命线。从1925年毛泽东同志在《政治周报》创刊时提出的"我们反攻敌人的方法，并不多用辩论，只是忠实地报告我们革命工作的事实"[3]，到习近平总书记在

---

[1] 陆定一.我们对于新闻学的基本观点[N].解放日报，1943-09-01（4）.
[2] 操瑞青.近代新闻界的"事实"概念及其话语变迁：从徐宝璜的"新闻"定义谈起[J].国际新闻界，2022，44（5）：6-23.
[3] 毛泽东.《政治周报》发刊理由[M]//中共中央文献研究室.毛泽东文集 第一卷.北京：人民出版社，1993：22.

第五章　社交媒体时代个人自媒体的信息传播责任

新时代强调的"要根据事实来描述事实"[①]，都体现了中国共产党人对于信息真实性的高度重视和不懈追求。在战争年代，毛泽东同志以事实为武器，有力回击了敌人的不实之词；在新时代，习近平总书记则进一步提出了全面、深入、准确地报道事实的要求，为舆论宣传工作指明了方向。

在社交媒体时代，虽然信息传播的形式和渠道发生了巨大变化，但信息传播的基本职责"传递真实、客观的信息"并未改变。在信息化、网络化高速发展的今天，信息传播的速度和范围空前扩大，虚假新闻、谣言和误导性信息也随之增多。因此，坚守诚信求实原则，加强信息传播的真实性、客观性和准确性显得尤为重要。这不仅关系到媒体的声誉和公信力，也关系到社会的稳定和谐与公众的切身利益。

信息真实性是诚信求实观念的核心。在实践中，信息真实性的构建是具体而复杂的。它要求媒体工作者在采集、编辑、发布信息内容的过程中，始终遵循事实真相，避免主观臆断和虚假报道。同时，信息真实性还体现在对信息价值的提炼和呈现上，即信息选择的价值标准应基于事实本身，而非其他外部因素。

信息传播中的诚信求实观念是信息传播事业的核心价值之一。它贯穿于信息传播的全过程，对于维护社会信任、促进知识共享具有重要意义。随着信息技术的不断发展和信息传播实践的深入探索，诚信求实观念将不断得到丰富和完善。未来，需要以更加开放和包容的态度推动信息传播事业的健康发展，共同构建一个更加真实、可信、有价值的信息世界。

（二）社会责任观念

在信息传播语境中，关于社会责任的讨论源于20世纪初西方的媒体社会责任论，这一理论的兴起是对当时报刊业日益商业化倾向的一种反思与

[①] 习近平.论党的宣传思想工作［M］.北京：中央文献出版社，2020：187.

回应。随着新闻业的快速发展，如何在追求商业利益的同时，不失其作为公共信息平台的本质角色，成为亟待解决的问题。

1942年，时代出版公司的奠基人亨利·鲁斯以其前瞻性的视野，倡议发起对报刊自由现状及其未来走向的全面审视，并慷慨解囊，提供了20万美元的资金支持，促成了对这一重要议题的深入探讨。随后，在他的推动下，报刊自由委员会（广为人知的"哈钦斯委员会"）应运而生，肩负起探究报刊自由真谛、规划未来发展蓝图的重任。

随后，施拉姆等人在著作《传媒的四种理论》中，从伦理学视角深化了对媒体社会责任理论的认识。他们认为，媒体所承担的社会责任，本质上属于一种道德层面的责任，其核心要义在于维护并促进公众的信息权利。这一观点强调了媒体作为社会公器的角色，要求其必须超越狭隘的商业利益，以更高的道德标准来要求自己，为社会的整体福祉贡献力量。

施拉姆等人在《传媒的四种理论》一书中主张，媒体的社会责任本质上体现为一种伦理责任。

社会责任理论的提出，不仅为媒体的发展提供了一套系统的规范理论，也促使全球范围内对于媒体社会责任问题展开广泛关注和深入探讨。它要求媒体在追求经济效益的同时，不忘其作为社会信息传播和舆论引导的重要力量的使命，积极履行其社会责任，为社会的和谐稳定和可持续发展贡献力量。

20世纪90年代开始，随着我国媒体逐渐融入社会经济并趋于市场化的发展，国内开始引入社会责任理论。该理论在媒体领域内起到了重要的平衡作用，有效纠正了媒体市场化进程中所出现的自由主义倾向行为。[1]媒体的社会责任理论与中华传统文化中蕴含的社会责任观由此在历史的长河中自然交汇，并在多维度上展现出深刻的共鸣与精妙的互补。

---

[1] 顾洁，吴雪.平台语境下社会责任治理的理论与框架重构[J].新闻与写作，2021（12）：31-40.

第五章　社交媒体时代个人自媒体的信息传播责任

中国传统文化语境中蕴含的社会责任观贯穿于儒家、道家等思想体系之中，体现在国家、社会、个人等多个层面。在国家层面，中国传统文化的社会责任观以"以天下为己任"为核心，倡导的是一种超越个人私利的宏大视野和深沉情怀。孟子曰，"君子自任以天下为重"，范仲淹言"先天下之忧而忧，后天下之乐而乐"，顾炎武高呼"天下兴亡，匹夫有责"，林则徐写下"苟利国家生死以，岂因祸福避趋之"。这些名言警句无不彰显着古人对于国家命运的深切关怀与强烈责任感。他们视天下兴亡为己任，将个人价值的实现与国家的繁荣富强紧密相连，展现了高度的责任意识和民族担当。

媒体社会责任论强调媒体在信息传播和舆论引导中的重要作用，要求媒体为国家的繁荣和稳定贡献力量。社交媒体时代的自媒体工作者作为社会信息的传播者和舆论的引导者，其角色至关重要。不仅要传递真实、客观、全面的信息，守护公众的知情权，更要积极履行社会责任，为国家的繁荣和稳定贡献力量。这种贡献不仅体现在对国家政策、法律法规的宣传解读上，更体现在对社会正能量的弘扬、对负面现象的监督与批判上。

在社会层面，媒体社会责任论要求媒体在报道中保持公正、客观、全面，确保信息的真实性和准确性，以维护社会公正和公共利益。这与中国传统文化中"惩恶扬善""公而无私""据事直书"的追求相呼应。

"惩恶扬善"这一广泛的社会需求要求自媒体工作者勇于揭露社会上的丑恶现象和不良行为，包括腐败、欺诈、不公等各类违法乱纪行为，以及违背社会公德、损害公共利益的行为。通过深入调查和报道，揭示真相，让公众了解事实，从而形成舆论压力，促使相关部门采取行动。在揭露和批判的同时，社交媒体时代的自媒体工作者还承担着弘扬社会正气、传播正能量的责任。通过报道正面典型、宣传先进事迹和优秀品质，激发公众的正义感，引导社会风气向更加积极、健康的方向发展。

"公而无私"为媒体在报道中保持公正立场提供了坚实的道德支撑。媒体作为社会公器,其职责在于反映社会现实、传递公众声音,而非服务于某一特定利益集团或个人。因此,社交媒体时代的自媒体工作者在报道中必须秉持公正无私的原则,不偏不倚地呈现事实真相,确保信息的客观性和全面性。

"据事直书"的品行追求要求自媒体工作者在报道中坚持真实性原则,尊重和保护公众的知情权。自媒体工作者应当基于事实进行报道,不夸大、不缩小、不歪曲事实真相,确保信息的真实性和准确性。

在个人层面上,媒体社会责任论与中国传统文化中"修身、齐家、治国、平天下"的理念紧密相连。自媒体从业者作为现代社会中的信息传播者和舆论引导者,其个人修养、道德水平和职业操守对于塑造媒体的社会形象和公信力而言至关重要。

"修齐治平"作为中国传统文化中的人格实践路径,为媒体从业者提供了宝贵的道德指引。其中,"修身"是基础,意味着通过自我反省、学习、实践等方式不断提升个人的道德品质、知识水平和能力素养;"齐家"则是将这种修养扩展到家庭领域,处理好家庭关系,培养和谐的家庭氛围;"治国"和"平天下"则是更高层次的追求,即将个人修养和家庭和谐转化为对社会和国家的贡献,实现社会的和谐稳定与可持续发展。

对于社交媒体时代的自媒体从业者而言,"修身"不仅是个人成长的需要,更是履行社会责任的前提。通过修身立德、向上向善的实践过程,自媒体从业者可以培养起高尚的道德情操、坚定的职业信念和强烈的责任意识。这种责任意识不仅体现在对信息公益性的坚守上,更体现在对社会责任的主动担当上。曾子所言"士不可以不弘毅,任重而道远",以及张载所倡导的"为天地立心,为生民立命,为往圣继绝学,为万世开太平",都为媒体从业者树立了榜样。自媒体工作者应当将这些精神内化为自己的行动指南,不断提升自己的专业素养和道德水平,为社会的和谐稳定和可持续发展贡献自己的力量。

第三节　个人自媒体应遵循的主要信息传播责任

社交媒体时代，信息的流动如江河般奔腾不息，个体的声音如同涟漪般迅速扩散，舆论的海洋波澜壮阔又暗潮汹涌。这一切的背后，交织着技术进步与人类行为模式相互作用的复杂图景。在这个全新的时代下，每一个拥有智能手机和网络连接的人，都有可能成为信息的发布者、传播者和消费者。自媒体从业人员作为这一时代变迁的书写者，不仅见证了时代的风云变幻，更深刻影响着社会发展的脉搏与人类未来的走向，承载着不可替代的社会责任。社交媒体作为这一进程中的关键平台，已逐步演化为公众服务与公共责任的重要载体。在此框架下，无论是组织还是个人，在社交媒体上参与信息的生产与传播，均应以责任感为基石，视自身为公共利益的守护者与推动者，即公众利益的代言人、权力运行的监督者、社会环境的瞭望者及有益信息的传播者。

身份与责任紧密相连，公众对自媒体工作者的角色期待，正是基于其在社会分工体系中的独特地位与功能。鉴于信息传播固有的广泛公开性、迅速扩散性及资源共享性，社交媒体时代的自媒体工作者在享受职业赋予的信息传播与舆论引导权利的同时，亦须深刻认识到自身所肩负的公共责任。基于此，讨论和建构理想中的社交媒体时代个人自媒体的信息传播责任将变得迫在眉睫。

一、遵守法律法规、维护党和国家的利益

法律是维护社会秩序、保障公共利益的重要工具，其核心价值在于通过规范化的框架，确保社会活动的有序进行与公众福祉的普遍增进。自媒

体工作者作为社交媒体时代信息传播的中坚力量，其传播活动的合法性与传播内容的道德性直接关系到信息生态的健康与否。因此，自媒体从业者的传播行为和传播内容必须符合国家法律法规和社会道德规范。

为了有效规范自媒体工作者的信息传播行为，国家陆续出台了一系列具有鲜明针对性和前瞻性的法律法规与政策文件，这些法律条文与政策措施相互交织，共同构建起一个全方位、多层次的监管网络。从《中华人民共和国著作权法》（1990年颁布，2020年修正）到《中华人民共和国网络安全法》（2016年颁布），从《互联网信息服务管理办法》（2000年颁布，2011年修订）到《互联网用户公众账号信息服务管理规定》（2021年修订），再到《网络音视频信息服务管理规定》（2019年颁布）与《网络信息内容生态治理规定》（2019年颁布），这些法律法规紧密相连，共同驱动着自媒体行业向着更加规范、健康的方向发展。

在著作权保护方面，国家法律法规明确规定了自媒体在信息发布过程中应严格遵循著作权法，尊重并保护原创作者的劳动成果。未经授权擅自转载、改编他人作品，不仅侵犯了作者的合法权益，也扰乱了正常的信息传播秩序。因此，自媒体须树立强烈的版权意识，确保自身内容的原创性，同时在使用他人作品时应合法取得授权并注明出处。

在侵权责任追究方面，鉴于社交媒体强大的舆论影响力，国家要求社交媒体时代的自媒体工作者在发布信息时，必须秉持公正、客观的原则，避免因不实报道、恶意诽谤等行为侵害他人的名誉权、隐私权等民事权益。

在反不正当竞争方面，国家明确将自媒体纳入反不正当竞争法的规制范围，要求自媒体在市场竞争中恪守商业道德，杜绝通过编造虚假信息、诋毁竞争对手等不正当手段损害其他经营者的商业信誉与合法权益。这一规定旨在维护公平、公正的市场竞争秩序，保障自媒体行业的健康有序发展。

在信息安全管理方面，面对社交媒体时代信息传播的高速化与广泛化特点，国家强调加强信息内容审核与监管的紧迫性。自媒体工作者应该对

第五章 社交媒体时代个人自媒体的信息传播责任

发布的信息进行严格把关，确保内容合法、健康。同时，自媒体工作者还应积极配合政府部门开展网络监管工作，共同守护网络空间的清朗与安全，为构建健康向上的网络环境贡献力量。

法律为自媒体工作者提供了明确的行为规范和标准，确保了信息传播秩序的稳定和社会公平正义的实现，同时也明确了国家利益的边界和保护措施。自媒体维护国家利益，不仅是对法律精神的践行，更是其作为社会成员应尽的社会责任。自媒体作为引导社会舆论、塑造国家形象、激发文化自信、推动国家发展的重要一环，其传播的内容和影响力直接关系到国家利益。

自媒体工作者应当坚守信息传播责任，确保信息的真实性和准确性，避免传播虚假信息或误导性内容。同时，面对复杂的社会现象和热点问题，自媒体工作者应保持冷静客观，进行深入分析，引导公众形成理性、客观的看法，从而维护社会稳定和谐。自媒体还要通过舆论监督的方式，揭露和批判损害国家利益的行为，维护社会的公平正义和国家的长治久安。

国家形象是国家软实力的重要组成部分，直接关系到国家的国际地位和影响力。自媒体作为国际传播的重要力量，应积极展示国家的文化魅力、历史底蕴、科技成就和社会进步，向国际社会传递一个真实、开放、包容的中国形象。这要求自媒体工作者在报道中注重平衡性和全面性，既要展示国家的辉煌成就，也要正视存在的问题和挑战。通过讲述中国故事、传播中国声音，增强国际社会对中国的了解和认同，提升中国的国际影响力和话语权。

文化自信是一个国家、一个民族发展中更基本、更深沉、更持久的力量。[1] 自媒体工作者应深入挖掘中华优秀传统文化的内涵和价值，通过多样

---

[1] 求是网.习近平：文化自信是更基本、更深沉、更持久的力量［EB/OL］.（2019-06-25）［2024-10-17］. http://www.qstheory.cn/zhuanqu/bkjx/2019-06/25/c_1124667671.htm.

化的形式和生动的内容进行传播，利用现代科技手段，如短视频、直播等新媒体形式，将传统文化与现代社会相结合，使传统文化更加贴近公众生活，激发公众对民族文化的热爱和自豪。同时，自媒体从业者应积极投身于国际文化交流的宏伟事业，致力于推动中华优秀传统文化的国际传播与交流，以增强我国文化在世界舞台上的影响力和竞争力。

自媒体不仅是信息传播的平台，更是推动社会进步和国家发展的重要力量。自媒体工作者应密切关注国家发展大局和重大政策动向，及时报道和解读相关政策措施，引导公众关注和支持国家发展事业。通过报道重大政策、经济成就、科技创新、宣传国家发展战略等方式，激发公众的创造力和创新精神，为国家发展注入新的活力。同时，自媒体工作者还可以利用自身的专业知识和影响力，为政府决策提供有益的建议和参考，为国家的科学决策和民主治理贡献力量。

二、确保信息的真实性和透明性

真实是新闻的生命，也是自媒体等所有具有公共传播属性的传播媒介赖以生存和发展的基石。信息的真实性对于公众的认知构建、决策制定及价值判断产生了至关重要的影响。无论时代如何更迭，探寻并坚守真相始终是媒体从业者不可推卸的使命。一旦媒体从业者放弃了对信息真实性和透明性等核心价值观的坚守，他们便失去了作为媒体人的独特身份，与普通公众无异。

无论国内还是国外，亦无论学界还是业界，几乎所有的研究者和从业者都将真实性和公正性抽象地定义为中立的透明性，即不偏袒任何一方，而是专注于准确的事实报道。许多人认为这是媒体工作者向受众提供全面理解的最佳方式，这是他们与值得信赖的新闻传播业联系在一起的关键特征，即报道正确的事实。

第五章　社交媒体时代个人自媒体的信息传播责任

相较于传统媒体，社交媒体的发展速度十分迅速。互联网的快捷便利给网民提供了更加多元且丰富的表达话语权的渠道，然而用户在交流分享时易流于自由且冲动的表达，容易忽略信息的真实性和透明性。

社交媒体时代的自媒体工作者应对其发布信息的真实性负责，确保生产和传播具有真实性和准确性的信息及内容。

第一，核实信息来源。社交媒体时代的自媒体工作者在发布信息时，需要仔细核实信息来源的可靠性和权威性。对于来自不可靠渠道的信息，需要谨慎对待，避免传播虚假信息。

第二，根据事实报道。社交媒体时代的自媒体工作者在发布信息时，不得在报道中传播虚假、不实的信息，不能无中生有、杜撰编造，所报道的信息也必须符合事实，不能任意改变、移植、拔高、曲解。

第三，保持客观公正。社交媒体时代的自媒体工作者在报道事件动态时，需要保持客观公正的态度，避免带有个人偏见或主观色彩。对于报道的内容，需要尽量收集多方观点和证据，并进行客观分析和呈现。

第四，深入调查事实。社交媒体时代的自媒体工作者在报道事件动态时，需要深入调查事实，了解事件的来龙去脉和相关背景。对于涉及敏感或复杂问题的报道，需要进行充分的调查和求证，避免传播不准确的信息。

第五，标注信息来源。社交媒体时代的自媒体工作者在发布国内外时事、公共政策、社会事件等关键信息时，应准确标注信息的出处，且在发布时将其置于醒目位置。对于自媒体工作者自行拍摄的图片或视频，必须详细列出拍摄的具体时间和地点等关键信息。若使用的是通过技术手段生成的图片或视频，则须清晰标注为"技术生成"。对于引用的历史事件或旧闻，必须准确说明该事件发生的具体时间和地点，以确保信息的准确性和完整性。[1]

---

[1] 陈堂发.从政策到法治：中国突发事件报道的规制演进——基于《突发事件应对法》设立"新闻采访制度"条款的分析[J].传媒观察，2024（7）：43-49.

社交媒体信息的采集者与发布者，既可能是新闻从业者，亦可能是自媒体从业者，也有可能是普通受众。部分自媒体从业者在报道或转载新闻资讯时过于追求时效性，与同行竞争速度，忽视了对信息源的核实，急于追求利益，这样极易造成虚假新闻的传播。然而在社交媒体中，如何利用可触及的技术技能对信息源进行核实，确保信息真实，进行信息的核实与把关十分重要，除了要学会上文介绍的几种核查方法，在具体的实践中，还需要在流程和观念上引起重视。

第一，评估信息来源。在分享或传播信息之前，要评估信息来源的可靠性。查看信息的来源是否可信赖，是否具有权威性。如果信息来源于可靠的新闻媒体、政府机构或经过认证的专家，则可以认为其真实性更高。

第二，交叉验证信息。尽量从多个来源获取相同的信息，并进行比较和验证。如果多个可靠来源都报道了同一事件或事实，则可以认为该信息的真实性更高。

第三，保持批判性思维。对任何信息都持怀疑和审慎的态度，并进行评估。不要轻易相信未经证实的消息或传言。使用自己的常识和判断力，对信息进行合理的评估。

第四，识别虚假信息。了解常见的虚假信息特点，如制造恐慌、散布谣言、操纵舆论等。学会识别这些虚假信息的手法，避免被其误导。

第五，寻求权威证实。对于重要的信息，尤其是公共安全、健康或金融方面，尽量向权威机构或专业人士求证。等待官方声明或专业意见来确认信息的真实性。

第六，使用可靠的信息来源。在社交媒体上关注可靠的信息来源，如官方机构、知名媒体、经过认证的专家等。这些来源会提供真实、准确的信息，有助于了解事件的真相。

第七，举报虚假信息。如果发现虚假信息或谣言在社交媒体上流传，要及时通过社交媒体平台的报告功能或向相关机构举报，帮助清理虚假信息，维护信息的真实性。

三、尊重公共利益与承担社会责任

在信息生产与传播的复杂生态中,媒体作为社会公众获取实时信息、洞悉外界变迁的核心渠道,其公共属性尤为明显,是全社会共有的宝贵资源。作为一种社会公共资源,媒体对整个社会的政治、经济、文化领域具有广泛且深远的影响力,这种影响力不仅触及社会的各个层面,还深刻关联并影响着普遍的社会秩序与公共生活。在当代社会,社交媒体以其独特的传播优势,跃升为信息流通与公众服务的关键平台,其角色已远远超越了单纯意义上的媒介范畴,转而成为一种为公众服务和承担公共责任的重要工具。在社交媒体平台上传播信息的组织和个人,应该作为负有社会责任的公共利器而存在。自媒体从业者须肩负相应的责任与义务,须为公众发声,尊重并维护社会的公共利益。

社交媒体提供了广泛的信息传播渠道,使得公众能够更方便地获取和分享信息。这有助于提高公众的知情权和参与度,促进社会监督和公共决策的透明度。社交媒体可以成为公众关注和参与社会热点问题、表达意见和诉求的重要平台,有助于推动社会进步和公共利益的最大化。然而,许多学者也对社交媒体时代的公共福祉表示担忧,社交平台上不透明的信息及算法被认为危害到了全人类的公共利益。这暴露出社交媒体在信息传播上的双刃剑效应,即虚假信息、谣言及误导性内容的泛滥,可能对公众造成误导,破坏社会信任,甚至引发社会恐慌与危机。此外,社交媒体上的仇恨言论、暴力信息和不良价值观的传播也可能对社会产生负面影响,破坏公共利益。

因此社交媒体需要平衡信息传播和公共利益。一方面,应该倡导真实、准确、负责任的信息传播,保护公众的知情权和参与权。另一方面,也应该加强对社交媒体的监督和管理,制定相应的法律和政策,打击恶意信息传播和网络犯罪，维护公共利益和社会稳定。

关于如何尊重公共利益与承担社会责任这个问题，首先，在素材的获取上，社交媒体上的自媒体从业者应遵循社会伦理与行业道德的高标准，确保信息来源的合法性与正当性。所有自媒体从业人员须明确，信息的采集旨在满足公众合理的知情权，而非以牺牲法律、道德底线为代价。因此，信息的筛选与整合须在受众需求与法律法规、社会伦理之间找到精准的平衡点，既要体现对公众知情权的尊重，又要体现对法律法规和社会伦理的尊重。偷拍、偷录属于非法获取信息的途径，不应采用；国家机密、商业秘密、个人隐私等不属于受众的正当信息需求，亦不应报道。

在内容报道上，社交媒体上的自媒体从业者应当注重社会价值的传递。媒体不仅是信息传播的工具，更是引领社会价值观念的重要力量。在报道过程中，自媒体从业者应当关注弱势群体、传递正能量、关注公共利益，发挥舆论监督作用，推动社会进步。同时，自媒体从业者同样肩负媒体工作者的责任。在追求点击率和市场份额的同时，自媒体从业者应当牢记自身的社会责任，将公共利益放在首位，避免过度娱乐化和低俗化，为社会的和谐稳定和国家的繁荣发展贡献力量。

此外，社交媒体上的自媒体从业者要怀着崇高的目的和善良的愿望，以有建设性的、态度友好的方式对公共事务及公众人物进行监督，同时这种监督应该是为了完善工作流程、解决社会问题，以及推动社会健康、文明发展而存在的。在信息生产与传播的全链条中，自媒体从业者须秉持高度的社会责任感与职业道德，尊重公共利益，通过理性分析、客观报道，引导公众形成正确的价值判断，促进政府与社会的良性互动，共同推动社会向更加公正、文明、健康的方向发展。

四、信息健康无害原则

信息健康无害原则强调对人的身心健康等基本权利的保护，要求社交媒体参与者在分享信息时要意识到部分信息可能会对事件中的对象或公众造成伤害,在分享信息和发表意见时应予以避免。

根据可能受到伤害的对象的不同,信息健康无害原则的实质内涵分为两个方面。

其一,在生产和传播社交媒体信息时要做到尽量不伤害当事人。这要求社交媒体参与者和自媒体工作者对待公共事件当事人时要公正、尊重,甚至给予同情,要站在对方的立场思考问题,不给对方造成二次伤害。

其二,社交媒体参与者和自媒体从业者生产和传播的信息要做到对受众和对社会无害。社交媒体参与者和自媒体从业者除了需要对有关当事人负责之外,还需要对受众和整个社会负责。因此分享的信息要做到对受众和对社会无害,既不误导公众,也不有损公众的利益。

在社交媒体时代,社交媒体参与者和自媒体从业者应该坚持信息健康无害原则,经过深思熟虑后再处理可能会对受众和整个社会产生危害的事件。社交媒体健康无害信息的出发点应该是鼓励人们在需要时获得帮助,以及在哪里寻求帮助,鼓励遇到生命财产危险、情绪问题的人寻求帮助。

五、促进信息开放共享与平等对话

随着社交媒体的兴起,人类社会在时空维度上的界限骤然缩减,以往横亘于不同个体间的物理空间隔阂被信息技术手段有效地抹除。这一变化促使来自不同国家、拥有多元文化背景的人们开始以一种前所未有的态势相互交织在一起,形成了一个前所未有的全球信息共同体,跨平台、跨网络、跨终端的信息交流愈发便捷,跨地区、跨种族、跨文化的互动交流愈发深入,亿万网民在更大程度上实现了信息共享和实时对话。

社交媒体不仅具有超强的媒体属性,还兼具社交属性。社交媒体虚拟、平等、开放、互动的特点在传递思想和与他人沟通方面产生了积极的作用。

互动作为公众参与公共事务的3个主要方面之一，在社交媒体时代显得尤为重要。对话是互动的基础。德国哲学家、社会学家尤尔根·哈贝马斯认为，沟通与交往构成了社会进化的重要动力与发展范式。他提出，所有重大社会问题均可通过"对话"得以阐释和解决。为此，他倡导构建一种理想的话语情境，旨在以"主体—主体"间的平等对话模式取代传统的"主体—客体"支配模式，进而培育交往理性，再造公共领域，重建生活世界。①哈贝马斯的观点强调了对话在社会发展中的重要性，社交媒体在虚拟网络空间中建立类似于哈贝马斯描述的"理想话语情景"，以双向平等的对话关系替代了传统媒体时代的支配关系，为网络公共领域的形成提供了极大的支持和保障。

网络空间的存在是虚拟的，但其影响力深深扎根于现实社会之中。这种虚拟性为众多敢于发声的参与者提供了一个平台，使他们能够自由地阐述自己的观点和看法。社交媒体的出现进一步强化了这种影响力。它隐匿了参与者的真实信息，使得每个人都拥有相对平等的发声机会。这种平等性打破了传统媒体的局限性，使更多人能够参与到信息的交流与对话中来。每个人不仅是信息的接收者，更是信息的发布者，这种角色的转变使得信息的传播更加迅速和广泛。

在社交媒体中，人们通过各种形式的互动与交流，共同引导舆论的走向。当多数参与者对某一话题形成共识时，这种共识就会逐渐转化为具有影响力的公众舆论。这种舆论力量能够对现实社会产生实质性的影响，推动或改变某些社会现象和观念。

此外，社交媒体中的开放性为公众参与公共事务提供了便捷的渠道，使更多人能够积极参与到社会公共事务的讨论和决策中来。

然而社交媒体的匿名性和虚拟性也导致一些用户产生了不负责任的行

---

① 韦龙. 重返对话：网络群体极化现象化解路径研究［J］. 新闻大学，2021（10）：30-43，118.

为，如利用虚假身份和虚假信息进行欺诈，发表恶意言论、散布谣言、进行人身攻击等；一些信息被过度解读或误读，从而引发不必要的争议和矛盾。以上种种现象不仅影响了平等对话的氛围，也对其他用户的权益造成侵犯。

在社交媒体中互动和交流时，坚持对话原则是非常重要的。对话不仅仅是一种平等的交流方式，更是一种理解他人、尊重他人观点、解决问题的有效方法。在对话之前，社交媒体参与者应该意识到自己正处于一个虚拟空间之中，应提高自身的素质和责任感，增强诚信和自律意识。通过对话，充分了解他人的需求和想法，增进彼此之间的理解和信任。

在社交媒体平台上，应该以开放、包容、平等的心态去对待每一个对话参与者，尊重他们的观点和权利；避免使用攻击性或贬低性的语言，而是以理性和客观的态度去表达自己的看法，建立良好的对话氛围。通过这种方式，不仅能够促进信息的自由流通，还能够维护一个健康、积极的网络环境，让社交媒体真正成为连接世界的桥梁。

第四节　建构健康的个人自媒体信息传播环境

一、不同信息传播主体的社会责任

谈论信息传播道德，首先要明确在信息生产和传播过程中应该承担责任和义务的主体。在社交媒体时代，由自媒体从业者、社交媒体平台中的技术人员和运营人员等从业者构成的人类行动者，以及由算法、人工智能、应用程序与网络基础设施等物质对象构成的非人类行动者，还有有着广泛意义的公众，共同组成了社交媒体时代的多元主体。

（一）个人自媒体信息传播责任

没有来自道德的约束，仅仅依赖人性的直觉显然不足以支撑起健康持久的网络信息环境。社交媒体的虚拟性、匿名性、个性化等特点极易放大人性中的负面因素，如果不利用相应的信息责任及职业伦理进行约束，不道德、不负责任的信息和意见将充斥公共领域，危害公共空间。自媒体从业者承担信息生产传播责任，接受信息生产传播道德约束是构建健康有序的公共信息传播秩序的现实需要，不应仅仅局限于职业媒体人群体，而应扩展至所有参与公民信息传播的个体，成为一项普遍性的社会规范，成为对公民道德行为的一般性要求。

为了在信息传播与公共治理中发挥积极作用，自媒体从业者应将伦理责任内化于传播实践之中。这要求自媒体在话语表达上追求公益导向，通过健康的信息交流促进网络社群的正向互动，并通过舆论引导促进社会的良性发展。总之，自媒体须在享受技术赋权带来的自由同时，自觉承担起相应的信息传播责任，共同维护健康、和谐的信息传播环境。

（二）社交网络中介者与信息传播责任

微博、微信、知乎、抖音这些社交媒体平台属于交互性计算机服务的提供者，这些平台更多地扮演着社交网络中介的角色，它们将用户、信息、服务汇聚一处，占据了信息传播枢纽的位置，为社交媒体参与者提供了一个开放的网络交往空间，极大地促进了信息的传播和交流。然而，这也带来了许多伦理问题。在这种情况下，探讨拥有"中介权力"的社交网络平台是否应当承担起相应的道德与伦理责任且这些平台所需遵循的道德要求是否应当与传统媒体保持一致，已成为当前学界和业界关注的焦点。

在过去，无论是学界还是业界都试图将社交媒体平台纳入新闻媒体的行列，并要求其承担与传统媒体相同的社会责任，而不能以"只是信息的

第五章　社交媒体时代个人自媒体的信息传播责任

搬运工"自居。[①] 然而，随着技术的发展和媒体环境的变迁，社交媒体平台并没有完全转变为新闻媒体，而是逐渐演变成了新闻媒体与外部环境之间的桥梁或中间层。互联网大型社交平台正在逐步变成新闻业不得不依赖的外部生态。如果平台与新闻媒体之间主要建立的是买卖关系和管理关系，而不是围绕新闻生产传播方面的合作关系，那恐怕对平台新闻业、平台媒体这类概念也要重新理解。[②]

在探讨传播责任的争议议题时，明确区分出版者（publisher）与散布者（distributor）的角色至关重要。这一区分的核心依据在于传播者是否对传播内容拥有"编辑控制"的权限。[③]

从角色定位上看，传统媒体时代的报社、杂志社、出版社、电台、电视台等机构作为出版者不仅负责选择和收集信息，还对其进行加工、整理和呈现，以确保信息的完整性、准确性和可读性。他们拥有对传播内容的完全编辑控制权，是信息传播的主要源头。而书店、图书馆、报摊等机构，则主要承担信息的传播和分发功能，他们接收并传递出版者提供的内容，将这些信息传播给更广泛的受众。这些机构通常不对内容进行直接的编辑或修改，而是作为信息传递的桥梁。

从伦理责任上看，出版者需要为其发布的内容承担主要责任。他们必须确保所发布的信息真实、准确、合法，并遵守相关的道德和法律规定。如果出版者发布的内容存在错误、虚假或违法情况，他们需要承担相应的法律责任和社会责任。而信息传播者虽然也需要对传播的信息负责，但他们的责任相对较轻。信息传播者通常不需要对内容的真实性进行核实，只

[①] JOHNSON B G, KELLING K. Placing facebook: "Trending," "Napalm Girl," "fake news" and journalistic boundary work [J]. Journalism practice, 2017, 12 (3): 1-17.

[②] 新闻创新实验室研究团队，王辰瑶. 2023 年全球新闻创新报告 [J]. 新闻记者，2024（1）：18-41.

[③] 范明献. 自媒体传播伦理：特征、问题及认知框架 [J]. 中国出版, 2016 (2): 27-30.

须确保传播的渠道畅通、合法，不对信息进行恶意篡改或歪曲。

社交媒体平台作为网络服务提供者，在信息传播中确实扮演着重要的角色。它们作为社交网络的中介者，为普通用户提供了一个发布和分享内容的平台。相较于传统媒体如报社、杂志社、出版社、电台和电视台，社交媒体平台在新闻信息的生产过程中不具备直接的控制和指导能力，更应视作信息传播者。

社交媒体平台主要作为信息传播者，其角色和功能与直接参与内容生产的个体有所不同。因此在信息传播责任归属的议题上，不应像对其他直接参与信息生产的个体那样做严格全面的要求。然而，鉴于这些平台确实为用户提供了言论发布的渠道，它们作为信息传播者，无疑需要承担起一定的道德责任。在涉及这些网络中介者的道德争议时，必须深入剖析其作为社交媒体平台的媒介特性。这些平台不仅承载着信息传播的重要功能，还为用户提供了一个交流思想的公共空间。因此，在评估其道德责任时，应保持审慎态度，避免过度归责，以免危及平台的信息传播开放性。

（三）媒介技术使用者与信息传播责任

每一次新技术被应用于信息传播领域，无疑都会对传媒业产生深远影响。在大数据、人工智能、深度合成、生成式AI等技术驱动下，信息生产、信息发布、用户体验以及信息反馈等多个环节都正在经历前所未有的变革，同时媒介技术的道德困境也在信息、公众和技术的互动中显现出来。

社交媒体时代，深度合成技术与生成式AI技术正在以前所未有的速度迅猛发展。这两种技术均立足于庞大的数据基础，致力于生成高度逼真的合成内容，从而对传统的信息生产方式产生了深远影响。2020年，美国演员黛布拉·斯蒂芬森与导演威廉姆·巴特利特合作制作的短片《另类的圣诞致辞》引发了广泛的社会关注。在这部短片中，导演利用深度伪造技术，将斯蒂芬森的脸部特征替换成了英国女王伊丽莎白二世的面容。视频中

第五章　社交媒体时代个人自媒体的信息传播责任

"英国女王"坐在一个后期合成的白金汉宫场景中发表圣诞致辞。然而，在致辞结束后，这位"女王"突然跳上桌子，跳起了抖音上的热门舞蹈。这种强烈的反差不仅令人惊讶，更引发了人们对深度伪造技术的深思。导演威廉姆·巴特利特表示，他们制作这部短片的初衷是发出对深度伪造技术和虚假信息的"严厉警告"。他们希望通过这部短片，让人们认识到深度伪造技术的潜在威胁，以及其产生的虚假信息对社会的危害。

其实早在2019年6月，美国众议院情报委员会便举行了一场公开听证会，聚焦于人工智能、媒体操纵以及深度伪造技术对国家、社会及个人所带来的风险，并探讨了相应的防范与应对策略。德国政府也表示，AI换脸技术从根本上侵蚀了公众对录音和录像真实性的信任感，一旦此类技术被恶意利用，将对社会稳定与政治生态构成极大的威胁。[①]

2022年11月30日，OpenAI正式对外发布了其最新研发的人工智能技术驱动的自然语言处理工具——ChatGPT。2023年7月，OpenAI与美国新闻项目（American Journalism Project，AJP）达成合作，将提供500万美元支持AJP，用来探索如何在新闻报道中更好地利用AI。

随着生成式AI技术进入新闻生产领域，各种新闻报道模型如雨后春笋般涌现，为新闻工作者提供了丰富的新闻模板，从而极大地提升了新闻报道的效率。但同时也存在产出虚假新闻、忽视人文关怀、轻视社会习俗和道德等问题。

2024年2月15日，OpenAI发布了其最新的人工智能文本生成视频大模型Sora，并引起了业界的广泛关注。这标志着AIGC技术从文字、图片拓展到了视频领域。[②]美国加州大学伯克利分校的哈尼·法里德教授对Sora

---

[①] 年度传媒伦理研究课题组，刘鹏，方师师. 2019年传媒伦理问题研究报告［J］. 新闻记者，2020（1）：3-21.

[②] 徐鸿晟，张洪忠，姚俊臣，等. 我国主流媒体应用AI大模型的现状与影响因素分析［J］. 中国编辑，2025（2）：24-33.

技术进行了深入分析，并认为如果将其与 AI 驱动的语音克隆技术相结合，可能会为深度伪造技术领域提供新的机会。

对传媒业而言，深度伪造与 AIGC 技术的兴起无疑产生了广泛且深远的影响，其所引发的挑战呈现出多维度特征。

首先，这些技术从根本上质疑了媒体所记录的真实事件及保存的图像证据是否可靠。在过去，图像和视频往往被视为事实的直观证据，但深度伪造和 AIGC 技术的出现使得图片和视频都不再能确保真实。不法分子利用这些技术可以轻易地篡改图像和视频内容，导致真实信息被扭曲，误导公众的判断并对媒体的公信力带来巨大的冲击。

其次，深度伪造和 AIGC 技术能够对真实个体的身份进行多层次的演绎或重塑。这意味着不法分子可以利用这些技术来实施侵权行为，比如制造虚假信息、散布谣言，甚至被用来煽动暴力和冲突。

此外，深度伪造和 AIGC 技术不仅可以对公共叙事造成干扰，还能对公共叙事的线索和周期进行重构。这种技术的运用极大地增强了内容制作者操纵公众观念和意识形态的能力，使得虚假信息更容易被传播和接受，进一步扰乱信息秩序，削弱事实核查的效力。截至今日，检测生成式 AI 及深度伪造内容的技术难度很大，为了应对这一挑战，必须采取前瞻性的措施，通过制定和实施信息责任规范来未雨绸缪。

二、多元协商对话共推个人自媒体信息传播伦理构建

（一）自律：强化行业内省

探讨伦理构建与道德规范的实质就是要在利益与道德中寻求一种平衡，当处于平衡状态时，伦理规范就可以实现预期效果，促进信息生态的健康发展。自媒体信息责任的构建，并非对信息内容产品经济价值的否定，而

是旨在通过伦理框架的重塑，优化信息活动中的价值导向与道德评判体系，确保信息传播的正当性与合理性。因此，社交媒体时代的自媒体信息传播责任必须要坚持3个平衡：一是坚持局部真实与整体真实的平衡；二是坚持当事人隐私权与公众知情权的平衡；三是坚持报道理性与人文感性的平衡。

关于具体如何平衡，前面围绕社交媒体时代的媒介道德原则已进行了详细讨论，此处不再赘述。总而言之，不管媒体技术如何演变，其核心的社会功能与价值导向作用都应保持始终不变，媒体工作者尤其是社交媒体时代的自媒体从业者更应率先垂范，主动塑造并弘扬主流价值观，以高度的社会责任感引领媒体风尚，提升行业整体的职业道德水准。不仅要将信息传播责任及道德规范内化于心、外化于行，使之成为个人精神风貌的一部分，还须不断提升专业素养，强化自我反省与自律意识，始终将社会利益置于个人利益之上，为构建清朗、健康的信息环境贡献力量。

（二）他律：社会监督与参与

建立一个秩序良好的公共领域需要全社会共同努力。在社交媒体生态的语境下，平台方须清晰界定并切实履行管理职责，密切关注平台内部热点事件的舆论动态与讨论趋势。针对那些蓄意煽动公众情绪、扰乱社会秩序的恶意行为，平台应采取必要的监管措施，包括但不限于内容删除、发言权限限制（禁言）以及用户账号封禁等惩处手段，以有效遏制此类行为的扩散与影响。

具体而言，平台应建立一套高效、灵敏的监测机制，及时捕捉并分析热点事件相关的舆论风向，确保对潜在的风险点保持高度警觉。一旦发现存在恶意煽动公众情绪的言论或行为，平台应立即启动相应的处置流程，依据既定规则与程序，采取适当的惩处措施，以维护平台的健康生态与用户的合法权益。

此外，平台还应加强用户教育与引导，提升用户的信息素养与批判性思维能力，鼓励用户理性参与讨论，共同营造一个积极、健康、有序的社交媒体环境。通过这些综合措施的实施，社交媒体平台能够更好地履行其社会责任，为社会的和谐稳定贡献力量。

社交媒体平台可以设立专门的举报邮箱，为公众提供便捷的举报渠道，鼓励他们报告不道德或违法的信息传播行为。社交媒体平台可以建立反馈和纠正机制，对公众举报的信息进行审核和处理，如果举报属实，平台应采取相应措施，如删除违规内容、封禁违规账号等。同时，社交媒体平台应鼓励用户进行理性、客观、尊重他人的讨论，通过设置讨论规则、倡导文明用语、限制恶意攻击等方式，营造良好的讨论氛围。

政府应构建一套全面且协调的互联网监管框架，规范网络参与，综合运用法律、技术与社会治理等多种手段，确保网络监管机制的有效与适用。同时通过明确的法规条文，界定网络行为的合法边界，引导网民理性表达意见与情感，避免极端或煽动性言论的传播。政府还应积极推动社交媒体道德体系的建立，倡导诚信、尊重与理性的网络交流氛围，对不正当的言论加以正确引导，对消极情绪的表达进行合理疏导，为网络舆论的健康发展奠定坚实的基础。

社会上民间性的公益组织可以与政府和社交媒体平台等建立合作关系，共同应对复杂的信息传播问题，通过联动协作，提高对有害信息的打击力度。

（三）底线：法律法规约束

自媒体行业的良性发展既要有关于新闻伦理的原则性规约，又要根据新闻活动的要求将有关规约具体化，形成统摄性的规范法律文本，使新闻工作者有所遵循。可喜的是，我国很早就开始了互联网时代媒体法治化建设的进程。

第五章　社交媒体时代个人自媒体的信息传播责任

2011年5月，国务院办公厅正式发文，宣布成立国家互联网信息办公室（简称"国家网信办"），标志着我国互联网信息内容管理进入了一个新的阶段。随后，在2014年，中央网络安全和信息化领导小组应运而生，其下设的中央网络安全和信息化领导小组办公室（简称"中央网信办"）由国家网信办具体承担职责，进一步强化了国家在互联网治理领域的领导力与执行力。①

国家网信办作为全国互联网信息内容管理的核心机构，不仅承担着监督管理与执法的重要职责，还在打击网络谣言、网络诈骗以及整治网络水军、蓄意炒作、虚假广告等网络乱象方面发挥了举足轻重的作用。这些努力不仅有效净化了网络环境，还推动了自媒体行业道德规范的革新与发展，为构建健康、有序的网络生态奠定了基础。

2017年5月2日，国家互联网信息办公室发布了修订后的《互联网新闻信息服务管理规定》，该规定对互联网新闻信息服务的许可、运行、监督检查以及法律责任等方面进行了全面而细致的规范。尤为重要的是，该规定首次将社交媒体等各类新媒体纳入管理范畴，实现了对互联网新闻信息服务领域的全面覆盖与有效监管。这一举措不仅彰显了国家在互联网治理领域的决心与力度，也为我国互联网新闻信息服务的规范化、法治化发展提供了有力保障。

2017年，为了保障网络安全，有效维护社会公共利益，以及全面保护公民、法人和其他组织的合法权益，国家网信办发布了《互联网用户公众账号信息服务管理规定》。

2019年，《新时代公民道德建设实施纲要》出台、《中国新闻工作者职业道德准则》修订发布，显示了国家治理现代化进程中对社会道德及传媒职业道德建设的高度重视。

---

① 林爱珺，张博.规范建构与学科建设：新中国新闻伦理研究70年（1949—2019）[J].新闻与传播研究，2019，26（11）：5-18，126.

2023年7月7日，国家网信办发布《网络暴力信息治理规定（征求意见稿）》公开征求意见的通知，其中第十六条针对互联网新闻信息服务单位提出了明确要求：互联网新闻信息服务单位应当坚持正确的舆论导向，加强信息内容真实性、合法性审核，不得渲染炒作网络暴力事件，新闻信息跟帖评论实行先审后发。

2023年7月10日，中央网信办印发《关于加强"自媒体"管理的通知》，从限制违规获利行为、完善粉丝数量管理等13个方面，健全常态化管理制度机制。

2023年，国家网信办联合国家发展和改革委员会、教育部、科技部、工业和信息化部、公安部、国家广播电视总局发布《生成式人工智能服务管理暂行办法》，明确提出了国家坚持发展和安全并重、促进创新和依法治理相结合的原则。这一原则旨在鼓励生成式人工智能的创新发展，同时确保其服务的安全性和合规性。

2023年9月15日，《关于进一步加强网络侵权信息举报工作的指导意见》发布，指出要切实保护公民个人网络合法权益以及切实维护企业网络合法权益，并压紧压实网站平台主体责任。网络侵权信息举报工作是网信部门践行网上群众路线的重要举措，是保护网民网络合法权益的重要手段，对促进形成积极健康、向上向善的网络文化，推动建立良好网络生态，切实维护好广大网民网络合法权益具有重要意义。

第六章　社交媒体时代个人自媒体信息职业形态

在 21 世纪的数字洪流中，社交媒体如同一股不可阻挡的力量，重塑了人类社会的交流方式、信息传播路径乃至经济生态，还悄然催生了一种全新的信息职业形态。这种新兴职业不仅挑战了传统职业定义的边界，更深刻反映了当代社会对信息价值认知的深刻转变与升级。新兴的信息职业者利用自己的专业知识、创意才能以及对特定领域的深刻理解，在虚拟网络空间中构建起一个个充满活力的信息生态。他们既是信息的生产者，也是信息的筛选者、解释者和传播者，通过精准定位受众需求，创造并传播有价值的内容，从而在快速更迭的社交媒体环境中找到自己的立足之地。

本章着重探讨社交媒体时代新的信息职业形态的兴起背景、职业特征，以及对自媒体用户提出的要求，同时对信息传播教育变革方向与未来职业发展趋势展开初步研判和分析。

第一节　个人自媒体作为新的信息职业平台

个人自媒体指的是那些通过现代化、电子化的方式，由私人、普通民众或广泛群体自主地向不确定的大众或特定个体传播标准或非标准信息的新型媒体形态。自媒体的兴起，打破了传统媒体独占鳌头的局面，赋予了每个人发布与传播信息的能力。美国学者谢因波曼与克里斯·威理斯为"We Media"（自媒体）提供了一个精确的定义：We Media 是指普通大众利用数字技术强化并连接到全球知识体系后，形成的一种能够自我提供并分享个人事实与新闻的新途径。①

"德拉吉报道"提出"每个公民都能成为记者"的理念，促进了博客的兴起与发展。在我国，微博、微信等平台的崛起，使得自媒体信息内容的生产与传播呈现爆炸式增长的特点。②数字技术的蓬勃发展加速了信息生产与传播模式的更新迭代，并催生了个人自媒体这一新兴的信息传播职业形态。

一、打破创作与表达的技术垄断

科学技术的发展不断改变大众媒介传播与接收信息的方式，社交媒体时代的自媒体作为信息的创造者与传递者，与接收者之间建立了更为有效的沟通渠道，增强了双方的互动性，从而打破了传统媒体在信息传播上的局限性。

社交媒体是借助互联网和移动通信技术搭建的在线平台，使用户能够生成内容、分享信息及进行互动交流。在社交媒体平台上，用户可以注册个人账户，并通过该账户创作和传播信息内容。除了政府部门和机构媒体设立的官方账号，社交媒体主要由个人用户构成，他们分享和转发日常生

---

① 徐志宏.生活的彰显或消逝？："自媒体时代"生活之遭遇初探[J].教学与研究，2014（12）：32-38.
② 何炜，卢焱.自媒体信息传播的创新与守正[J].新闻爱好者，2022（4）：87-89.

活的点滴以及社会热点新闻，以平民化的视角参与信息的生成与流通。自媒体自诞生之日起，便旨在为用户提供便捷的信息发布途径，故而具备了技术层面的便利性。众多自媒体平台为用户打造了一个简洁易操作的内容发布环境，使得信息传播的成本几乎可以忽略不计。[①]

当前，传统媒体在信息传播的速度、数量及内容方面已难以满足现代人的需求。相比之下，微博、微信、小红书等社交媒体平台提供的信息量之大、获取之便捷，远超传统媒体。社交媒体时代的到来，打破了时空限制，人们只需一部移动设备即可迅速获取资讯。此外，社交媒体以其双向互动的传播特性，使得受众通过新技术的赋能，主动参与到信息交流中，从而改变了以往被动接收信息的状态。

赋权这一概念也被译为增权、充权或激发权能等，其根源可追溯至20世纪60年代的美国。也就是说，赋权产生于个体之间的相互交往与交流，这一过程借助外部的干预，帮助原本无权或缺权的公众争取个人权益，激发其能动性和个人潜能，以帮助个人树立公共意识、改善不良现状、获取更多社会资源、解决自身问题、提升生活品质。

赋权涉及实践和心理两个维度。在实践维度上，赋权体现为个人能力提升的意识觉醒，包括对社会政治环境的理性审视、对社会进步不足的批判，以及为改善个人境遇所采取的积极行动。在心理维度上，赋权侧重于增强自我效能感与自我认同感，以此激发个体追求目标的内在动力。此外，赋权还是一个扩大个人、人际及政治影响力的过程，有助于丰富个体与集体的资源储备。媒体技术的演进打破了传统媒体对信息传播的垄断，赋予了受众直接发声的平台，从而提升了公众的话语权。[②]

[①] 易龙.新媒体环境下的信息生产与消费［J］.新闻传播，2015（9）：74-75.
[②] 严功军，李晓轩.媒介技术的解放：新移动范式下青年数字游民生活实践——基于安吉数字游民公社的线索民族志研究［J］.当代传播，2024（6）：57-61，68.

随着媒介技术的日新月异、媒体平台的普及以及传播理论的大众化，普通公众从原来单一的信息接收者变成了信息的产消者，构成了网络信息内容生产的重要组成主体，他们仅凭一部手机就能够完成摄像、录音、编辑稿件等传统信息采集者的全部工作。加上制作和传播信息的技术门槛降低，越来越多的个人和小型组织能够通过相对简单的技术工具参与信息的生产与传播。因此，当今受众的角色产生质变，他们能够在平台上直接发表个人想法和见解，使用社交媒体平台为自己增权赋能，改善自己原本在传受关系中不平等的处境。

同时，社交媒体作为 Web 2.0 时代的标志性成果，为公众搭建了一个分享资讯、交流观点及增强相互作用的平台，给予了不同群体充分的话语空间，使"受众"这样的单一角色成功转变为具有双重身份的"用户"。"用"即代表了其主动性，"户"则表明其独特性、差异性。

在以高速的信息传播速度而著称的社交媒体平台上，用户不仅可以接收来自各方的多元观点，而且能够自由表达思想和情感、参与社会公共事务的讨论和决策；用户还可以迅速获取并及时分享新鲜事件，推动信息在社交媒体上快速传播。可见，人与人之间的互动因为社交媒体平台的介入而被重塑了。"人—平台—人"在很大程度上取代了原本人们之间的直接交流。换言之，媒介技术的发展导致人与人的连接发生了重大变化。社交媒体平台将原本散布在社会各角落的个体视为网络中的连接点，利用多样化的关联机制将这些点连接起来，构建了用户间的联系与交互模式，从而促进了不同个体的汇聚，形成小群体，个体因处在不同的群体中而不断受到影响，同时也影响他人。此外，社交媒体平台通过较为隐蔽的手段不断促使用户构建新的社交联系，进而影响他们后续的社交行为。例如，小红书在用户关注某个账号后，会巧妙地展示推荐关注其他相关账号的提示框，还会通过不同标准筛选进入推荐名单的账号，例如"关注他的人也关注了"、共同好友、手机联系人、"你常看的人"等。微博也是如此，当用户

第六章 社交媒体时代个人自媒体信息职业形态

进入主页时，会出现"关注""推荐""热点""同城"等分类，即使在浏览主页的过程中，微博也会在展示两条微博之际，穿插推荐"您可能感兴趣的热门话题"等相关内容。[①] 由此可见，社交媒体采用了尽可能全面的个性化推送机制来激励持相似观点的用户找到组织、融入群体，并在信息分享中建立连接，从而催生更多的同质化群体。在这种全新的传播模式中，个人深度参与到社交媒体的活动中，个体之间、用户生成的内容之间以及不同的群体之间，均通过独特的自组织模式相互连接并构建起结构。社交媒体由此打破了垂直的信息传播模式，使得信息更加平等地分布在全球范围内。

如今，每个用户都能参与信息生产的过程，信息内容的生产与传播呈现出开放性特征。开放生产的兴起，是开源软件、数据共享、协同内容创作平台、易于使用的大众数据分析与可视化工具以及生成式人工智能等先进技术过去几十年广泛应用的直接产物。这些平台与项目，以其操作简便性、成本经济性以及广泛接入性，吸引了广大民众参与到媒介内容的创造中，逐步削弱了传统媒体机构及其行业的专业壁垒，极大地丰富了整个媒体环境的文化多样性。

首先，前文所述的技术赋权本质上体现了生产工具层面的开放性，它标志着协作式生产平台和大众内容创作应用在媒介生产领域的广泛应用。这一趋势使得非专业用户也能成为信息生产者并参与到媒介生产过程中，从而使得信息内容与产品的制作不再受时空限制，构建一种灵活且适应性强的动态体系。在一些情况下，某些备受欢迎的工具甚至能够直接催生并促进新型信息形态的产生，例如，剪映、快剪辑、快影这类大众视频编辑软件的流行，就极大地推动了短视频行业的快速发展。这些软件通常能与抖音等主流短视频平台实现无缝对接。此外，研究表明，可视化信息内容的日益成熟，也与MySQL、Datawrapper等数据处理工具的大众化普及紧密相关。

[①] 王晓培.从技术赋权到平台逻辑：社交媒体舆论极化形成与治理［J］.中国出版，2023（14）：11-17.

其次，生产资料也实现了开放，社交媒体平台上的各类信息都能够成为一则新信息的消息来源。尽管在权威性和可信度方面持续面临严峻挑战，但在实际操作中，它们已成为信息内容构成中不可或缺的组成部分。当前，这些非传统、非官方的信息源，仍然面临诸多难以攻克的法律挑战与伦理道德困境，这些问题横跨个人隐私保护、知识产权维护以及职业操守等多个关键方面。

最后，生产主体也具备了开放性。掌握了开放工具和生产资料的用户虽然不是专业的信息内容生产者，但其媒介素养已经有了很大程度的提升。例如，"众包新闻"已成为新闻行业当前普遍采用的开放式生产方式，而"人机关系"则是尚待明确与标准化的新兴领域。该机制不仅被专业媒体机构用于内部组织集体创作项目，还常态化地吸引并激发社交媒体平台上的普通用户参与到媒介内容的生产中。[1] 可见，在社交媒体时代，信息生产开放性的特征已经渗透到行业内的方方面面，对于开放性的推崇实质上反映了社会对个人自媒体的新期望——其所生产的信息须同时兼顾普通用户的日常生活需求，此外还要体现信息传播所具有的公共价值理念，以此促进信息内容与日常生活间的联系变得更加紧密。

二、增强用户黏性

社交媒体基于 Web 2.0 技术，为用户搭建了一个能够进行表达、创造、交流与共享的平台。简而言之，其影响力的核心在于所蕴含的人际网络和用户间活跃的互动行为。[2] 互动性、即时性、个性化是社交媒体信息传播的

---

[1] 常江.数字媒体生态的核心特征与文化反思[J].中国编辑，2023（12）：50-56.

[2] 王雨心，闵庆飞，宋亚楠.基于感知互动性探究社交媒体用户生成内容的影响因素[J].情报科学，2018，36（2）：101-106.

显著特点，也是增强自媒体用户黏性的重要原因。

互动性指的是传播主体和受众进行的信息交流和反馈。伴随传统媒体话语权的下放，社交媒体的易接入性促使大量普通民众积极参与其中，技术进步赋予了用户新的角色，使他们不仅限于作为信息的接收者，更成为信息的传播媒介和创造者。在互联网的广阔舞台上，用户被赋予了多元化的权利与影响力。区别于传统媒体，社交媒体将传受主体之间的互动性发挥到了极致，社交媒体用户同时具备信息发布者（传播者）与信息接收者（受众）的双重角色。作为受众，他们能对发布者的内容进行反馈，如发表评论、点赞等；相应地，发布者也能对受众的评论做出回应。这一过程呈现出明显的互动性。例如，网络用户可以在社交媒体上发布文字、图片、视频、音频等多种形式的内容，并通过点赞、分享、转发等功能让这些内容在平台上得到广泛传播，这种内容创作与分享机制不仅丰富了平台的内容生态，也促进了用户之间的互动和连接。与此同时，用户还可以对已经发布在平台上的内容进行评论，表达自己的看法、观点或提出问题，这种评论功能为用户搭建起一个表达意见和反馈的渠道，也为内容创作者提供了与受众互动的机会，从而形成更强的归属感和互动性。

即时性也是社交媒体的鲜明特征，它深刻改变了人们获取信息、交流互动和分享生活的方式。从即时通信与互动的层面来说，社交媒体提供了多种即时通信功能，如私信、评论、点赞和转发等，使用户能够即时与其他用户进行交流和互动。这种即时的反馈机制增强了用户之间的连接感，促进了更加活跃和动态的社交互动。因此，出现在社交媒体上的热门话题和趋势往往能在极短的时间内传播开来，用户通过分享、讨论和转发相关内容，共同塑造和推动社会舆论的走向。这种即时性促使社交媒体成为观察社会动态和民意变化的重要窗口。此外，部分社交媒体平台还结合了基于位置服务（Location Based Services，LBS）等技术，使用户能够即时分享自己的位置信息，并发现附近的人、活动或商家。这种即时性不仅增强了社交互动的趣味性，还为用户提供了更加便捷和个性化的服务体验。

社交媒体的个性化特征体现在内容推送、用户界面与体验、社交关系与互动以及信息获取与消费等多个方面。首先，社交媒体通过数据分析和用户画像技术，能够精准了解用户的兴趣、偏好和行为习惯，从而为用户推送个性化的内容。这种推送不仅限于新闻、娱乐等资讯，还包括广告、商品推荐等。随着用户行为的变化，社交媒体会实时调整推送内容，确保始终与用户的需求保持同步。这种动态调整机制使得社交媒体的内容推送更加灵活和高效。其次，在用户界面与体验个性化方面，用户能够根据自己的喜好和需求，对社交媒体平台的界面、布局、颜色等进行个性化设置，从而打造符合自己审美和使用习惯的个人空间。社交媒体提供的一系列定制化服务，如个性化推荐列表、专属客服等，可以满足用户在不同场景下的个性化需求。再次，社交媒体提供了多种互动方式，如点赞、评论、转发、私信等，用户可以根据自己的喜好和需求选择合适的互动方式。同时，社交媒体还鼓励用户创造和分享个性化的内容，如短视频、图文、直播等，以展示自己的个性和才华。不仅在互动方式上有所丰富和创新，社交媒体平台还允许用户根据自己的兴趣、职业、地域等因素，建立个性化的社交圈子。这些圈子内的成员通常具有相似的背景和兴趣，从而促进了更加深入和有意义的交流。最后，在信息获取与消费上，社交媒体平台也实现了个性化、定制化。社交媒体通过算法和机器学习技术，能够自动筛选和过滤与用户无关或用户不感兴趣的信息，从而使用户能够更加高效地获取自己需要的信息。社交媒体还会根据用户的消费习惯和购买记录，为其推荐个性化的商品和服务。这种推荐不仅提高了用户的购物体验，还促进了电商平台的销售增长。

在互动性、即时性与个性化的社交媒体平台上开展信息传播活动，使用户更加依赖平台提供的信息与服务，建立起与平台的紧密联系，显著增强了用户黏性。这样一来，不仅有利于自媒体内容的广泛传播，还能够提升个人自媒体的品牌忠诚度、影响力,从而建立稳定的粉丝基础,提高商业变现能力。

三、增加商业变现机会

个人自媒体能够成为新的信息职业形态的一个重要原因是其强大的商业变现模式。信息从产生至触达用户,主要经历3个阶段:生产、流通、消费。信息内容只有被受众消费了,才算是完成其产品价值的最终实现。

从全球内容生产领域的变革趋势来分析,个人自媒体是新兴"创作者经济"中极具代表性的存在。"创作者经济"指的是创作者通过制作并发布专业化、个性化的内容,吸引具有忠诚度的"粉丝"。这些"粉丝"为平台及营销者带来源源不断的消费力。他们不仅愿意为个人自媒体创作的内容买单,还主动为其进行宣传,从而使个人自媒体赢利。[1]

相较于传统媒体形成的"二次售卖"模式,即既将作品销售给受众,又把受众的注意力销售给广告商,个人自媒体在此基础上形成了更加多元化的盈利模式。社交媒体平台为个人自媒体创造了大量的商业变现机会,不但可以实现知识付费、版权付费、广告分成,还可以实现直播变现、电商带货。

由于多数创作者所生成的内容尚未达到知识层面的标准,而行业内为了强调内容的知识属性,便将知识付费与内容付费统称为知识付费,指的是通过提供高质量或独家的内容、专业知识和技能来吸引用户付费订阅,或根据自身专长开设付费课程、提供咨询服务等。

社交媒体时代,众多社交媒体与内容平台普遍以广告作为主要的盈利

---

[1] 莫梅锋.互联网"创作者经济"的规范化发展[J].人民论坛,2023(6):100-103.

模式。自媒体的内容若能够成功吸引并积累大量观众，便可通过类似传统媒体"二次销售"的模式，即将观众注意力作为商品转售给广告客户，从而实现赢利，进而获得广告分成。具体来说，自媒体工作者可以与广告平台或自媒体平台合作，将广告嵌入文章、视频或社交媒体帖子，或选择与自己内容领域相关的产品，在自媒体内容中测评、推荐商品或服务，并引导粉丝通过特定链接购买，从而获得销售佣金。值得一提的是，由于广告收益的多少取决于广告展示量和点击率，因此在选择合作伙伴时还需要仔细了解广告类型和账号受众是否相符。

随着直播带货的兴起，个人自媒体还可以通过平台开展直播，进行才艺展示、产品推荐等直播内容，吸引观众观看并获取打赏、广告分成等收益。作为一种新兴的商业模式，直播变现的方式也在不断优化中，直播平台将顺应知识经济的发展趋势，致力于培养用户的付费意识，并深化营销产业链的合作与升级策略。具体而言，它们可以通过丰富内容营销与互动营销的手段，如开发泛娱乐节目、打造赛事 IP 等，吸引并留住潜在的用户群体，从而实现商业变现的多元化发展。

第二节　个人自媒体信息职业形态的特征

现如今，自媒体正逐渐深入人们的日常生活，成为网民获取信息及参与社交互动的关键途径。伴随着我国自媒体行业的快速发展，自媒体行业营销市场也一直保持高速增长。

近年来，自媒体行业市场规模持续攀升。根据《2024 中国自媒体行业深度分析报告》提供的数据，截至 2024 年初，全球自媒体从业者人数已超过 1.5 亿，其中中国占比超过三分之二，超过 1 亿人。同时，该行业的市场规模亦在稳步扩张。可见，个人自媒体已经具备了成为新信息职业的条件。

第六章　社交媒体时代个人自媒体信息职业形态

一、从业者身份多元化

曾经掌握信息采集与发布的职业工作者主要是新闻记者，而社交媒体凭借其开放性、丰富多样性及高度互动性，已成为当前重要的交互式媒介平台。无论是传统媒介机构的记者还是传统媒介机构本身，都在积极尝试社交化的工作方式。多数媒体将社交化列入其事业发展的规划，创建自己的官微和微信公众号，通过关注微博爆料和网民提供的最新信息来主动监测事件的发生，跟进事件的最新动态和网络舆论趋向，在协同互动的状态下进行信息生产和传播。

鉴于社交媒体平台赋予用户创作内容及相互沟通的能力，理论上，每位用户都具备了成为信息收集者、发布者以及他人信息共享者的潜能。通过网络搜索、电子邮件、社交媒体等手段，大众渐渐摆脱了传统专业媒体品牌的束缚，拥有了变成媒体职业工作者的能力。在此背景下，个人自媒体账号批量出现，并与传统媒体职业工作者共同承担起信息发布与传播的社会任务。

随着社交媒体技术的发展，有关媒体行业处在衰落期的呼声很高，很多人认为社交媒体会彻底改变信息传播的方式。但事实上，媒体行业正在经历深刻的变革和转型，这种变革既带来了挑战，也孕育着机遇，如新媒体崛起并呈现出蓬勃发展的态势，行业中涌现出大量自媒体从业者。自媒体从业者通常也被称为内容创作者、博主、UP主、KOL等，是随着互联网的普及和社交媒体的发展而兴起的一个职业群体。他们利用自己的兴趣、专长或影响力，在各类自媒体平台上发布内容，包括但不限于文字、图片、音频、视频等，以吸引和维持一定的受众群体。自媒体从业者的身份具有多样性和灵活性，他们可能来自不同的行业背景，包括但不限于个人兴趣创作者、某些专业领域内容专家、品牌合作与营销推广者、社交媒体影响者以及自媒体平台运营者，并且随着自媒体行业的不断发展和创新，新的身份和角色也在不断涌现。此外，自媒体从业者往往不是以单一身份存在的，他们通常身兼数职，同时承担信息传播者、内容创作者、品牌代言人、社群管理者等多种角色。他们既是内容的生产者，也是推广者和运营者，通过多重身份的叠加，实现个人品牌和商业价值的最大化。而且他们工作的领域不再局限于某一特定背景，而是综合考量市场需求和个人兴趣，平衡商业价值与相应的社会责任，跨越不同领域进行内容创作，通过跨领域内容的融合吸引更广泛的受众。

二、垂直内容专业化

随着互联网技术的广泛普及和数字技术的快速进步，信息传播的速度显著提升，同时用户的消费习惯也经历了显著变迁。一方面，数字时代对传统行业媒体在新闻品质与展现形式上提出了更高标准，用户愈发重视行业资讯的专业深度与独特性。另一方面，信息呈现出碎片化和个性化的趋势，用户能够根据自己的兴趣自主选择所需内容。此外，社交媒体等新兴平台已成为信息扩散的关键途径。[①] 因此，行业媒体必须以用户需求为导向，为其提供个性化、定制化的信息体验。

起初，网络自媒体用户主要分享的是日常生活、网络信息、社会热点等多元化的内容。随着社会网络市场中大众需求的变化，受众群体开始呈现细分化的趋势。为了巩固粉丝基础，自媒体用户逐渐转向专注于某一特定领域的内容创作，通过垂直化、专业化的信息传播来吸引和维持受众。[②] 个人自媒体在特定领域内进行深度挖掘，不仅报道表面现象，更揭示背后

---

① 周飞飞.数字时代驱动行业媒体变革［J］.文化产业，2024（9）：64-66.
② 徐锐，张青.视频自媒体的内容生产与运营模式探析［J］.中国电视，2016（7）：85-88.

的原因、趋势和规律。例如，在科技领域，自媒体可能深入分析某项新技术的原理、应用场景以及未来发展趋势。通过运用专业知识对内容进行解读，提供准确、权威的信息。这需要自媒体从业者具备扎实的专业基础和丰富的实践经验，能够准确判断信息的真伪和价值。

个人自媒体账号的垂直化与专业化不仅体现在内容的高质量上，还表现为对目标受众进行精准定位。自媒体通过市场调研和数据分析，创建具体的受众画像，包括基本特征、心理特征、行为特征等，从而更直观地理解目标受众，明确自己的目标受众群体，包括他们的年龄、性别、职业、兴趣等特征。由于不同的平台有不同的用户群体和使用习惯，根据目标受众画像，选择合适的平台才能有效触达目标受众。根据受众的特点和需求定制化内容，有助于自媒体更精准地推送内容，满足受众的需求。在账号与内容的运营过程中，个人自媒体建立社群互动是增强与受众的连接、提升用户黏性和促进内容传播的重要方式，可以在明确自身账号定位和特色的前提下，积极与受众互动，回复评论、私信等，还可以创建或加入相关的社群（如微信群、QQ群、微博话题等），实现与受众的深入交流，建立信任和亲近感。通过定期举办线上或线下活动，如粉丝见面会、主题讲座等，为成员提供交流和互动的机会，增强与受众之间的现实连接。

以视频自媒体为例，其显著特征在于构建垂直兴趣社群及共享价值观的群体。视频自媒体已发展成为社群经济的一部分，对社群内的粉丝产生显著影响。在这样的社群中，成员拥有强烈的归属感和认同感，媒介产品的核心理念已深深植根于他们心中，每位成员都是视频自媒体的非正式推广者。通过社交媒体上的口碑传播，视频自媒体能够吸引更多用户并扩大其影响力。在与社群不断互动的过程中，视频自媒体在内容创作上不仅追求专业化，还进一步丰富内容种类，深入垂直领域。此外，视频自媒体还积极组织线上与线下活动，以增强粉丝忠诚度，巩固社群联系。[1]作为当下

---

① 徐锐，张青. 视频自媒体的内容生产与运营模式探析［J］.中国电视，2016（7）：85-88.

信息传播的重要渠道，个人自媒体通过发布文章、视频、音频等形式的内容，分享自己的见解、经验、知识等，满足社群成员对信息的需求。这种信息共享促进了成员之间的交流，使得社群内部的信息流通更加顺畅，有助于形成共同的话题和兴趣点。而且，当个人自媒体持续为社群提供有价值的内容时，其影响力也会逐渐增强，吸引更多志同道合者加入。这种基于共同兴趣和价值观的连接，使得社群成员感受到强烈的归属感，通过个人自媒体的运营，社群领导者或意见领袖能够更有效地与成员沟通，了解他们的需求和期望。这种直接的沟通方式有助于增强成员对社群的信任感和忠诚度，从而加强社群的凝聚力。社群成员会在社群中寻求认同、分享快乐、分担困扰，形成紧密的社会联系，并在无形中塑造社群的文化氛围。通过持续的内容输出，个人自媒体可以引导社群成员形成共同的价值观、行为准则和审美标准，这种文化认同使得社群更加稳固，成员之间的联系也更加紧密。在关键时刻，成员间的凝聚力能够转化为强大的行动力，推动社群实现共同的目标。

三、变现模式逐渐成熟

自媒体发展至今，一直是一个优胜劣汰的过程。面对市场的需求变化和红利消退，为了在激烈的竞争中自保并获得机会，个人自媒体也在不断探索多元的盈利模式。

个人自媒体的盈利模式可划分为两大类别：一是凭借自身内容与传播渠道直接转化收益；二是通过粉丝社群进行营销推广。当下，众多自媒体通过内容和渠道优势实现赢利，其中，高级软文广告已屡见不鲜，内容融合广告的形式正逐渐成为主流。未来，这类深度定制化的广告将更加普及。与此同时，线上电商销售与线下产品推广活动（如培训、演讲等）相结合，旨在发展会员体系并推广付费服务。此外，利用平台赢利也是内容型自媒

第六章　社交媒体时代个人自媒体信息职业形态

体最为常见且典型的赢利方式。一个出色的自媒体平台应能激发更多内容创作者的加入，并持续产出高质量的内容，确保自媒体创作者能体面地获得创作回报，进而将此作为低门槛创业的起点。依靠粉丝与社群扩大个人自媒体影响力，从而提高实体商品或服务的成交率而实现变现也是众多个人自媒体选择的盈利模式。一方面，自媒体账号需要凭借自身优质内容集聚起一大批粉丝，并在账号运营过程中不断增强粉丝的忠诚度与黏性，从而利用粉丝经济，发展电商销售。另一方面，个人自媒体能借助社群运营的策略来促进会员增长和服务销售，采用社群运营的会员模式，为商家与用户搭建直接且性价比高的连接桥梁。溯其根源，个人自媒体能够成功推行会员制并实现赢利，首要因素在于凭借高质量内容吸引并汇聚了一大批忠诚的粉丝群体，后续是否可以搭建并维系好社群平台，是会员制能不能良性延续的一大关键。[1]

依据美国现代传播学先驱拉斯韦尔提出的传播过程五要素理论，包括传播者、传播内容、传播渠道、传播受众及传播效果[2]，对个人自媒体变现模式进行分析。

第一，关于传播者，即信息的发起者。在个人自媒体语境中，传播者特指那些创立并维护自媒体平台，创作内容并直接面向公众传递信息的个体。数字技术的普及在社交媒体时代赋予了每个人发声的舞台，成功的自媒体人往往能凭借其鲜明的个人特色与精准的账号定位脱颖而出。

第二，关于传播内容。高质量的内容始终是媒体行业的生命线。当前，个人自媒体的内容覆盖了娱乐、生活记录、美妆教程、教育知识、科技前沿及游戏攻略等多个领域。这些内容丰富多样，形式新颖，使得用户能够

---

[1] 李旭.互联网新常态下中国自媒体发展现状及趋势研究［J］.中国传媒科技，2018（7）：121-122.
[2] 姜雪松，徐鑫，徐妍，等.基于数字经济的短视频自媒体盈利模式研究［J］.商业经济研究，2022（19）：88-92.

在短时间内快速获取他们感兴趣的信息。

第三，关于传播渠道。个人自媒体在各大社交媒体平台、信息网站、资讯APP上全面布局，并采用了线上推广和线下活动相结合的传播方式，吸引了大量流量，集聚了众多用户的目光，信息借助多种渠道实现了广泛传播，有效覆盖了广泛的用户群体，取得了显著的传播成效，进而为个人自媒体开拓了更广阔的盈利空间。

第四，关于传播受众。个人自媒体在生产信息内容时会充分考量用户对不同领域的需求，实现高度定制化、个性化。与此同时，用户之间能够围绕共同的兴趣领域展开交流，并据此构建社群，从而促成群体内部的信息传播与交流。

第五，关于传播效果。个人自媒体以其特有的碎片化、个性化特征，成功吸引了众多移动终端用户的关注，而各大社交平台的信息展现形式也日益多元化。个人自媒体结合用户接收信息的习惯与偏好，打造出艺术性与商业化共存的信息传播形式，实现自媒体工作者、商家和受众群体的共赢。

第三节　个人自媒体信息职业的新要求

移动互联的社交化发展打破了传统媒体传播信息的格局，社交媒体对具有数字化能力的人才有着更高的需求，将来的个人自媒体工作者除了掌握信息生产传播理论与写作技能，还需要将重心放在学习和发展新的专业技能上，以此来应对新媒体技术带来的剧变与挑战，更好地适应社交媒体的内容生产方式。这些要求主要体现在信息传播的速度、广度、深度以及精准度上，同时也对信息从业者的专业素养、技术能力、伦理意识等方面提出了更高的标准。

第六章　社交媒体时代个人自媒体信息职业形态

一、实现个性化与定制化的信息传播

随着技术从 PC 时代演进至移动互联网时代，互联网流量的主要获取途径发生了转变，由早期的搜索引擎逐渐转变为移动应用商店。与此同时，社交网络的蓬勃发展打破了传统营销中媒介与受众之间的明确界限，促使每位信息接收者都有可能借助自媒体平台转变为信息的传播者，这一现象推动了流量分布朝更加分散的方向发展，即呈现出去中心化的特征。社交媒体展现出的去中心化特性，赋予了所有用户成为信息提供者及传播者的能力。用户通过分享图片、撰写文字、发布音视频等多种形式的内容创作，积极参与到信息的生成与传播流程之中，极大地促进了信息传播的个人化趋势。这种由多元化传播主体构成的信息源头，极大地丰富了信息的多样性，打破了传统权威信息源的单一视角限制。另外，个体需求的差异性也是推动信息传播个性化的重要因素。鉴于不同用户对信息的偏好和需求各不相同，那些能够针对个人兴趣进行精准推送和提供定制化内容的服务，往往更能吸引用户的注意力并激发他们的参与度。[①]

为了应对媒介环境的变化、找到流量分布的规律，社交媒体时代的自媒体从业者需要进行垂直化营销，使其信息传播呈现出显著个性化特征，个性化与定制化的需求渗透到信息采集、编辑、发布、推送等过程之中。数据化信息采编与分析已经成为社交媒体时代信息传播的重要技术手段和必要的信息采编策略，被普遍应用于精准把握信息趋势与用户需求的工作实践中。社交媒体时代要求自媒体从业者善用大数据分析信息热度与用户需求之间的关联，并以此为依据，提供更加符合公众需求的信息内容。自媒体从业者可以通过以下方式实现个性化的信息传播。第一，用户数据分

---

① 张建国.电视新闻与社交媒体的融合：话题传播与观众参与分析［J］.新闻研究导刊，2024，15（1）：123-125.

析。通过网站分析、社交媒体统计和其他分析工具实现对用户数据的收集与分析，了解受众的兴趣、喜好和阅读习惯。第二，用户调查和反馈。定期进行用户调查，收集用户的反馈，进一步了解用户的期望和需求，这有助于调整信息传播方向和提供更加个性化的内容。第三，分众报道。针对不同的用户制定内容，以满足他们独特的需求。如根据地理位置、年龄、兴趣爱好等分组定制不同版本的信息。第四，主题标签和分类。使用详细、鲜明的主题标签和分类，使用户能够更容易找到他们感兴趣的内容，提高信息的可发现性。第五，定制化信息通知。提供个性化的信息通知服务，让用户可以根据自己的兴趣设置接收特定领域或主题的实时信息。第六，多渠道发布。在不同平台上发布内容，并且提供丰富的多媒体元素，以吸引不同类型的用户，满足他们对信息呈现形式的个性化需求，以及在不同平台上的偏好。

信息需要实现准确、高效的传播，即将有价值的信息内容传播给真正有需要的目标群体，其中的难点就是如何发现目标群体，虽然大数据能够实现部分目标群体的准确识别，但是依然存在灵活性差、推荐单一等问题。目前，我国社交媒体平台普遍采用"社交结合兴趣"的信息分配模式，即借助现代社交平台，依据用户的社交网络特性来识别其信息阅读偏好，并利用算法技术向用户推送符合其兴趣的内容。然而，这种仅依赖社交平台来分析用户兴趣的做法，限制了信息收集的广度，使得分发机制显得较为单调，降低了信息与用户需求的匹配度。因此，在信息推送实践中，常出现推送内容与用户兴趣关联度不高或完全无关的情况。此外，由于当前智能算法技术尚不完善，存在信息抓取不准确的问题，这进一步加剧了向不同社交用户分发信息时的错误率，严重影响了用户的阅读体验。因此，在信息分发机制的构建上，要利用社交平台，将其作为主要传播路径，并拓展多元化的传播渠道。年轻群体倾向于通过多渠道获取娱乐、体育等领域的资讯，主要侧重于信息的广泛搜集。相比之下，中老年群体则更偏好于访问信息门户网站和观看专业电视节目。因此，在构建信息分发体系时，须综合考虑用户在 PC 端与移动端的信息获取习惯，以此丰富用户的资讯获取途径，为信息的精准分发提供更为全面的数据支持。[1] 大数据分析技术可以实现更加个性化的内容推荐，为目标群体提供定制化服务，提高信息传播的效率。此外，自媒体从业者还可以通过大数据技术分析信息趋势和热点话题，以提供更具吸引力和关注度的信息内容。

二、强化内容的互动性与社交性

由于有用户参与到信息生产与传播过程中，社交与媒体之间的壁垒被打破，它们之间的相互融合导致原本的界限变得日益模糊。社交媒体时代与传统媒体时代信息传播最大的不同便是交互性。

社交媒体平台的信息生产与传播工作需要强化互动性和社交性，从而提升信息内容传播的效果和影响力。具体来说，自媒体工作者可以从以下四个方面作出努力。

一是信息传播与社交元素的结合意味着自媒体工作者须摒弃传统媒体单向传播的思维和准则，重视与用户之间的关系。传统媒体在其发展历程中，往往缺乏与公众有效互动的渠道及相应的互动意识，未能充分重视用户对信息传播效果的反馈。这一状况使得信息传播过程中的受众长期处于被动接受的位置，成为传统媒体在社交媒体时代面临传播效率低下问题的关键因素之一。[2]

在社交媒体环境中，只有主动与观众开展直接互动，才能够使他们获

---

[1] 刘峰，罗敦洲.智媒时代县级融媒建设发展的制约瓶颈与应对策略［J］.出版发行研究，2021（5）：57-64.
[2] 杨阳.全媒体时代新闻采编者的挑战与机遇［J］.中国报业，2023（18）：104-105.

得很强烈的参与感，发挥社交媒体在信息传播中的优势。使用社交媒体开展信息传播时，自媒体从业者应当掌握在信息传播过程中融入互动元素，以增加内容的趣味性，并提高整体的灵活性。例如，自媒体从业者可以通过社交媒体平台，将信息传播与用户社交行为相结合，引导用户进行互动和分享，甚至通过开展线上线下活动促进用户之间的交流，增强信息传播的效果和社交性。信息向社交化方向的转变不应仅仅局限于基础的评论互动层面，而应致力于革新传统的媒体发展模式，利用社交媒体技术的创新来丰富和升级互动的方式与形态，从而打造出优质的社交型信息产品。此外，还应深化对受众关系的转化，通过实施社会化营销策略、维护社群凝聚力、促进口碑传播等手段，全面挖掘受众的潜在价值，以进一步完善信息传播社交化运营体系的搭建。[①] 除此之外，自媒体工作者在传播信息时也要注意准确区分和识别参与度不同的受众。第一，被动式参与是社交媒体受众的一种普遍形态，主要体现在受众作为信息消费者，主要扮演信息接收者的角色，通过浏览他人分享的内容来获取资讯，较少主动参与讨论。第二，互动性参与是受众在社交媒体上展现出的一种更为积极的姿态，涵盖了点赞、发表评论、转发分享等互动行为，借此表达自己对特定内容的看法或情感倾向。第三，创造性受众参与行为在社交媒体上越来越常见。用户通过设计或发布内容，积极参与信息内容创作，还可以加入社交群体，积极参与讨论与活动，以此构建更为广泛且紧密的社交网络，这是受众在社交媒体平台上深入参与信息传播的有效途径。第四，社会活动参与代表了受众参与的更高层次。社交媒体已成为社会活动的关键舞台，允许受众在此策划、发起并亲身参与各类社会活动，以此表达对社会议题的深切关

---

① 罗燕. 新媒体新闻传播的"社交性"价值研究[J]. 中国报业，2023（16）：248-249.

注，并通过信息的广泛传播与实际行动，共同促进社会变革的进程。[①] 这在一定程度上丰富和拓展了信息传播与社交网络构建的空间。面对体量巨大、个性迥异、需求不同的受众群，自媒体从业者应采取不同策略加以应对。

二是自媒体工作者要做好对信息传播技术的创新与应用，实现交互式信息传播常态化。注重互动性意味着要始终将受众这一因素纳入信息生产和传播的过程中来。为了在激烈的市场竞争中求生存，在对用户画像进行仔细分析后，自媒体创作者在日常信息传播活动中，针对公众兴趣点精心打造高质量内容，并运用VR、AI技术制作的社交媒体产品，精准满足用户需求，吸引广泛关注。这样的做法有效激发了民众深入参与社交分享的积极性，增强了用户与信息内容之间的互动效果，为用户提供了更为沉浸和优质的体验感受。自媒体从业者还应该积极探索社交媒体表达方式，创新信息形式，时刻关注受众的需求变化，根据其意见不断调整所传播信息的选材与报道方式，以此作为指导，采用个性化、多元化的传播形式，如文字、图片、音乐、视频、动画等，丰富信息的表达。自媒体从业者应该充分借助先进的信息制作技术，提升信息阅读的直观性和趣味性，使受众可以自主选择获取信息的方式。例如，H5交互动画这一信息制作方式能够将复杂的事件以动画的形式进行展现，既增强了受众理解又节省了受众时间。自媒体从业者还可以利用社交媒体平台开展互动活动、投放调查问卷、回应公众反馈，积极地与受众进行互动，不断优化信息的内容和呈现形式，提升信息传播效果和影响力。

三是善用当前已有的社交媒体和移动应用程序，增强信息的互动性。在社交媒体上进行实时追踪，通过快速更新信息、直播等方式吸引观众的关注，已经成为当今自媒体从业者的常规操作。现在有不少自媒体从业者通过微信、微博等社交媒体平台，与受众实时互动和交流，提出问题、征

---

① 张建国. 电视新闻与社交媒体的融合：话题传播与观众参与分析［J］. 新闻研究导刊，2024，15（1）：123-125.

集意见，促使受众在评论区分享自己的看法，提高信息互动性和受众参与度，建立更强有力的社交互动，并鼓励用户生成内容，例如引用用户提供的图片、见解或评论等。这样既能引导用户参与信息制作和传播，又可以了解用户的反馈，并及时给予回应。换言之，引导受众成为信息传播的一部分。此外，值得一提的是，新闻工作者与受众的互动是定期的，在固定时间与受众开展互动，回应评论、提问，由此建立信任和更加稳定、亲密的社交关系。

四是与其他自媒体工作者、专家或机构合作，分享他们的观点或评论。例如在微博上，博主们不仅会回应关注者的评论和提问、回应关注者的推文、与持不同观点的人对话，并与其他记者、评论员进行讨论，还会开展公开的问答活动，允许关注者持续地提出问题，然后回答这些问题。通过这种开放交流的方式，博主们和同行之间可以相互交换各自的信息、观点，既加深对某一事件的认知，又拓展了信息传播的话题广度。

由此可见，社交媒体时代信息的互动性并不局限于传者与受者之间的交流，还能够拓展到自媒体从业者之间的合作。具体来说，自媒体从业者首先可以主动寻找并建立与其他自媒体从业者、专家或机构的联系，通过关注他们的社交媒体账号、参与相关讨论，建立与他们的互动。随后，自媒体从业者可以直接私信有合作意向的对象，主动邀请他们，明确合作的目的和互利之处，以建立共同的合作基础。其次，自媒体从业者应与相关领域内的专业机构建立合作关系，包括与学术机构、行业协会或非营利组织合作，以便共同关注某一议题或主题，定期参与或协作组织社交媒体活动，如话题讨论，以此加深合作伙伴之间的联系。还可以举办或参与联合活动，如在线研讨会、问答环节、社交媒体直播等，或者邀请其他自媒体从业者、专家和机构进行采访或专访，通过在社交媒体上分享这些内容，并注明来源，不仅能够增加合作伙伴的曝光、提高其在媒体行业的影响力，还能够为受众提供更全面的信息、更多角度的见解。最后，自媒体从业者还需要保持定期的更新和沟通，分享自己的工作进展和计划，了解合作伙伴的动态，提升合作的活跃性和持续性。

利用社交媒体在信息传播活动中的社交属性，可以搭建与受众直接沟通、交流的桥梁。不但自媒体从业者能够向受众传递实时信息，将最新的信息内容或专家评论传达给受众，而且受众的反应与意见也能够畅通无阻地反馈给自媒体从业者，使他们更好地了解受众的需求与兴趣，以便在日后的工作中调整报道方向和提供更符合受众期望的内容。通过社交媒体平台分享、转发和讨论某一事件，信息内容本身也能够得到更广泛的传播，从而形成更大范围的影响，提升社会关注度，吸引更多元的主体参与到信息传播过程中来，将不同观点和意见汇集起来，有助于提升信息内容的深度与广度，提升媒体行业整体业务水平。

三、锻炼信息处理能力

资源统筹和信息整合能力是自媒体从业者适应社交媒体传播环境的重要前提。在社交媒体时代，各种媒体之间的界限日趋模糊直至消失，在庞大繁杂的信息网络中，不仅有真实准确的信息，也充斥着大量"假消息"，此时信息传播的主要特点是：信息采集多渠道，内容展示多方式，传播途径多媒体。为了最大化整合信息资源，媒体将面临更多挑战，而媒体从业者的全媒体转型，旨在帮助他们适应媒介环境变革与发展的需要。[1]因此，社交媒体时代需要自媒体从业者能够快速整合和分析多样化的信息，在整合中提升信息内容的质量。

在社交媒体盛行的当下，技术与环境的不断演进促使信息价值在实际应用中呈现出新的动态变化。受众的关注会带来流量，流量则是变现的依

---

[1] 胡蕾，王兴华. 媒体转型发展中新闻记者对职业认同与困惑的调查分析[J]. 传媒，2022（18）：81-83.

据,这是利用媒体获利的底层逻辑。但引流并不是最终目的,促成用户转化并成功交易才是。而使用户转化为客户的关键就在于精准传递价值。

找到目标受众,生产有吸引力的内容是吸引用户的前提。若想促成转化,还需要传递价值、取得信任。具体可以参照以下思路。

第一,提供有用的信息。这是建立信任的关键,可以通过官网、媒体渠道输出干货内容等方式提供有用的信息。社交媒体加速了信息的流通速度,但公众的注意力往往易于转移,这导致深度内容变得稀缺。新媒体传播多侧重于告知受众事件概况,而对于事件起因及应对措施等深层次的报道则相对不足。[①] 然而,深挖信息背后的价值在社交媒体传播背景下仍然是很有必要的。因为事实上,依然有较高比例的公众需要深度内容,并认为它们能够带来有用的信息。这要求所有媒体从业者摒弃单纯追求"注意力经济"所带来的短期利益观念,认识到深度内容在为公众提供有用信息上的重要价值。

第二,建立社交媒体存在感。自媒体从业者可以通过发布有用的内容、与用户互动等方式建立社交媒体存在感。随着社交媒体的兴起与广泛应用,公众首次拥有了在信息价值评估上与传统媒体相匹敌甚至超越传统媒体的能力,这标志着社会文明的进步。

第三,兼顾信息价值与社会价值。优秀的选题应当融合信息价值与社会意义,既要全面评估事件的重要性与显著性,也要注重选择独特、特殊乃至独一无二的视角进行切入。信息作为一种媒介,可以帮助人们了解社会动态,具有重要的社会价值。信息内容还具有舆论引导、监督、娱乐消遣的功能,会直接作用于社会生活。因此,自媒体从业者要在明确信息对社会的影响力的基础上,平衡信息价值与社会价值的关系。在对社会事件进行报道和解读时,必须拿捏好尺度,要基于正确的社会价值导向展开撰

---

① 陈卓.新媒体传播对新闻价值取向的影响及建议[J].新闻传播,2023(18):77-79.

第六章 社交媒体时代个人自媒体信息职业形态

写,从而对社会舆论起到正确的引领。

此外,社交媒体时代,媒体融合依然是媒体的重要特征之一,大量的信息都是以数字化的形式存在的。这意味着自媒体从业者不仅需要具备搜集和处理数字证据的能力,还需要具备信息科技工具的应用技能,以此来提高处理不同类型信息的能力与效率。比如,自媒体从业者要学会使用电子邮件、社交媒体和即时通信工具来与受众和其他同行交流合作,还需要掌握信息检索和分析工具,以便能够在短时间内找到所需的信息;需要学会使用数字化写作工具,如文字处理软件、排版软件和网页编辑软件等。自媒体从业者依托社交平台发布与传播信息,必须在了解平台运作规则的基础上,熟练掌握采编播设备的使用技能,以达到采编播一体化,对于摄像机、视频编辑器和卫星电视接收仪等设备可以准确无误地操作。只有具备数字化工作的素养,自媒体从业者才能适应社交媒体时代的发展趋势。

可以说,媒介工具已成为社交媒体时代自媒体从业者必备的生产工具。因此,在日常学习和工作中,自媒体从业者需要加强对采编播智能设备操作技能和原理的学习,熟悉并掌握新媒介工具的使用技巧是一名自媒体从业者基本的职业要求。

一方面,自媒体从业者可以通过大数据的检索功能了解公众对社会上某一事件或信息的反馈,以便第一时间了解时事要点,抢占先机。此外,通过社交媒体,自媒体从业者还可以直接与受众开展互动,回应评论、解答疑问,甚至参与在线对话,这种直接互动有助于建立更密切的关系,同时也允许自媒体从业者在报道过程中进行快速反应和调整,根据受众反馈迅速调整传播策略,确保信息的准确性和完整性。例如,在全美航空1549号航班迫降事件的报道中,社交媒体发挥了极大的作用。一位名为Janis Krums的目击者在飞机迫降哈德逊河时拍摄了照片,并通过社交媒体平台推特分享了这一瞬间。这张照片得到迅速传播,成为全球关注的焦点,为即时报道提供了第一手资讯。在之后的报道中,社交媒体允许目击者直接分享他们的见闻，而不需要经过传统媒体的中介，这样的见证者角度通过社交媒体平台的传播，为事件提供了生动且真实的描绘。自媒体从业者也可以通过社交媒体平台收集实时信息，了解事故的详情和救援情况，有助于报道更全面、准确地反映事件的各个方面。而且，社交媒体平台使得信息能够以更快的速度传播，新闻从业者和普通用户通过社交媒体快速分享信息，让人们几乎可以实时了解事件的发展。在类似这样的紧急事件中，社交媒体提供了建立实时连接的途径，受困者、目击者和救援人员可以通过社交媒体及时获取帮助，向外界发送求助信号，同时媒体也能够迅速获取相关信息。

另一方面，自媒体从业者可以借助多样化的采集设备，制作图文融合的新形式信息。

在社交媒体时代，人们的视觉感知习惯发生了很大的变化，对视频的青睐程度是高于文字的，所以自媒体从业者也应该投其所好，让信息传播不再局限于文字和图片，而是通过多种形式进行传递。社交媒体支持多种多媒体元素，如将信息内容制作成视频解说或图文解说等不同形式，增强信息内容的可视性，在掌握了微信视频号、公众号、微博等平台的传播规律后，进行有针对性的推送，这样才能使信息呈现出更丰富的内容，提高信息的吸引力和可读性。具体来说，自媒体从业者需要学会使用摄像机来拍摄事件现场的视频，通过音频录音进行采访，使用数据可视化工具来展示复杂的统计数据等，用多种方式呈现采集到的信息。这样受众能够根据个人阅读习惯灵活获取信息，丰富内容呈现的方式与途径。

除此之外，社交媒体提供了一个实验新形式和内容呈现方式的平台，自媒体从业者可以尝试不同的故事形式，以更好地适应受众的需求和社交媒体平台的特性。例如，自媒体从业者可以使用平台多种相关功能，与受众建立更直接的连接。动画也是一种吸引人的方式，可以用来解释复杂的社会事件或数据，通过创建短视频内容，分享快速而生动的碎片信息。自媒体从业者还可以创建交互式的图表、图形和可视化数据，以更生动地呈现信息。使用社交媒体平台的图文发布功能，让受众能够与数据进行互动。通过推文、帖子、短视频等形式，在社交媒体平台上展开故事串联或系列报道，逐步展示更全面的故事，利用各类社交平台的"故事"功能，以轻松、生动的方式分享信息碎片、幕后花絮或即时观察，吸引受众一直关注。由此可见，通过实验和创新，自媒体从业者可以更好地利用社交媒体平台，满足受众多样化的需求，提供更有吸引力和参与度的信息传播形式，助推信息内容拓展传播途径，提高信息在社交媒体时代的影响力。

四、打造个人品牌

在社交媒体时代，信息爆炸成为传媒界的一大特点，整个媒体行业的竞争越来越激烈。不论是传统媒体，还是社交媒体平台，都充斥着大量的信息内容，吸引受众变得越来越困难。在这种情况下，自媒体从业者的个人品牌建设变得愈发重要，并成为吸引受众和赢得关注的关键因素。由于社交媒体提供了一个直接与受众互动的平台，个人品牌的好坏深刻影响着信息传播的效果，对自媒体从业者而言至关重要，需要得到高度重视。建立品牌形象是建立信任的关键，保持品牌形象与产品或服务相符，能够留住潜在客户。对于社交媒体时代的自媒体从业者也是如此，一个有影响力的个人品牌可以使个人自媒体在同行中脱颖而出，得到受众认可和信任。一个建立在可信度和专业性基础上的个人品牌，使个人自媒体能够在竞争激烈的信息领域中树立自己的独特形象，并在传播信息的过程中展现独到见解和深度分析。个人品牌的塑造不仅能够提升自媒体从业者的声誉和知名度，还可以为其开辟更广阔的职业发展空间。

基于信息的无限性与受众接收能力的有限性之间的矛盾，自媒体从业者在孵化账号时需要明确自己深耕的垂类，由此通过鲜明的标签吸引感兴趣的公众形成粉丝群体，不间断地塑造自己在行业内的专业形象，通过持续的优质内容和活跃的互动，扩大影响力，收获流量。具体来说，自媒体从业者在社交媒体上建设个人品牌有几个关键策略。

第一，保持一致且鲜明的个人定位。在创建资料时，首先要定义自己在信息传播领域中的专业和定位，形成清晰的个人专业性、兴趣和价值观，保持网络身份的一致性，在不同社交平台上的账户名称、头像和资料信息都保持一致，同时还要保持一致的视觉风格。视觉风格包括账号头像、封面图片、账户背景图和发布内容的排版，这有助于建立统一的品牌形象，使受众更容易识别、记住和持续关注。而且在每一个账号运营的过程中，切忌随意修改名字和个人介绍、经常变更头像，如此才能使受众形成记忆点，更好地理解每个自媒体从业者在媒体行业的独特价值。

第二，关注趋势和热点。及时关注行业趋势、热点事件，并在社交媒体上分享自媒体从业者个人的看法和分析过程，这有助于保持个人品牌与时俱进的特点，提高可见度。

为了保持自身在专业领域与信息传播工作中的知名度与热度，自媒体从业者还应该积极参与行业相关的研讨会和论坛，并在这些场合展示自己的专业知识。参与行业活动不仅为自媒体从业者提供了与同行交流的机会，还能增加曝光率，进一步树立个人品牌的专业形象。

第三，创作优质内容。从根本上说，优质内容依然是个人自媒体建立个人品牌的核心，这意味着自媒体从业者应该注重深度报道，尽力探索同一信息的独特角度，挖掘有价值的信息给受众。

在信息传播中注重事实的准确性和客观公正性，避免夸大事实或者片面报道。通过对事件细节的把握，力求将复杂问题简化并便于受众的理解；通过独到的视角和精心的策划，打造自己的专业特长，培养用户的阅读习惯和黏性；通过传播信息内容、刊发评论文章、发布观点视频等方式来分享独特的见解、观点和分析，展示自媒体从业者在特定领域的专业知识，凸显独特声音，使受众对自己传播的信息内容及信息传递方式产生信任和依赖。

第四，善用社交媒体的力量。在使用社交媒体打造个人品牌、形成独特记忆点时，自媒体从业者可以考虑从以下方面入手。首先，定期更新信息，保持不同社交媒体平台上内容的更新速度和一致性，如发布信息内容、主动参与平台上的讨论、回应粉丝的评论、与同行进行互动，建立起真实、友好、有信用的良好形象，以确保粉丝持续关注。其次，与粉丝建立良好的互动关系对于个人自媒体建立个人品牌至关重要。社交媒体是自媒体从业者搭建个人品牌的重要渠道，他们可以通过创建个人微信公众号或者微博账号，与受众进行互动和交流。在社交媒体平台上发布信息、观点和见解，与受众分享自己的专业知识和经验。自媒体从业者要虚心采纳受众的反馈与建议，不断改进自己的写作风格，提升自己的专业水平。同时，要善于利用社交媒体平台的特点，与其他知名自媒体从业者、专家进行互动，扩大自己的影响力和人脉。

总而言之，创建特色鲜明的个人品牌对于社交媒体上的信息传播具有重大意义，不仅可以建立自媒体从业者在专业领域的权威，使其成为特定领域可信赖的信息来源，还能够通过标签分类，将带有特定话题的信息内容和见解推广给更多人，增加其内容的曝光度，使更多的人了解并关注其账号。

第四节 推进适应个人自媒体的信息职业教育

随着互联网技术、信息技术的不断成熟，自媒体应运而生。2013年秒拍的出现，奠定了我国自媒体发展的基础。自媒体发展至第二阶段出现的典型应用是快手，该应用积累了不少来自小城市以及农村的用户。在自媒体行业逐渐发展成熟之后，涌现了一批在自媒体平台排名靠前的用户，他们大部分都有明确的内容主题，并在此基础上吸引了大量对其主题、定位感兴趣的用户，使得自媒体变现能力增强，随后"自媒体＋电商"的商业模式也应运而生①，为个人自媒体的发展开拓了新机遇。

在自媒体飞速发展的十余年中，出现过不少行业乱象，如虚假信息泛滥、侵犯他人权益、过度娱乐化、易煽动情绪等。自媒体所传递的信息是面向广大社会公众的，因此其影响力相当深远。自媒体内容的品质直接决定了公众对其的信任程度，所以提高自媒体从业者的专业能力和素质对于建立良好的公众形象至关重要。②治理上述问题需要社会多方力量的共同努力，自媒体从业者接受相关专业教育、提升自身职业素养、增强创作能力是其中的重要一环。

一、强化法治和伦理道德教育

由于媒体技术在信息传播领域被广泛应用，人的主体性地位频繁遭到质疑。社交媒体平台的普及，不仅颠覆了信息生产的过程和传统操作方式，还使得整个媒介社会转向"物"的层面。一方面，传播主体从原本的人转变为人工智能，不论是在信息采集阶段，还是信息发布、分发过程中，新兴的智能技术都参与了很大一部分。以新闻业为例，机器人记者、AI主播、算法推送等甚至逐渐代替了原本的新闻工作者，承担起重复的工作内容，例如在2015年，新华社就应用了机器人记者"快笔小新"。它能够用"分身"实现在多个新闻现场进行报道，并按照各个业务板块的特殊需求定制发稿模板、实时抓取动态数据、生成初始文稿，并自动发放给各部门审核、编写、签发，它不仅能够在3—5秒的时间里完成原来记者、编

---

① 黎惠宁.自媒体传播规范发展探析［J］.新闻研究导刊，2022，13（15）：92-94.

② 张邦柱.自媒体传播中的道德失范问题与对策分析［J］.新闻研究导刊，2022，13（6）：121-123.

第六章 社交媒体时代个人自媒体信息职业形态

辑15—30分钟的工作量,而且可以全天不眠不休地工作。另一方面,随着传播受众由多元化个体简化为一系列数据标签,算法技术已在不知不觉中深深融入当下人们的日常生活,并扮演着能够驱动社会运作的结构性角色。这一趋势促使新闻价值的评判逐渐受到数据导向的影响,而人的核心价值与精神则面临被边缘化的风险。简言之,人的主体性在显著消退。然而,值得注意的是,传播学教育的核心从来不是利用机器和技术手段实现信息传播,而是在于培育适应信息传播行业的专业人才,其道德伦理教育的焦点始终是人本身,而非技术工具如机器或算法。[①] 因此,传播学术界应当率先对这一社会变迁及其潜在后果进行深入反思,并提出有效的应对策略。在社交媒体盛行的当下,传播学教育更应加大对信息传播职业道德伦理的关注力度,确保人的角色不被技术所替代,防止机器主导信息传播伦理的风险。

新闻职业道德是一套专为新闻机构及其从业人员设定的行为准则与道德标准,旨在平衡新闻行业内外的利益冲突,并规范新闻传播活动的职业操守。对于将要从事信息传播职业的人来说,接受信息传播伦理和职业道德教育是传播学教育中不可缺少的一部分,只有通过该项内容的学习,信息传播工作者才能够全面、系统、准确地了解自身的责任与将来所要从事工作的社会价值。

为了培育新闻职业道德,高等教育机构须紧密关注当前的媒介环境,鼓励学生运用批判性思维深入分析媒介领域的复杂现象。在社交媒体时代,鉴于虚假新闻泛滥、个人隐私安全受到威胁、算法歧视盛行以及媒体干预司法公正等媒介伦理挑战,新闻教育须勇于揭开表象,正视新媒体技术伴生的隐患,主动寻求化解新闻伦理困境的途径,并致力于培育肩负社会责任的新闻专业人才。强化新闻职业道德,本质上是对人性关怀的彰显,这

---

① 郑保卫.新闻实践呼唤新闻伦理规范和职业道德教育[J].当代传播,2007(4):10-12.

回归了新闻学作为研究"人"的学科初心。新闻专业技能与智能技术的掌握，为新闻工作者提供了前行的装备；而新闻伦理道德则如同引领他们稳健前行的精神灯塔，唯有如此，作为时代记录者的新闻人方能稳固地立足于社会，担当起"时代工匠"的角色。

社交媒体从业者若切实参与了新闻生产与传播的过程，理应主动了解并自觉遵循新闻传播的基本原则与新闻记者的职业底线和道德规范。在社交媒体时代，新闻道德伦理教育的范畴应当扩大至非专业群体，确保所有参与新闻传播活动的人员都具备伦理意识并接受相应的伦理道德约束。

当前社交媒体已经成为新闻传播的新阵地，新闻的娱乐化倾向愈加明显。牛津大学路透社新闻研究所在2022年访谈了全球53个国家和地区的303位传统媒体和数字媒体领导（总编、CEO、数字出版总监、产品经理等）的基础上，发表了《2023全球新闻业趋势预测报告》。该报告称，由于数字广告减少、苹果iOS平台上的隐私变化以及消费者兴趣下降等因素，仅仅一年时间，"第一代社交媒体"的状况急转直下，令人瞠目。其中，推特裁员了四分之三，Meta的股价下跌了66%。脸书要重新将重点放在移动娱乐和商业，以重振平台参与度。而鉴于用户需求较少并且与新闻媒体合作的难度加大、成本增加等因素，脸书有可能会继续压缩新闻相关版块，甚至完全放弃新闻。这种现象正说明了社交媒体平台对新闻内容的逐渐放弃，新闻内容无法在这些平台上被快速检索到，娱乐性内容对用户的吸引力远远超过传统新闻内容。

但这并不意味着信息的娱乐性超越了新闻的重要性与显著性，也不是说娱乐化等同于大众化。大众化媒体及其传播内容的出现是为了迎合市场化初期受众信息需求和理解能力区分度较大的现实，对于那些文化程度相对较低但仍有一定信息获取需求的受众而言，他们倾向于接收通俗易懂、较为轻松的新闻报道和相关资讯，然而"轻松"的程度需要严格把握，不应简单地将大众化与过度娱乐化等同起来。新闻娱乐化有两方面的表现，首先，在内容层面，倾向于选择软性题材，如暴力事件、花边逸事、体育赛事等，将以上事件作为媒体的报道焦点。其次，在呈现方式上，新闻娱乐化手法注重增强报道的故事性、加大情节起伏、设置悬念及追求感官刺激，这些做法旨在吸引并维持公众的广泛关注与兴趣。但新闻的娱乐化只能是一种不断被边缘化的现象，不能成为主流。即使在传播娱乐性信息时，新闻工作者也应清晰划定娱乐与低俗之间的界限，由此提升新闻报道的传播品质，并充分发挥新闻传播的实际效用。[①]

这启示了传播学教育者，社交媒体时代的传播学教育须深入探究当下媒体环境中涌现的新挑战，重新整合并扩充传播伦理的教学内容，保证所设课程既面向专业的信息传播从业者，也要兼顾非专业的广大信息使用者，确保教授的传播伦理知识在社交媒体时代更加全面、系统且专业。传播学教育者可以运用职业视角审视社交媒体时代的伦理议题，并将研究成果及时、有效地融入和应用于传播学教育的实践。

二、更新教学内容与课程设置

新媒体技术催生了新的媒体形态，也改变了信息传播生态。在新闻传播领域内，有学者指出，新媒体技术的迅猛发展引发了深刻的变革，显著加剧了新闻传播教育与新闻传播行业现状之间的差距，而新闻教育界对此的应对速度却相对较慢，仍然沿着既有的传统路径前行，未能及时适应当下传播行业已经发生的变革，与业界实际需求及社会期望存在显著差距。[②] 在社交媒体时代，具备复合能力的全媒体记者正在成为新闻传播业迫切需要的人才。

---

① 郑保卫. 我国新闻职业道德建设的状况及对策[J]. 新闻传播, 2005（1）: 9-12.
② 张涛甫. 传播新业态倒逼新闻传播教育转型[J]. 青年记者, 2017（21）: 4-5.

数字交往与传播裂变

无论技术如何演进，媒体环境如何变迁，传播工作者的业务能力始终是传播行业的基石与核心。这涵盖了基本的采写编评技能，以及数据分析能力、网络技术运用、页面设计、H5技术、人工智能操作、无人机应用等新型技能。前者是所有媒体从业者都应具备的基本功，而后者则根据个体差异及岗位需求灵活掌握。这些能力具有不可替代性，应当成为传播教育的重点内容，并受到足够的重视。①

首先，传播教育的课程设置亟须调整以适应当前形势。我国高校的传播教育课程目前较为陈旧、保守且封闭，既未能跟上社会发展的步伐，也与传播行业的实际需求存在明显差距。这种现状既阻碍了传播事业的发展，也不利于培养符合时代需求的传播人才。因此，传播教育须大踏步跟上时代步伐。面对人工智能等新媒介技术的兴起，相关学院应适时增加前沿业务课程，例如人工智能理论、大数据分析、数据新闻等。同时，跨学科教育作为培养复合型人才的关键途径，应将传播学与其他优势学科相融合，在课程规划中纳入相关学科的课程，以促进学生的全面发展。应避免简单地将不同学科拼凑在培养方案的课程安排里，导致学生只能学到一些浅显的、基础性和概论性质的内容，而是要注重学科的深层次融合。这样做既能拓宽传播人才的知识视野，又能满足当前社会对传播人才多元化知识结构的需求，使学生能够把握传播业务的新事物，适应毕业后将面临的新型媒体环境。

强化传统的采编能力，通过专业教育提升学生的传播业务基础能力。而这一能力是其他专业所无法提供的。传播学理论与传播史在传播学课程体系中依然占据核心地位，其内容须不断更新，以贴合新时代传播特征。同时，须强化技能实训课程，通过增加专业技能训练，力求让学生实现从校园到职场的顺利过渡。在跨媒体传播时代，传播学业务课程应分为3个

---

① 杨文.人工智能背景下新闻教育的定位［J］.新闻战线，2018（24）：84-85.

第六章　社交媒体时代个人自媒体信息职业形态

层面：一是基础传播业务课程；二是工具性课程，侧重于技术技能的培养；三是跨媒体课程。此外，为了促进学生的全面发展，可考虑在上述课程外增设多样化的选修课程，以丰富学生的学习体验。[①]

其次，增加实践教学的比重。传播学教育本质上是一种职业教育，它高度重视专业实践能力的培养，旨在精准对接社会对专业传播人才的需求。从国内外传播学专业的办学历史来看，其教育路径主要倾向于职业教育。例如，美国哥伦比亚大学新闻学院仅提供研究生教育，专注于新闻职业能力的培养。副院长克莱特尔强调，该学院旨在培养未来的职业记者，而非新闻理论家。该学院的硕士课程为期一年，以新闻业务为核心，理论课程占比极低，仅有一门必修课程略带理论色彩，即"新闻、法律和社会"，另有两门选修课涉及理论，分别是"美国政治和媒体"与"媒体和现代社会"。在哥伦比亚大学新闻学院，许多课程都在实验室进行，师生共同投入实践，致力于提升实践能力。在传播学教育中，实践学习被视为最高效的学习方式。随着社交媒体降低了信息传播门槛，学生在校期间就可以创建自媒体账号，进行新闻传播实践。实际上，国外开设社交媒体课程的院校通常会要求学生在学习期间建立自己的自媒体品牌，并根据其运营情况和影响力来评定成绩。这样的课堂创新方式为我国的新闻学教育提供了借鉴。学校应鼓励学生自己动手创建或者运营社交媒体账号，在实际的操作过程中学习具体的媒介技术、破解难题，从而提升自己的新闻业务能力。

美国密苏里大学的"Hands on"实践教学理念在融合报道课程中得到了充分展现。春季学期，课程安排中包括对 KOUM-TV、Newsy.com、KBIA 和 Columbia Missourian 新闻编辑室的参观介绍，让学生在理论学习之外，对新闻工作的实际操作环境有了直观认识。而到了秋季学期，则紧跟着安排了丰富的实习培训，确保学生刚完成基础课程的学习就能直接进

---

① 尚京华.跨媒体传播与高校新闻学课程体系重塑［J］.现代传播（中国传媒大学学报），2017，39（6）：163-165.

入新闻编辑室实习,实现理论学习与实践的无缝对接。值得注意的是,秋季实习课程的数量相较于春季有显著增长,大约是春季的三倍。此外,为了支撑实习培训,学校还开设了多门富有深度的理论课。例如"全美公共广播精彩故事背后的奥秘"课程,深入探讨了全美公共广播如何创造那些让听众"停车时刻"的精彩节目——因节目太过吸引人,驾车听众到达目的地后仍不愿离开。该课程的讲师是全美广播公司德州站的资深记者 Wade Goodwyn,他拥有超过20年的广播工作经验,报道领域广泛,涵盖政治、宗教、法律、商业及突发新闻等。Goodwyn 的丰富经验和实战技巧为学生提供了宝贵的行业洞察和学习机会。①

回看我国传播学教育历程,学界也做出了许多努力,如增添"品牌传播与社交媒体运营""媒体融合与新闻传播""网络公关与危机传播管理""媒体与社会变迁"等理论与实践相结合的高校课程。但通过向国外借鉴优秀教学案例,在我国的新闻教育实践中,还可以适当增加可行的实践训练或搭建起专门的实习平台,高校主动携手业界伙伴,建立资源共享的桥梁,连接学术界与实务界,为新闻传播专业的学生打造实践锻炼的舞台,以此助力学生在实际操作中不断提升专业技能。

再次,创新课堂的呈现形式。社交媒体涵盖了论坛、博客、微博、微信以及新兴的个性化网页等平台,它们不同于传统专业媒体机构主导的信息传播模式,而是由广大民众主导的信息交流活动,为大量且分散的个体提供了极为便捷的信息创造与分享环境。社交媒体降低了用户准入门槛,意味着学生也能进入新闻传播的环节中,成为媒体人。作为互联网原住民,当代大学生的成长与智能移动终端的发展基本同步,他们的一大显著特点是热衷于在社交媒体上分享各种内容。学生可以将自己拍摄的新闻报道或制作的成果发布到微博、微信朋友圈、小红书、抖音等社交平台,供同学

---

① 许光.密苏里大学新闻教育的融合与创新[J].传媒,2020(3):85-87.

和教师浏览，并发表个人见解。同时，他们还能在这些平台上进行即时交流、评价和补充，以此深化对教学材料的理解和掌握。如同其他课程一样，出色的学生作品可被推荐到学校、学院或专业微信公众号上展示，或被校外媒体选用发表，甚至保存为教学素材。这样的做法不仅能增强学生的成就感，还能有效激发他们的学习兴趣。到了考核阶段，则需要建立起多元化的评价标准与机制。教师可以依据课堂实际情况灵活决策是否取消笔试，将课堂互动、线上参与度、日常练习及最终任务完成情况作为综合考量。此外，利用大数据技术整合并分析多方面信息，包括学生反馈、媒体影响及同伴评价等，可以形成全面评价体系。在实际教学实施中，对于能在校外正规媒体成功发表作品的学生，可通过其作品审核直接授予免考资格，作为对其学习成果的一种认可。[1]面对具体的新闻报道作品时，可以以公众号或微博账号等的粉丝数、点赞量、传播率作为期末成绩的重要考量标准。

最后，加强师资队伍建设。针对当前传播教育领域存在的与市场需求脱节、传播学专业理念培养与传播技术训练相分离等问题，有学者强调，问题根源不仅在于培养方案的老化与滞后，还体现在专业师资队伍结构上存在显著不合理性，特别是理工科背景的教育人才极为稀缺。[2]目前，传播学领域正经历着理论和技术层面的深刻变革，众多传统观念与技术已不再适应当前需求，这迫使高校传播学教育者急需在观念、理论及实践技能上实现全面更新。此外，在构建复合型课程体系的过程中，跨学科知识的整合成为一大挑战，直接体现为复合型师资力量的不足。特别是在交互新闻这一交叉领域，仅具备新闻学背景的教师难以突破技术障碍，而仅拥有计

---

[1] 曹爱民.自媒体时代新闻传播专业课堂教学的创新策略［J］.湖南大众传媒职业技术学院学报，2018，18（3）：46-49.

[2] 张昆.一流大学传媒教育定位的困惑与思考［J］.新闻记者，2016（2）：54-59.

算机科学背景的教师则难以掌握新闻实务的核心，[①]总体而言，能够融合编程、统计学与新闻学知识的教育者在国内依然极为稀缺。

从以上现状分析可见，当前教师队伍中仍存在着水平差异显著、知识结构不尽合理以及实践经验匮乏的问题。所以，构建一支兼具高质量、高素质及高水平的师资队伍，是确保传播学教育成效的基石，同时也是培育顶尖传播人才的必要条件，而且还是迫在眉睫的事情。特别是近年来，随着时代潮流的推进，不少地方院校纷纷跟风设立了广播电视学专业，却未充分考虑到现实状况，有的学校只有一两个传播学专业教师就匆忙挂牌招生。针对这种问题，首先应当抓紧提高传播学专业教师的理论水平。一方面，要积极引进具有高学历、高职称的传播学专业人才。通过设立人才引进基金、提供优厚的待遇等方式，吸引优秀人才加入传播学教育师资队伍。另一方面，还要培养现有教师。在鼓励和支持教师参加国内外的学术会议、研讨会、工作坊等的同时，提供在线课程、进修班和学位项目等继续教育机会，帮助教师更新专业知识，掌握先进的教学技能。

另外，在构建师资队伍时，须平衡学术追求与实践经验。许多高校将博士学位视为招聘专业教师的基本门槛，这无疑将为高校带来高学历、能力强且充满活力的教师队伍，但也可能导致那些具备丰富一线工作经验的新闻从业者难以进入教育领域。美国很多高校没有硬性规定传播学院的教师一定要获得博士学位，这为许多从业经验丰富的教师走上讲台撤去了藩篱。以美国西北大学梅迪尔新闻学院为例，绝大多数教师都具备媒体从业经验，其中一半以上拥有超过 20 年的从业经历，85% 左右的教师曾获新闻奖项。[②]这些教师凭借自身在业界摸爬滚打多年的经验开展教学，相较纯

[①] 朱颖，陈思言. 新传播环境下高校复合型新闻人才培养探究[J]. 今传媒，2019, 27 (3): 138-141.

[②] 刘海贵，张帆. 美日新闻教育及变革对中国的启示[J]. 新闻爱好者，2013 (3): 72-74.

理论的授课来说，针对性、趣味性、接近性更强，受到了学生的一致好评。所以，为了强化实践教学，我国高校也必须打破人事制度的壁垒。尽管我国一直倡导传播业界人士参与高校教育，并动员双方共同努力培养传播学人才，但这种合作在过去往往显得松散且随意，很多高校仅仅邀请传媒机构的专业人士进行几次讲座或授予虚职，便视为共同培养的举措，这与真正的业界人士兼职授课或主导课程存在本质差异。鉴于传播学的高度实践性，业界人士的加入能更有效地将理论与实践相结合，将他们的实战经验融入教学，[①]由此打破产学研的界限，促进学生深化理解。

三、完善人文通识课教育

社交媒体时代的传播业以数字技术为基础，以互联网为平台，传播领域的这些新特点对传播工作者提出了新的需求，而传播学教育作为培育专业人才的关键渠道，也须顺应时代潮流，实施必要的改革与创新。在学科细分、知识被严重割裂的条件下，传播教育界依然要注重通识教育、素质教育。

媒体间的竞争，归根结底是专业人才之间的较量。传播学教育的核心使命，在于培育出杰出的传播领域从业者。特别是在人工智能对新闻记者构成挑战的背景下，强化传播工作者的基本素养教育显得尤为重要。河北大学新闻传播学院的杨秀国教授指出，复合型新闻人才应"拥有广泛的人文与自然知识、深厚的新闻专业知识基础、灵活多样的实践操作能力，以及某一领域的专长，即'一专多能'型人才"。[②]通识教育与专业教育并不是

---

① 李明文，方琪.人才培养："互联网+"时代新闻教育的核心问题[J].当代传播，2015（6）：109-112.
② 杨秀国，张筱筠.新闻教育改革：当务之急是"拆墙"[J].新闻战线，2007（11）：10-12.

截然对立的，采用通识教育的新颖途径，能够促进学生掌握跨学科的知识与技能，并助力他们实现各类专业知识与能力的综合应用与融合。培养具备广泛知识的通识型新闻人才，既有利于个人的全面发展，也满足了社会健康发展对传播工作者所提出的实际需求。

在高校传播学教育中，加强人文科学知识的培养，旨在提升学生的综合素养，这一做法历史悠久。美国的新闻学院通常将课程设置为四分之一的新闻学专业课程和四分之三的人文社科领域课程，如经济学、历史、法律等。

良好的人文素养对于提升学生观察、理解社会及形成个人观点至关重要，这一能力同样影响着他们在传播领域中筛选议题和评估信息价值的表现。当前，众多传播学专业学生在实践中遇到的主要障碍不在于内容的创作或制作技巧，而在于发掘具有价值选题的能力，这反映了学生在面对社会事件时缺乏深入思考，归根结底是基本人文素养的缺失。因此，对学生人文素养的培育须融入整体教育规划中，而非仅由传播类课程单独承担，它需要与其他学科协同合作。强化哲学、历史学、文学、社会学、艺术学等人文社科领域的学习，对于构建学生坚实的人文素养基础至关重要，因此应予以充分的重视和加强。①

整体看来，在当前我国高等教育的课程体系中，通识教育选修课程的占比相对较低。我国的新闻教育依然流于经验性的教学，缺乏社会科学方面的方法性、工具性内容。② 而且，通识教育课程设置过于繁杂，部分内容与传播学专业关联度不高，导致学生学习起来费时费力，且难以将所学知识与专业知识相结合。部分通识课程缺乏稳定性、连续性和系统性，课程的开设与教师的主观意愿关系密切，导致课程质量难以保证。在课程评价

---

① 尚京华. 跨媒体传播与高校新闻学课程体系重塑 [J]. 现代传播（中国传媒大学学报），2017，39（6）：163-165.
② 陈昌凤. 培养综合性新闻人才 [J]. 中国记者，2002（1）：51-52.

体系方面，现有的通识教育评价体系过于注重分数，评价方式相对单一，忽视了学生的实际能力和综合素质。因此，中国新闻教育应当增加通识教育选修课程的比重，以拓宽学生的知识面，并加强学生的理论根基、人文素质以及学术积累，同时也要结合新闻业界的现实需求，重点提升新闻学学生对新媒体的深刻理解和综合运用能力，从而增强学生的发展后劲，培养通识型新闻人才。

后 记

回望信息传播的历史长河，人类社会从口口相传的"部落化"时代，跨越到由专业机构主导的自上而下的大众传播时代，而今又仿佛回归到了一个新的"再部落化"时代。这很大程度上得益于用户社会关系的内容生产与传播平台——社交媒体的出现。社交媒体为用户内容生产搭建了广阔的舞台，并逐步发展成为公共信息传播的重要渠道之一。数字交往下的传播裂变深刻改变了人们的生活方式、社交模式和信息获取途径。在商业领域，促进了营销方式的创新；在社会层面，加速了公众意见的形成和社会活动的发展；在文化领域，推动了文化的传播和交流。但同时，也对个人隐私保护、网络治理等提出了新的挑战。

从新闻传播学的视野看，传统的新闻信息传播机制和秩序亦正在被深刻改写。本书以传统的 5W 传播理论为基础框架，沿着"生产者—内容—技术—渠道—伦理—职业形态"的线性逻辑进行架构，旨在较为全面地梳理社交媒体时代信息传播的裂变，深入探究个人自媒体在传受关系、内容创作、渠道选择、伦理规范以及职业形态等方面的实践与创新。

本书是我指导我的研究生共同协作的成果。其中，毛炫媚负责撰写第一章，彭婧负责撰写第二章，张雨潇负责撰写第三章，钟扬负责撰写第四章，云施恩负责撰写第五章，陈德钰负责撰写第六章。我负责选题的框架设计、内容把关以及文稿的修订。全书在多次专题学习讨论中逐渐成形，

后 记

经历了反复修改。这样的写作过程充满艰辛与挑战,最终成果仍有诸多不足与遗憾。必须承认的是,现实情况远比本书的结论更为复杂多变,其内在逻辑也并非直线式展开。本书各章节在内容上会存在一些交叉,这是为了使得某些主题能在不同视角下衍生出多元化的阐述。随着研究的深入,我们更加深刻体会到数字时代的变革力量,以及其对人际交往和信息传播的深远影响。我希望本书能够成为一个起点,引发各界更多的思考和探讨,推动对相关领域问题的理解不断深化。

本书得以完成,也应特别感谢那些在社交网络传播研究中进行过辛勤探索的先行者们。正是有了他们的铺垫与积累,我们才能够更加深入地理解这个领域,并为未来的研究打下坚实的基础。